公职人员
重点学习法律知识读本

主　编　靳志玲
撰稿人　蔡欣欣　麻新平
靳志玲　刘淑娟

GONGZHI RENYUAN
ZHONGDIAN XUEXI FALÜ ZHISHIDUBEN

知识产权出版社
全国百佳图书出版单位
—北京—

图书在版编目（CIP）数据

公职人员重点学习法律知识读本／靳志玲主编．—北京：知识产权出版社，2019.9
ISBN 978－7－5130－6439－2

Ⅰ.①公… Ⅱ.①靳… Ⅲ.①法律—中国—问题解答 Ⅳ.①D920.5

中国版本图书馆CIP数据核字（2019）第182752号

责任编辑：齐梓伊　彭小华　　　**责任校对：**王　岩
封面设计：张　悦　　　**责任印制：**刘译文

公职人员重点学习法律知识读本

靳志玲　主编

出版发行：知识产权出版社有限责任公司　　网　　址：http：//www.ipph.cn
社　　址：北京市海淀区气象路50号院　　邮　　编：100081
责编电话：010－82000860转8115　　责编邮箱：huapxh@sina.com
发行电话：010－82000860转8101/8102　　发行传真：010－82000893/82005070/82000270
印　　刷：三河市国英印务有限公司　　经　　销：各大网上书店、新华书店及相关专业书店
开　　本：880mm×1230mm　1/32　　印　　张：10.625
版　　次：2019年9月第1版　　印　　次：2019年9月第1次印刷
字　　数：300千字　　定　　价：35.00元
ISBN 978－7－5130－6439－2

目　录

《中华人民共和国公务员法》知识问答

1. 为什么要制定《中华人民共和国公务员法》?

通过制定《中华人民共和国公务员法》(以下简称《公务员法》),对公务员的权利、义务和管理作出全面具体的规定,能够进一步完善公务员制度,使公务员的管理有法可依,有章可循。能够对公务员严格要求、严格管理、严格考核,提高公务员素质,规范公务员行为,加强对公务员监督,保障公务员合法权益,防止公务员滥用手中的权力,促进公务员正确履职尽责,强化公务员的服务意识和效率意识,让公务员为社会提供优质高效服务。制定公务员法,也是贯彻依法治国,促进机关干部人事管理的科学化、民主化、制度化,建设信念坚定、为民服务、勤政务实、敢于担当、清正廉洁的高素质专业化公务员队伍的需要。因此,以马克思列宁主义、毛泽东思想、邓小平理论、“三个代表”重要思想、科学发展观、习近平新时代中国特色社会主义思想为指导,依据《中华人民共和国宪法》(以下简称《宪法》),制定了公务员法。为进一步规范公务员的管理,保障公务员的合法权益,加强对公务员的监督,促进勤政廉政,建设高素质的公务员队伍,提高工作效能,2018 年 12 月 12 日,第十三届全国人民代表大会常务委员会又审议通过了《中华人民共和国公务员法(修订草案)》,修订后的公务员法于 2019 年 6 月 1 日起施行。

2. 哪些人员属于公务员?

在我国,干部管理制度正处在改革过程中,公务员是干部队伍的重要组成部分,是社会主义事业的中坚力量,其范围要同民主政治发展进程相适应，同我国现阶段干部管理体制相符合。因此，根据我国政治制度的特点以及干部人事管理的现实情况，结合国际上通行的做法，公务员必须符合三个条件。一是依法履行公职。即依法从事公务活动的人员，不是为自己工作，也不是为某个私人的企业或者组织工作、服务，而是人民的公仆。这里所依的“法”，是广义的“法”，包括宪法、法律、行政法规、地方性法规等。宪法确定了中国共产党在国家政治生活和社会生活中的领导地位，中国共产党是执政党，各民主党派是参政党。因此，政党机关及其工作人员以不同方式参与对国家政治、经济和社会事务的决策及实施的活动也是一种履行公职行为。二是纳入国家行政编制。仅以履行公职为标准，还不能作出明确的界定。有一些在国家事业单位中工作的人员，他们从事的也是公务活动，但并未纳入国家的行政编制序列，因而不能被认定是公务员。必须是纳入国家行政编制序列、履行公职的人员才是公务员。编制是指各种纳入国家编制管理机关管理的机构序列及人员，不仅限于行政机关编制。三是由国家财政负担工资福利。也就是由国家为其提供工资、退休和福利等保障。公务员属于国家财政供养的人员，但并不是由财政供养的人员都是公务员。如公立学校的老师、科研院所的科研人员等都是财政供养人员，他们虽然由国家负担其工资福利，但不属于公务员，因为他们不具备前述两个条件。具体来说，中国共产党机关的工作人员、人大机关的工作人员、行政机关的工作人员、政协机关的工作人员、审判机关的工作人员、检察机关的工作人员、民主党派机关的工作人员等都是公务员。

3.《公务员法》的主要内容有哪些？

公务员法是关于公务员权利、义务和管理规范的法律。主要有三个方面的内容。一是公务员的义务、纪律和监督。义务是法律关系的主体必须作出或不得作出某种行为。公务员的义务是与其公职身份密切联系的义务，义务在公务员工作中的具体化就是公务员的纪律。公务员法规定了公务员不得散布有损国家声誉的言论，组织或者参加旨在反对国家的集会、游行、示威等16项纪律。为保证这些义务、纪律得到严格的履行和遵守，法律还专门规定了惩戒，以确保义务得到履行。二是公务员的权利及保障。权利是法律关系的主体可以作出或者不作出一定行为的资格。公务员的权利是因其担任公务员而取得的，与公务员身份密切联系。为了保障公务员的权利，公务员法规定了公务员的申诉控告制度、工资保险制度和退休制度等。三是公务员的管理制度，如职务、职级、录用考核、职务与职级的升降和任免、培训等。有关公务员的义务、权利和管理都要按公务员法的规定。法律对领导成员的义务、权利和管理另有规定的，按照其规定。法官、检察官与人大、政府、政协等机关的工作人员具有共同点，他们在素质要求、工资福利、退休保障等方面具有相同的一面，但考虑到我国已经颁布了法官法、检察官法，对法官、检察官的义务、权利和管理等作了具体规定。这些规定与公务员法关于公务员的义务和权利的精神一致，但更具有针对性。为了使法官法、检察官法与公务员法相衔接，对于法官法、检察官法对法官、检察官的义务、权利和管理另有规定的，从其规定。此外，《中华人民共和国人民警察法》（以下简称《人民警察法》）对人民警察的义务与纪律也有专门规定，具有较强的针对性。《人民警察法》对人民警察的权利、义务等另有规定的，也要按照上述原则来处理。

4. 我国公务员制度的原则是什么？

在我国，公务员制度坚持中国共产党领导，从现阶段的中国国情出发，与中国特色社会主义政治制度相适应，着重解决和规范公务员制度中的主要问题。公务员制度以马克思列宁主义、毛泽东思想、邓小平理论、“三个代表”重要思想、科学发展观、习近平新时代中国特色社会主义思想为指导，吸收改革的成果，进行制度设计和制度创新，致力于建设中国特色公务员制度，保持公务员制度的稳定性和连续性。公务员制度贯彻社会主义初级阶段的基本路线“一个中心，两个基本点”，即以经济建设为中心，坚持四项基本原则，坚持改革开放。公务员制度贯彻新时代中国共产党的组织路线，即全面贯彻新时代中国特色社会主义思想，以组织体系建设为重点，着力培养忠诚干净担当的高素质干部，着力集聚爱国奉献的各方面优秀人才，坚持德才兼备、以德为先、任人唯贤，为坚持和加强党的全面领导、坚持和发展中国特色社会主义提供坚强组织保证。公务员制度坚持党管干部的原则。党管干部主要是指各级党委坚持贯彻执行党的干部路线和方针，严格按照党的原则选拔任用干部，并对各级、各类干部进行有效的管理和监督，包括考察、选拔、推荐、任用、监督等各个环节。党管干部原则，是巩固党的执政地位的一个重要保证，是党和国家干部管理制度的根本原则，也是坚持党的领导在干部工作中的具体体现，是实现党的政治领导和思想领导的组织保证。党管干部的实质，就是要保证党对干部人事工作的领导权和对重要干部的管理权，包括制定干部人事工作的方针，管理和推荐重要干部，做好对干部人事工作的宏观管理和监督等。

5.《公务员法》对公务员管理原则的一般规定是什么？

公务员管理的原则是公开原则、平等原则、竞争原则、择优原则、法治原则。

公开原则是实现公务员平等竞争的基本前提条件，其要求为：一是向社会公开有关公务员制度的法律、法规和政策；二是向社会公开录用公务员、公开选拔公务员的资格条件，公开考试内容、方式和方法，公开考试成绩和录用或者选拔结果；三是对公务员公开考核、奖惩、职务升降、工资福利、辞职辞退和退休等工作的标准、依据和程序。

平等原则是宪法关于法律面前人人平等的原则在公务员制度中的体现和反映。平等即机会均等，即在承认人的知识、能力等存在差异的基础上，允许所有符合法定条件的公民参加公务员考试，都享有按照个人能力和成就依法担任公务员的权利和机会。每个符合条件的公民均有申请报考公务员的权利，并有同等的机会参加公务员的录用考试，以同一标准决定是否被录用，不因种族、民族、家庭出身、宗教信仰、性别和教育程度等受到歧视或享有特权。在进入公务员队伍以后，在考核、培训、奖惩、职务与职级的任免升降、工资福利和退休等方面，同样是机会均等，即依照法律规定的不同情况，平等地享有权利，在同等条件下享受同等待遇。

竞争原则。即在公务员的录用、公开选拔和职务与职级晋升等方面，引入竞争机制。在公开、平等的基础上，在报考者之间、公务员之间展开竞争，实行优胜劣汰，优升劣降，好中选优，以使优秀人才脱颖而出，使公务员队伍保持生机和活力，从整体上不断提高公务员的素质，提高行政效率。

择优原则。竞争是为了择优，而择优的前提是必须存在竞争。竞争择优是公开平等的目的和必然结果。公务员法对择优在制度设计方面给予了充分体现：在录用主任科员以下及其他相当职务层次的非领导职务公务员时，采取公开考试、严格考察、平等竞争、择优录取的办法；根据考试成绩确定考察人选，根据考试成绩、考察情况和体检结果，提出拟录用人员名单；厅局级正职以下领导职务出现空缺且本机关没有合适人选的，可以通过适当方式面向社会选拔任职人选；确定初任法官、检察官的任职人选，可以面向社会，从通过国家统一司法考试的人员中公开选拔。

法治原则。依法治国是党领导人民治理国家的基本方略，它体现在行政管理领域，就是要依法行政；体现在党的执政活动上，就是要依法执政，实现执政方式的转变。依法行政就是法定的行政机关，在法定的权限范围内，按照法定程序履行行政管理职责，并接受监督。行政机关要按照法律规定的权限和程序行使职权，并接受司法机关和有关机关的监督。公务员管理坚持法治原则，既是依法治国，依法执政、依法行政的客观需要，也是公务员管理制度的必然要求。无论是公开平等，还是竞争择优，都需要通过法治来予以保障，最终要体现在法律上，也就是公务员管理机关按照法定的权限、条件、标准和程序进行管理。

6. 公务员管理的监督与激励并重具体包括什么？

公务员法确立的对公务员的监督机制主要有：明确了公务员的义务和纪律，规范公务员的行为。加强对公务员的考核，通过定期考核、专项考核和平时考核，对公务员的德、能、勤、绩、廉进行全面考核，重点考核政治素质和工作实绩，促进公务员不断改进工作，提高工作质量。确立了惩戒制度，公务员因违法违纪应当承担纪律责任的，依法给予处分。规定了公务员的辞职辞退制度，确立了引咎辞职制度。对公务员的回避制度作了规定，回避的种类包括任职回避和地域回避，回避的形式包括申请回避和自行回避。对公务员辞职、退休后的从业限制作了规定。公务员法确立的激励保障机制主要有：明确了公务员的权利，公务员享有获得履行职责应当具有的工作条件，获得工资报酬，享受福利、保险待遇，非因法定事由、非经法定程序，不被免职、降职、辞退或者处分等权利。规定了公务员的奖励制度，公务员个人和公务员集体在工作中取得显著成绩的，给予嘉奖、记三等功、记二等功、记一等功、授予称号等形式的奖励。在公务员的职务职级晋升上，注重工作实绩，鼓励公务员在工作岗位上勤奋努力工作。工作优秀、成绩突出的，可以破格或者越级提拔。规定了公务员的培训制度，机关根据公务员工作职责的要求和提高公务员素质的需要，对公务员进行分级分类培训。规定了公务员的工资、福利和保险制度以及退休养老制度，保障公务员的工资报酬。规定了公务员的申诉控告制度，当公务员的权益受到侵犯的时候，公务员可以向处理机关、上级机关和监察机关依法提出申诉控告，维护自己的合法权益。对公务员的监督约束和激励保障是相互联系、相互依承的。两者要并重，都要给予足够的重视。既要监督约束，又要激励保障，不可只强调一面。只有如此，才能调动公务员的积极性，保持公务员队伍的廉洁高效。

7. 任用公务员的原则是什么？

公务员任用原则是坚持德才兼备、以德为先，坚持五湖四海、任人唯贤，坚持事业为上、公道正派，突出政治标准，注重工作实绩。坚持德才兼备、以德为先的原则是中国共产党干部选拔任用工作的历史经验和科学总结，是选拔工作必须坚持的重要指导方针，只有坚持这一原则，才能更好地选人和用人。德指道德素质，决定于世界观、人生观和价值观，在现实生活中通常表现为事业心、责任心、原则性、廉洁性、为人民服务的意识、团结合作的作风以及勇于克服困难、完成工作任务的精神等。才是指技术能力，包括理论知识、管理科学知识、本职专业知识、综合分析问题解决问题的能力，包括实际工作中的谋划能力、决断能力、指挥协调能力和创新能力等。坚持五湖四海、任人唯贤也是中国共产党选人用人的一条重要原则。毛泽东同志率先把“五湖四海”作为选用干部的一个重要原则。坚持五湖四海，就是在使用干部时要拓宽选人用人视野，不能画“圈圈”，不能分“远近”；不能“任人唯亲”，而要“任人唯贤”。任人唯贤，就是一个标准分高下，在选人用人实践中，要敢于打破地域、身份、年龄、资历、学历、性别等方面的陈规陋习。事业为上、公道正派原则不仅是中国共产党坚持正确选人用人导向的源头保证，也是中国共产党永远保持先进性的关键因素。公务员任用就是要立足大局，找准政治定位，确保一切人才工作都为国家和民族的长足发展服务，做到选人用人公开、公平、公正。突出政治标准，必须坚持政治信仰为先。党员干部的政治信仰，主要是对社会主义的信念，对共产主义的信念，对党和人民忠诚，确保绝对忠诚、绝对纯洁、绝对可靠。注重工作实绩是功绩制原则的具体体现，也就是以公务员工作实绩作为评价的主要依据。它排斥以往人事管理制度中按年资高低，家庭背景等条件作为公务员录用和提升的标准，要以个人才能、道德品行、工作经验等综合素质的考察结果作为公务员录用、晋升的重要衡量标准。

8. 公务员就职时应当进行宪法宣誓吗?

公务员就职时应当依照法律规定公开进行宪法宣誓。国家公职人员在任职时向宪法宣誓，是世界上多数国家普遍采取的一种制度，据统计，在193个有成文宪法的国家中，明确作出相关规定的有177个。宪法是国家的根本法，是治国安邦的总章程，具有最高的法律地位、法律权威、法律效力。公务员必须树立宪法意识，恪守宪法原则，弘扬宪法精神，履行宪法使命。因此，党的十八届四中全会提出建立宪法宣誓制度。宣誓仪式根据情况，可以采取单独宣誓或者集体宣誓的形式。单独宣誓时，宣誓人左手抚按《宪法》，右手举拳，诵读誓词。集体宣誓时，由一人领誓，领誓人左手抚按《宪法》，右手举拳，领诵誓词；其他宣誓人整齐排列，右手举拳，跟诵誓词。宪法宣誓的誓词是：我宣誓，拥护中华人民共和国宪法，维护宪法权威，履行宪法职责，恪尽职守、廉洁奉公，忠于祖国、忠于人民，自觉接受监督，为中国特色社会主义伟大事业努力奋斗！

9. 法律如何保护公务员依法履行职务的行为?

职务行为是国家机关或工作人员行使职务上的权力所进行的活动。如警察执勤、税务人员收税、法官审理案件等都属于行使职权的行为。这里的职务行为是一种合法行为，即依法履行职务的行为。如果是一种违法的行为，则不受法律保护。与国家赔偿法上所说的“行使职权”的活动不同。就国家赔偿而言，构成国家赔偿责任的行为，必须是职务行为违法，并且这种违法的职务行为造成了损害事实，两者之间有必然的因果联系。公务员依法履行职务受法律保护，其含义包括了四方面：一是公务员依法履行职务的行为，受法律保护，不受干扰和破坏。如税务员依法收税，纳税人必须按规定缴纳，法律保护税务员的这种收税活动。我国刑法、治安管理处罚法对妨碍公务的行为都有规定。二是公务员依法履行职务，有关当事人有服从或者配合的义务。如交通警察在疏导、指挥交通时，机动车辆和行人应当服从指挥。三是公务员依法履行职务时，其人身安全受法律保护，如果公务员因履行职务，人身受到伤害，国家要依法追究伤害人的责任，惩处妨碍执行公务的行为。四是公务员依法履行职务，由此所发生的责任问题，原则上由所在机关来承担责任。如公安人员在追捕刑事犯罪分子过程中，征用公民、法人或者其他组织的交通工具，由此造成的损失应由所在机关给予补偿。

10. 公务员的管理机关有哪些？

公务员主管部门是根据管理公务员事务的需要，代表国家依法对公务员的录用、考核、晋升、工资、辞退、退休等实施管理的部门。我国的公务员管理机构，从横向看可以分为两类，一类是中央公务员管理机构，另一类是县级以上地方公务员管理机构。从纵向看，有不同类别的公务员管理指导机关，如海关、税务等机关按系统对本系统公务员管理的指导、监督等。公务员的范围扩大后，从中央来讲，公务员的主管部门主要是中央组织部、国家人事部两家，各自在职责权限范围内负责全国公务员的综合管理工作。地方公务员主管部门是县级以上地方各级公务员主管部门，负责对本辖区内公务员的综合管理工作。管理机关主要也是组织部门、人事部门，其管理的业务范围和中央公务员主管部门相同。不同之处在于，中央公务员主管部门比较多的任务是制定公务员管理的政策，拟订相关的法规草案，指导地方各级公务员管理机关去实施、执行。就地方公务员管理机关而言，执行公务员管理法律、法规和政策是其主要职责，制定政策法规的任务则相对较轻。公务员主管部门之间主要是三层关系：上级公务员主管部门指导下级公务员主管部门的公务员管理工作，如人事部负有指导和协调各地方人事部门实施公务员制度的职责。各级公务员主管部门指导同级各机关的公务员管理工作，如人事部负有对政府部门的人事工作进行指导、监督检查和协调服务的职责。各机关内设人事机构负责承担本机关公务员管理的具体事务。实行双重管理的机关，上级业务主管机关会同同级公务员综合管理部门对本系统的公务员管理实施指导、监督。如最高人民法院、最高人民检察院、公安部的公务员管理机关，分别对本系统公务员的管理实施指导、监督。

11. 成为公务员应具备哪些条件？

根据公务员法规定，公务员应具备以下条件：第一，具有中华人民共和国国籍。具有中华人民共和国的国籍是公务员应当具备的首要条件。第二，年满 18 周岁。是指公民从出生之日起到第十八个年份同月同日的实足年龄。18 周岁是成年人与未成年人的一个界限，我国行使选举权的年龄就是 18 周岁。第三，拥护《宪法》。宪法是国家的根本大法，是国家根本制度的总纲领、法律体系的核心与公民权利的保障书。任何公民都应当遵守宪法。公务员作为公民也应当遵守宪法，公务员拥护宪法具有更深的含义。第四，良好的政治素质和道德品行。公务员作为公权力的行使者，只有具备良好的政治素质和道德品行，才能够承担重大的责任，才能够实践民主与法治，维护国家秩序、国家利益与公共利益。第五，具有正常履行职责的身体条件和心理素质。具有正常履行职责的身体条件和心理素质是相对职位的要求而言的，不能够对公务员的身体条件提出超出职位身体条件要求的高标准甚至不合理的标准。第六，具有符合职位要求的文化程度和工作能力。公务员所应具备的文化程度和工作能力应当与职位相匹配，才能够完成工作任务。第七，法律规定的其他条件。由全国人大及其常委会通过的法律来规定公务员需具备的与职位要求相关的其他资格条件。

这些条件是公务员应当具备的条件，是一个公民担任公务员的最低和最基本的要求，反过来说，并不是具有这些条件必然成为公务员。每个职位的工作性质、责任大小、难易程度以及任职资格条件都不同，这就要求公务员录用必须按职位要求选择被录用人员，法律无法对职位要求作出统一的规定，只能规定由省级以上公务员主管部门规定相关的资格条件。省级以上公务员主管部门规定的拟任职位所要求的资格条件，包括以下三层含义：首先，必须是省级以上公务员主管部门才有权规定，即中央公务员主管部门和各省、自治区、直辖市的公务员主管部门，获得授权组织录用的设区的市级公务员主管部门无权作出规定；其次，规定的资格条件必须是拟任职位所必要的，如专业要求、学历要求、工作经历要求等，但不能规定歧视性的资格条件；最后，规定的条件不得与公务员法明确规定的条件相冲突。

12. 公务员应当履行哪些义务？

按照公务员法规定，我国公务员应当履行下列义务：第一，忠于宪法，模范遵守、自觉维护宪法和法律，自觉接受中国共产党领导。宪法是全国各族人民根本意志和最高利益的集中体现，是国家政治、经济、文化等社会生活有序运行的基石和保证。法律是根据宪法制定的，由国家强制力保障实施的行为规范。作为行使公权力的公务员，应当树立宪法至上的思想，维护宪法与法律的权威，自觉在宪法和法律的范围内活动，成为守法的模范和楷模。新修订的公务员法将坚持党对一切工作的领导这一基本方略也体现在公务员应当履行的义务中，将自觉接受中国共产党的领导列为应当履行的义务。第二，忠于国家，维护国家的安全、荣誉和利益。这首先是基于公民义务而产生的，公务员对此负有更大的责任和义务。第三，忠于人民，全心全意为人民服务，接受人民监督。人民群众是社会主义国家的主人，社会主义现代化建设事业必须依靠人民。因此，公务员要忠于人民，反映人民的愿望和要求，全心全意为人民服务，在履行职责的过程中接受人民监督，以保证其不折不扣地代替人民行使权力。第四，忠于职守，勤勉尽责，服从和执行上级依法作出的决定和命令，按照规定的权限和程序履行职责，努力提高工作质量和效率。公务员的所有职位都是在国家机关定职能、定机构、定编制的基础上，根据工作的需要设置的，每个职位都有明确的任务和职责。因此在每个职位上的公务员都应忠于职守，勤勉尽责，用自己的全部精力，履行服从义务，按照规定的权限和程序认真履行职责，只有这样才能够提高工作效率，保证国家机关的正常运行。第五，保守国家秘密和工作秘密。公务员作为国家工作人员，必须严格遵守国家法律，增强保密观念，严格保密纪律，履行保密义务。第六，带头践行社会主义核心价值观，坚守法治，遵守纪律，恪守职业道德，模范遵守社会公德、家庭美德。新修订的公务员法增加了公务员要带头践行社会主义核心价值观，坚守法治，模范遵守家庭美德的内容，公务员作为人民公仆，应当率先垂范。这彰显了公务员涵养家风，弘扬家庭美德的重要性，在社会上立起良好家风的风向标。第七，清正廉洁，公道正派。公务员必须建立正确的权力观，正确运用手中的权力，办事要公正无私，廉洁自律，以个人利益服从国家利益，努力为人民服务。第八，法律规定的其他义务。规定这一兜底条款的目的和意义在于，公务员法无法详细列举公务员的其他义务，增加兜底条款使得公务员义务的内容更加全面、完整、具体，也更能够反映时代特征与时代精神。

13. 公务员享有什么权利？

按照公务员法的规定，公务员享有的权利是：第一，获得履行职责应当具有的工作条件。公务员有权获得包括办公地点、办公用品、办公设备、通信联络工具、交通工具以及医疗卫生条件等工作条件的保障，并且这种工作条件的保障与公务员的职责相适应，如公务员的交通工具只能在公务员履行职责期间使用，公务员下班后，不得将其用于私人活动。第二，非因法定事由、非经法定程序，不被免职、降职、辞退或者处分。这是公务员的身份保障权，能够保持公务员队伍稳定和行政管理的连续性，保证公务员公正履行职责。第三，获得工资报酬，享受福利、保险待遇。一方面基于公务员的身份产生管理国家和社会公共事务的权力和职责，另一方面基于自然人身份产生的宪法赋予公民的基本权利和义务，获得工资报酬权与享受福利保险待遇权是公务员的基本权利，是公务员工作和生活的经济保障，能促使其圆满地执行公务、履行职责。第四，参加培训。公务员参加培训是宪法的要求，是现代社会经济科技发展对公务员提出的必然要求，更是公务员自身发展的需要，另外，公务员培训情况、学习成绩是公务员考核的内容和任职、晋升的依据之一。第五，对机关工作和领导人员提出批评和建议。公务员直接参与国家管理，了解本机关和上级机关及其领导人的情况，清楚国家管理活动各个环节上的缺陷。因此，强调公务员的这一权利，有利于各级机关克服官僚主义，提高工作效率，改善工作质量。第六，提出申诉和控告。公务员如对涉及本人的人事处理决定，如处分决定和被降职、被辞退的决定等不服时，可以向原处理机关申请复核，同时有权向同级公务员主管部门或者作出该人事处理的机关的上一级机关提出申诉，其中行政机关的公务员对处分决定不服的，也可以向监察机关提出申诉。公务员对于机关及其领导人员侵犯其合法权利的行为或者违法、违纪、失职及渎职的行为，有权向上级机关或者监察机关提出控告。第七，申请辞职。公务员法赋予了公务员一定的选择职业的权利，公务员可以辞职，以调动、发挥公务员的积极性，促进人才合理流动，增强人事管理的生机与活力，但公务员的辞职必须严格按照国家的法律规定进行。第八，法律规定的其他权利。包括法律规定的一般公民的权利以及法律所特别规定的机关工作人员应享有的权利。规定公务员可以享有法律规定的其他权利，使公务员的权利成为一个开放的体系，体现了公务员权利的广泛性和全面性。

14. 《公务员法》对于职位分类是如何规定的？

分类是管理的基础，没有科学的分类就没有科学的管理。职位分类制度是适应社会化大生产的发展而兴起的一种科学的人事分类制度，它在现代人事管理中占有基础性和决定性地位。职位分类制度，是公务员各项管理制度的基础和依据。公务员法根据职位的性质、特点和管理的需要，将公务员职位类别划分为综合管理类、专业技术类和行政执法类等类别。综合管理类是指除专业技术类、行政执法类以及其他职位类别以外的公务员职位类别，综合管理类职位是机关中数量最多的主体类别。专业技术类是指在机关中承担专业技术职责，为实施公共管理提供直接的技术支持和保障的公务员职位类别，如公安的法医、海关的商品归类人员、原产地管理专家等。行政执法类是指在工商、税务、质检、环保等履行市场监管与社会管理职能的行政执法部门的基层单位的行政执法职位中设置的公务员职位类别。行政执法类公务员主要履行行政监管、行政处罚、行政强制、行政稽查等现场执法职责。

由于法官、检察官与行政机关以及其他机关工作人员相比具有自身的特殊性，而且我国已经制定了法官法和检察官法，因此，在公务员法有关职位分类制度中，没有将法官、检察官与其他公务员合并在一起进行分类。除专业技术类与行政执法类职务具有职位特殊性以外，还有其他一些公务员职位类别具有一定的特殊性，实践中需要单独进行管理。对此，公务员法作了规定。对于条件成熟，并且管理确实需要的职位，可以规定增设除综合管理类、专业技术类和行政执法类以外的其他职位类别。

15. 公务员职务与职级序列有哪些？

改革开放以来，我国对公务员分类管理进行了积极探索，根据公务员职位的特点、性质、管理需要以及人才成长规律的不同，公务员法既按职位进行了分类，也按品位（职务、级别）进行了分类。如《公务员法》第十六条规定了公务员职位分类制度，公务员职位类别按照公务员职位的性质、特点和管理需要，划分为综合管理类、专业技术类和行政执法类等类别。根据公务员法，对于具有职位特殊性，需要单独管理的，可以增设其他职位类别。各职位类别的适用范围由国家另行规定。这种划分强调的是职位，以适合工作性质为标准。同时公务员法也按职务、职级与级别进行了分类。为深化公务员分类改革，推行公务员职务与职级并行、职级与待遇挂钩制度，健全公务员激励保障机制，建设忠诚干净担当的高素质专业化公务员队伍，新修订的公务员法实行公务员职务与职级并行制度，把“领导职务”“非领导职务”的设置调整为“领导职务”“职级”，实行公务员职务与职级并行制度，目的在适应推进国家治理体系和治理能力现代化的要求，完善中国特色公务员制度，改革公务员职务设置办法，建立职级序列，畅通职级晋升通道，拓展职级晋升空间，促进公务员立足本职安心工作，加强专业化建设，激励公务员干事创业、担当作为。领导职务是指机关中具有组织、管理、决策、指挥职能的职务。公务员领导职务层次分为：国家级正职、国家级副职、省部级正职、省部级副职、厅局级正职、厅局级副职、县处级正职、县处级副职、乡科级正职、乡科级副职。职级序列按照综合管理类、专业技术类、行政执法类等公务员职位类别分别设置。在机关中，有些职位在本机关不负领导责任，但职位本身又很重要，特别是有些职位在其分管的业务方面对其管理对象有较大的检查、监督、管理权，根据需要，设置职级是必要的。职级是公务员的等级序列，是与领导职务并行的晋升通道，体现公务员政治素质、业务能力、资历贡献，是确定工资、住房、医疗等待遇的重要依据，不具有领导职责。在厅局级以下设置的综合管理类公务员职级序列分为：一级巡视员（十三级至八级）、二级巡视员（十五级至十级）、一级调研员（十七级至十一级）、二级调研员（十八级至十二级）、三级调研员（十九级至十三级）、四级调研员（二十级至十四级）、一级主任科员（二十一级至十五级）、二级主任科员（二十二级至十六级）、三级主任科员（二十三级至十七级）、四级主任科员（二十四级至十八级）、一级科员（二十六级至十八级）、二级科员（二十七级至十九级）。综合管理类以外的其他职位类别公务员职级序列另行规定。国家对公务员实行分类管理，一方面是按适合岗位进行的纵向划分，另一方面是按职务层次和级别进行的横向划分。一纵一横，可以准确定位每个公务员的职责、任务、待遇等，为科学管理提供了制度保证。

16. 公务员职级如何设置？

根据公务员法，公务员职级与公务员的职务一起构成了确定公务员工资及其他待遇的依据。目前我国实行的公务员待遇体制，比较强调职务。按照现在的体制，工资、住房、医疗、交通等福利待遇都与职务高低挂钩，但从职务升迁上讲，每个单位的领导职务和非领导职务都是有限的，担任主要领导职务的更少，而这就使得部分人过分追求领导职务，不利于干部队伍建设。在实行职务晋升制度的同时，根据工龄、业绩等因素，确定公务员的职级晋升制度，并与工资、福利等待遇挂钩，就可以充分照顾到大多数公务员的利益，调动他们的工作积极性。中央机关，省、自治区、直辖市机关设置一级巡视员以下职级；副省级城市机关设置一级巡视员以下职级，副省级城市的区领导班子设置一级、二级巡视员。此外，市（地、州、盟）、直辖市的区领导班子设置一级巡视员，市（地、州、盟）、直辖市的区机关设置二级巡视员以下职级，副省级城市的区机关设置一级调研员以下职级；县（市、区、旗）领导班子设置二级巡视员、一级调研员、二级调研员、三级调研员，县（市、区、旗）、乡镇机关设置二级调研员以下职级。职级与职务一样是确定公务员工资和其他待遇的依据之一，这对于调动公务员的工作积极性、克服“官本位”的思想具有重要意义。公务员法这样规定，使公务员的职级成为公务员职业发展的重要台阶，除了职务晋升之外，职级晋升也是公务员职业发展的一条重要渠道。

17. 公务员职级职数比例有何要求？

职级职数按照各类别公务员行政编制数量的一定比例核定。综合管理类公务员职级职数比例是：中央机关一级、二级巡视员不超过机关综合管理类职位数量的12%，其中，正部级单位一级巡视员不超过一级、二级巡视员总数的40%，副部级单位一级巡视员不超过一级、二级巡视员总数的20%；一级至四级调研员不超过机关综合管理类职位数量的65%。省、自治区、直辖市机关一级、二级巡视员不超过机关综合管理类职位数量的5%，其中一级巡视员不超过一级、二级巡视员总数的30%；一级至四级调研员不超过机关综合管理类职位数量的45%。副省级城市机关一级、二级巡视员不超过机关综合管理类职位数量的2%，其中一级巡视员不超过一级、二级巡视员总数的30%；一级至四级调研员不超过机关综合管理类职位数量的43%，其中一级调研员不超过一级至四级调研员总数的20%。市（地、州、盟）、直辖市的区领导班子一级巡视员不超过领导班子职数的15%。市（地、州、盟）、直辖市的区机关二级巡视员不超过机关综合管理类职位数量的1%；一级至四级调研员不超过机关综合管理类职位数量的20%，其中一级、二级调研员不超过一级至四级调研员总数的40%，一级调研员不超过一级、二级调研员总数的50%；一级至四级主任科员不超过机关综合管理类职位数量的60%，其中一级、二级主任科员不超过一级至四级主任科员总数的50%。副省级城市的区领导班子一级、二级巡视员不超过领导班子职数的15%，其中一级巡视员不超过一级、二级巡视员总数的40%；副省级城市的区机关一级调研员以下职级职数，按照第四项规定执行。县（市、区、旗）领导班子二级巡视员不超过领导班子职数的10%，一级、二级调研员不超过领导班子职数的20%。县（市、区、旗）、乡镇机关二级调研员不超过机关综合管理类职位数量的2%；三级、四级调研员不超过机关综合管理类职位数量的10%，其中三级调研员不超过三级、四级调研员总数的40%；一级至四级主任科员不超过机关综合管理类职位数量的60%，其中一级、二级主任科员不超过一级至四级主任科员总数的50%。中央和地方各级机关中个别情况特殊需要调整职级比例的，应当报中央公务员主管部门审批。中央机关和省级公务员主管部门根据工作需要和实际，可以对未作区分的各职级层次的比例予以细化。

18. 公务员晋升职级有哪些规定?

公务员晋升职级，应当在职级职数内逐级晋升，并且具备拟任职务所要求的政治素质、工作能力、文化程度和任职经历等方面的条件和资格。公务员晋升职级，应当具备基本资格：晋升一级巡视员，应当任厅局级副职或者二级巡视员 4 年以上；晋升二级巡视员，应当任一级调研员 4 年以上；晋升一级调研员，应当任县处级正职或者二级调研员 3 年以上；晋升二级调研员，应当任三级调研员 2 年以上；晋升三级调研员，应当任县处级副职或者四级调研员 2 年以上；晋升四级调研员，应当任一级主任科员 2 年以上；晋升一级主任科员，应当任乡科级正职或者二级主任科员 2 年以上；晋升二级主任科员，应当任三级主任科员 2 年以上；晋升三级主任科员，应当任乡科级副职或者四级主任科员 2 年以上；晋升四级主任科员，应当任一级科员 2 年以上；晋升一级科员，应当任二级科员 2 年以上。公务员晋升职级应当根据个人德才表现、工作实绩和任职资历等因素综合考虑，参考民主推荐或者民主测评结果确定人选。不是达到最低任职年限就必须晋升，也不能简单按照任职年限论资排辈，体现正确的用人导向。还要政治素质好，拥护中国共产党的领导和社会主义制度，坚决维护习近平总书记核心地位，坚决维护党中央权威和集中统一领导；具备职位要求的工作能力和专业知识，忠于职守，勤勉尽责，勇于担当，工作实绩较好；群众公认度较高；符合拟晋升职级所要求的任职年限和资历；作风品行好，遵纪守法，自觉践行社会主义核心价值观，清正廉洁。此外，公务员晋升职级所要求任职年限的年度考核结果均应为称职以上等次，其间每有 1 个年度考核结果为优秀等次的，任职年限缩短半年；每有 1 个年度考核结果为基本称职等次或者不定等次的，该年度不计算为晋升职级的任职年限。公务员领导职务应当逐级晋升。特别优秀的或者工作特殊需要的，可以按照规定破格或者越级晋升。经公示后，按照管理权限审批。

19. 哪些情况下公务员不能晋升职级？

新修订的公务员法规定公务员的职务、职级实行能上能下制，从立法层面堵住了“庸懒散浮拖”的制度漏洞，倒逼公务员担当尽责，推动形成“能者上、庸者下、劣者汰”的用人导向和从政环境。不能晋升职级的情形包括：公务员不符合政治素质好，拥护中国共产党的领导和社会主义制度，坚决维护习近平总书记核心地位，坚决维护党中央权威和集中统一领导要求；不具备职位要求的工作能力和专业知识，不能忠于职守，勤勉尽责，勇于担当，工作实绩差；群众公认度不高；不符合拟晋升职级所要求的任职年限和资历；作风品行较差，不能遵纪守法，不能自觉践行社会主义核心价值观及清正廉洁；不具备晋升职级基本资格；受到诫勉、组织处理或者处分等影响期未满或者期满影响使用的；涉嫌违纪违法正在接受审查调查尚未作出结论的；影响晋升职级的其他情形。对不适宜或者不胜任现任职务、职级的，应当进行调整。

20. 公务员职级在何种情况下可能被降级？

公务员职级实行能上能下制，具有四种情形之一的，应当按照规定降低职级。四种情形包括：不能胜任职位职责要求的；年度考核被确定为不称职等次的；受到降职处理或者撤职处分的；法律法规和党内法规规定的其他情形。此外，公务员具有受到诫勉、组织处理或者处分等影响期未满或者期满影响使用，涉嫌违纪违法正在接受审查调查尚未作出结论等情形的，不得晋升职级。公务员对涉及本人的定期考核定为不称职处理不服的，可以自知道该处理之日起 30 日内向原处理机关申请复核；对复核结果不服的，可以自接到复核决定之日起 15 日内，按照规定向同级公务员主管部门或者作出处理的机关的上一级机关提出申诉；也可以不经复核，自知道处理决定之日起 30 日内直接提出申诉。对省级以下机关作出的申诉处理决定不服的，可以向作出处理决定的上一级机关提出再申诉。行政机关公务员对处分不服向行政监察机关申诉的，按照《中华人民共和国行政监察法》的规定办理。

21. 公务员的职级与待遇如何挂钩?

新修订的公务员法的一个重大看点就是推行公务员职务与职级并行、职级与待遇挂钩制度。这样做的目的是调动广大公务员的积极性、主动性和创造性，完善公务员制度机制，推进公务员分类管理，加强专业化建设，拓宽公务员尤其是基层公务员职业发展空间，实现对公务员的持续激励。公务员根据所任职级执行相应的工资标准，享受所在地区（部门）相应职务层次的住房、医疗、交通补贴、社会保险等待遇。担任领导职务且兼任职级的公务员，按照就高原则享受有关待遇。公务员晋升职级，不改变工作职位和领导指挥关系，不享受相应职务层次的政治待遇、工作待遇。因不胜任、不适宜担任现职免去领导职务的，按照其职级确定有关待遇，原政治待遇、工作待遇不再保留。公务员因公出国出差的交通、住宿标准以及办公用房标准等待遇，不与职级挂钩。县处级副职以上领导成员因换届不再提名、机构改革等而免去领导职务转任职级的，保留原待遇，不改变干部管理权限。

22. 什么是公务员衔级制度?

公务员法根据人民警察、消防救援人员以及海关、驻外外交机构等公务员的工作特点，设置与其领导职务、职级相对应的衔级。

人民警察警衔设五等十三级：（一）总警监、副总警监；（二）警监：一级、二级、三级；（三）警督：一级、二级、三级；（四）警司：一级、二级、三级；（五）警员：一级、二级。担任行政职务的人民警察实行下列职务等级编制警衔：（一）部级正职：总警监；（二）部级副职：副总警监；（三）厅（局）级正职：一级警监至二级警监；（四）厅（局）级副职：二级警监至三级警监；（五）处（局）级正职：三级警监至二级警督；（六）处（局）级副职：一级警督至三级警督；（七）科（局）级正职：一级警督至一级警司；（八）科（局）级副职：二级警督至二级警司；（九）科员（警长）职：三级警督至三级警司；

（十）办事员（警员）职：一级警司至二级警员。担任专业技术职务的人民警察实行职务等级编制警衔：（一）高级专业技术职务：一级警监至二级警督；（二）中级专业技术职务：一级警督至二级警司；（三）初级专业技术职务：三级警督至一级警员。

海关关衔设五等十三级：（一）海关总监、海关副总监；（二）关务监督：一级、二级、三级；（三）关务督察：一级、二级、三级；（四）关务督办：一级、二级、三级；（五）关务员：一级、二级。海关工作人员实行职务等级编制关衔：（一）署级正职：海关总监；（二）署级副职：海关副总监；（三）局级正职：一级关务监督至二级关务监督；（四）局级副职：二级关务监督至三级关务监督；（五）处级正职：三级关务监督至二级关务督察；（六）处级副职：一级关务督察至三级关务督察；（七）科级正职：二级关务督察至二级关务督办；（八）科级副职：三级关务督察至三级关务督办；（九）科员职：一级关务督办至一级关务员；（十）办事员职：二级关务督办至二级关务员。

驻外外交机构公务员是国家派往大使馆、总领事馆、领事馆，以及常驻联合国和其他国际组织的代表团、代表处等驻外外交代表机构的公务员。目前我国尚未对外交人员的衔级问题进行专门立法。从目前实际做法来看，外交部国内机关按公务员制度设行政职务，同时保留与公务员级别相对应的外交衔级。

23. 怎样录用公务员？

公务员法规定，录用的范围仅限于担任一级主任科员以下及其他相当职级层次的公务员，即二级主任科员、三级主任科员、四级主任科员、一级科员、二级科员。公务员录用的办法是公开考试，公务员考试录用面向社会，公开招考，发布招考公告，公开招考政策、报名时间、招考条件、招考对象、用人部门、招考职位、招考名额、报考资格条件、考试时间、考试方法和程序、报考需要提交的申请材料以及其他报考须知事项、考试成绩、录用结果，公示拟录用人员名单。公开的方式包括网络、报纸、电视等，尤其是通过网络保证公务员考试录用的公开性。招录机关应当采取措施，便利公民报考。在公开考试的基础上，要对报考人员进行考察，即到其所在单位进行考察了解。考察的内容主要是报考人员的政治思想和道德品质等，也考察其工作能力。严格考察是“择优”的前提，目的在于保证被录用的公务员符合德才兼备的标准。招录机关在确定报考资格条件时，必须遵循必要和合理原则，不能随意增加不合理的限制性报考条件，任何人不论民族、种族、性别、出身、宗教信仰、婚姻状况等有何不同，都有报考公务员的资格，即机会平等。在整个录用工作过程中，一个职位由多个报考者报考，实行差额考试，报考者要提交真实、准确的申请材料，经历报考申请审查、笔试、面试、报考资格复审、考察和体检等环节，每个环节都要经过激烈竞争。招录机关根据考试成绩、考察情况和体检结果，公示拟录用人员名单，公示期不少于5个工作日。公示期满，无异议或者虽有异议但经调查不属实的，中央一级招录机关将拟录用人员名单报中央公务员主管部门备案；地方各级招录机关将拟录用人员名单报省级或者设区的市级公务员主管部门审批。只有优胜者才有资格进入下一个环节的竞争，将成绩最优秀的报考者录用为公务员，择优录取。如果在公务员录用、聘任等工作中，有隐瞒真实信息、弄虚作假、考试作弊、扰乱考试秩序等行为的，由公务员主管部门根据情节作出考试成绩无效、取消资格、限制报考等处理；情节严重的，依法追究法律责任。

24.《公务员法》有哪些公务员录用的特殊规定？

民族区域自治是我国宪法确定的基本原则和我国的基本政治制度，公务员法对少数民族报考者予以适当照顾。在民族自治地方，少数民族报考者被录用为公务员后，成为直接履行公职，管理国家事务的人员，更有利于发挥各族人民当家做主的积极性，有利于发挥少数民族报考者熟悉本民族历史和风俗习惯的优势，有利于巩固国家的统一，促进民族自治地方各项事业的发展。在民族自治地方对少数民族的报考者予以适当照顾，并不违反平等竞争的原则。因为许多少数民族由于历史因素，处于经济、文化较落后的状况，如果对他们的要求过于严格，将导致我国公务员队伍中少数民族人员比例过低，这样对他们将是不平等的。适当照顾的方式主要有三种：一是在制定招考录用计划时，规定少数民族公务员录用的比例；二是在同等条件下，优先录用少数民族报考者；三是适当降低少数民族报考者的录取分数线。

录用公务员要遵循公开、平等、择优录取的原则，必须遵循法定的招考录用程序。但有些职位涉及国家安全、保密或者专业技术性很强，不宜进行公开考试，只能通过一些特殊的方法进行录用。特殊录用主要是指录用程序和选拔方法上的特殊，一定范围内的竞争和择优还是适用的。这些特殊的职位主要有：因职位特殊不宜公开招考的，如安全、公安部门中的某些职位。因职位特殊，需要专门测量报考者水平的。因职位所需要的专业知识特殊，难以形成较大范围内的竞争的，比如外交机构或机关内设研究机构中的小语种职位。

25. 哪些是公务员录用的组织机关？

公务员录用的组织机关是中央公务员主管部门、省级公务员主管部门及获得授权的设区的市级公务员主管部门。在公务员录用过程中，涉及三方主体：公务员主管部门、用人单位以及报考者。公务员主管部门和用人单位在公务员录用过程中是相互配合，适当分工的关系。公务员主管部门主要负责制定有关公务员录用的统一规定和组织统一的公务员考试。由公务员主管部门负责组织公务员的录用工作，目的在于保证公务员考试的公正性和严肃性。用人单位主要是配合公务员主管部门的考试工作，包括提供用人名额、职位描述等信息；根据笔试成绩的高低，组织面试工作；根据面试成绩公布体检人员的名单；组织体检；确定拟录用名单等。在公务员录用工作中，中央公务员主管部门负责组织中央机关及其直属机构公务员的录用，省级公务员主管部门负责组织地方各级机关公务员的录用，省级公务员主管部门可以在必要时，授权给设区的市级公务员主管部门组织其本辖区内公务员录用。将公务员录用组织机关分中央和省级两个层次，是考虑到我国人口众多、幅员辽阔、发展不平衡的因素，同时也是为了充分发挥和调动地方的主动性和积极性。中央机关主要是指中共中央机关、全国人大机关、国务院及其各部委、全国政协机关、最高人民法院、最高人民检察院等中央机关。中央机关的直属机构主要是指中共中央、国务院的直属机构。国务院的直属机构是指根据精简原则，设立的主管各项专门业务的机关，如国家税务总局、国家广播电视总局、海关总署等。地方各级机关包括省级、设区的市级、县级、乡级的各级机关。公务员法的机关都是作广义理解的，包括地方各级各类党政机关。

26. 什么样的人不能成为公务员？

为保证新录用公务员的纯洁性，建设信念坚定、为民服务、勤政务实、敢于担当、清正廉洁的高素质专业化公务员队伍，把好第一道关口，公务员法规定了关于公务员禁止录用的五种情形：第一，曾因犯罪受过刑事处罚的。犯罪包括故意犯罪和过失犯罪。刑事处罚包括刑法规定的主刑，即管制、拘役、有期徒刑、无期徒刑、死刑，也包括附加刑，即罚金、剥夺政治权利、没收财产。曾经受过刑事处罚的人员一律不得录用为公务员。第二，被开除中国共产党党籍的。公务员是履行公职的人员，国家对他们的要求理应高于对普通人的要求，他们也应当具备比其他人更高的素质。新修订的公务员法积极做好源头把控，被开除中国共产党党籍的不得录用为公务员。第三，被开除公职的。开除公职是指依法定的程序被用人单位开除。公职主要是指在国家机关、国有企业事业单位、人民团体中从事公务的职务。第四，被依法列为失信联合惩戒对象的。这是公务员法新增加的情况，正被列为失信联合惩戒对象的不得录用为公务员。第五，有法律规定不得录用为公务员的其他情形的。这是兜底条款，也是为其他法律针对特殊类别公务员规定录用条件预留的空间。公务员录用组织机关在对报考人员的报考资格和报考申请的审查时，一旦发现报考者具有公务员法所述的禁止录用情形的，停止录用。

27.《公务员法》规定的录用公务员的前提条件是什么？

公务员法规定，录用公务员，应当在规定的编制限额内，并有相应的职位空缺。录用公务员必须在国家规定的编制限额内进行，主要从控制国家机关规模，防止机构膨胀的角度来考虑。编制是指机关根据机构设置性质及其工作任务、职责范围而确定的人员定额和职位分配。都是根据一定任务来设置一定的机构，根据确定的机构来制定编制，再根据编制来配备人员。确定国家机关的编制时，必须遵循因事设人原则、精简原则、效能原则等。编制工作是涉及国家管理体制的大事，具有法定性，任何单位的人员总额都不得超编。公务员主管部门在审定录用计划时，必须坚持只有在缺编的情况下，才能给予录用名额。另外，录用公务员必须有相应的职位空缺，是从优化机关内部工作的角度来考虑的。我国实行公务员职位分类制度。各级国家机关，都要在定职能、机构、编制的基础上，按照一定的标准设置职位，并有明确的职责任务和任职资格条件。某一职位上的工作任务及权限是该机关职能分解的最小单位。不同职位的职责、工作任务和要求是不同的。出现职位空缺，说明该机关某一部分工作任务无人执行，影响到机关的工作效能，这时才有录用公务员的必要。如果没有职位空缺，说明该机关各职位上的职责都有人履行，且该机关已满编，无须录用新人员。根据以上两个条件，公务员主管部门组织编制年度录用计划。编制工作的主要步骤是现有各用人部门向本级公务员主管部门申报用人计划，内容包括用人部门名称及其编制数、缺编数、拟增总人数、拟录用职位名称等。然后由公务员主管部门根据公务员法的规定进行审查后确定。

28. 新录用公务员的试用期是多久？

公务员法规定了公务员实行试用期，试用期为1年。其目的是由用人单位在试用期间对试用人员的政治素质、工作能力等作进一步的考察，防止“高分低能”“有才无德”的人员进入公务员队伍。考试是一种比较科学、合理、公平的择才机制，适合于测验人的知识和技能，但有一定的偶然性，也很难用来考察人的道德品行。试用期制度可以较好地弥补考试制度的不足。同时，在试用期内，新录用公务员在拟任工作岗位上工作，有利于尽快熟悉和掌握工作知识和技能。在试用期内，新录用的公务员可以视为一种附条件的公务员。他们享受国家财政统一发放的试用期工资、与本部门正式工作人员相同的政治和生活福利待遇、履行公务员的义务。但在试用期间，新录用的公务员不确定职务和工资级别。《人事部关于实施国家公务员考核制度有关问题的通知》规定，应对试用期间的公务员进行考核，但在年度考核时只写评语，不定等次，考核情况只作为任职、定级的依据。试用期满合格的，予以任职；不合格的，取消录用。

29. 对公务员进行考核的内容和类型是什么？

公务员考核的内容主要包括：德、能、勤、绩、廉五个方面，其中以政治素质和工作实绩为重点。德是指公务员在政治上是否能坚持四项基本原则，能否遵守国家的法律法规、能否认真贯彻执行国家的方针政策、对国家是否忠诚以及带头践行社会主义核心价值观，坚守法治，遵守纪律，恪守职业道德，模范遵守社会公德、家庭美德等情况。能是指业务知识和工作能力，如专业知识、业务技术、文字水平、语言能力、管理水平等方面。对不同类别的公务员，考核项目及其科目应当有所区别。勤主要是指公务员的出勤情况和工作态度。绩是指公务员的工作实绩，主要包括公务员的工作质量、数量、效率及工作适应能力等方面的内容。廉是指为人处事的廉洁，不贪污，不受贿，不侵占、挪用国家、集体的财产等。根据不同职位类别、不同层级机关分别设置考核指标。

公务员法中以举行考核的时间为标准，分为平时考核、专项考核和定期考核等方式。平时考核，通常是指对公务员在日常工作中的表现及功过进行记录，主要考核公务员的出勤情况和公务员遵守办公规则情况，表现为考勤和工作检查。专项考核是针对某个具体专项工作的考核。定期考核是在平时考核的基础上进行的每年一次的阶段性概括和总结，是对公务员比较全面的考核方式。对公务员的考核应将定期考核与平时考核、专项考核结合起来，将平时考核、专项考核作为定期考核的基础，才能达到客观、全面评价公务员的目的。

30. 如何对非领导成员公务员进行定期考核？

公务员法规定，对领导成员的定期考核，由相应的主管机关按照有关规定办理。对非领导成员公务员定期考核采取年度考核的方式，主要有以下程序：第一，个人总结。被考核的公务员将自己本年度德、能、勤、绩、廉等进行全面的自我总结。第二，听取群众意见。各单位通过各种方式，让群众参与考核评议工作，方式主要有找公务员谈心、听取汇报、群众反映等，这也是群众路线在考核工作中的具体反映。第三，主管领导在听取群众意见的基础上，根据平时考核和个人总结写出评语，提出考核等次意见。第四，机关负责人或者经授权的考核委员会确定考核等次。在主管领导提出年度考核的等次意见后，一般还有一个复核的程序，即由考核委员会或考核小组对主管领导提出的考核意见，进行审核。在审核基础上，机关负责人便可签字同意，予以确认。如果机关负责人认为不合适的，可以否决经审核的主管领导的考核意见，亲自确定公务员的考核等次。在实践中，有时机关负责人可以授权考核委员会来最后确定考核意见。

定期考核的结果分为优秀、称职、基本称职和不称职四个等次，并以书面形式通知公务员本人，保护公务员的知情权和申诉权。考核等次的结果直接与公务员的职位、职务、职级、级别、工资以及公务员奖励、培训、辞退等挂钩。如果对定期考核为不称职的人事处理决定不服的，公务员有权提出申诉。如果考核机关不及时将考核结果通知公务员，将承担法律责任。

31. 公务员职务任用方式有哪些?

公务员任职应当在规定的编制限额和职数内进行，并有相应的职位空缺，不能超编或超职数范围任命。公务员领导职务的任用方式主要有选任制、委任制和聘任制三种方式，按照国家规定实行任期制；公务员职级实行委任制和聘任制两种方式。

选任制是指按照法定的民主程序自下而上选举产生公务员的制度，一般适用于国家机关和政党等机关的主要领导人员。选任制公务员是由选举产生的，其任职时间应为选举结果生效的时间。选任制公务员可因任期届满不再连任、辞职、被罢免、被撤职而终止任职。

委任制是指按照法定的公务员管理权限自上而下任命公务员的制度，一般适用于国家机关和政党等机关内设机构的领导人员和其他公务员。委任制公务员应当任免职务、职级的情形，主要有以下几种：第一，新录用的人员试用期满合格的。主要是指经公务员录用考试合格，进入机关工作的人员。第二，从国有企业、高等院校和科研院所以及其他不参照公务员法管理的事业单位中调入机关任职的。第三，转换职位任职的。包括转任、轮换和挂职锻炼等。第四，晋升或降低职级。晋升是由较低职级升任较高职级，降职是由较高职级降任到较低职级。第五，其他情形。主要是指由于机构调整、撤并等，原机构公务员到新的职位上任职。根据规定，公务员从原来职位转移到另一个新的职位，必须履行任职手续。对委任制公务员应当办理免职的情形主要有以下几种：第一，转换职位任职的，包括转任、轮换，应当免去原来职务；第二，晋升或者降低职级的，应当免去原来职级；第三，离职学习期限超过 1 年；第四，因健康原因不能坚持正常工作一年以上的；第五，退休的。

聘任制是对一些专业性较强和辅助性的职位所采用的制度，主要依据合同管理，聘任合同的内容包括聘任期限、职位及其职责、工资福利保险待遇、违约责任以及合同变更、解除、终止的条件等。

任期制含两层含义：一是一个人一次担任某一主要领导职务要有一定的期限，二是一个人担任某一主要领导职务的次数要有限制。其适用范围是：全国人民代表大会常务委员会委员长、副委员长，国务院总理、副总理、国务委员，最高人民法院院长和最高人民检察院检察长，每届任期 5 年，连续任职不得超过两届，即 10 年；全国人民代表大会常务委员会秘书长、委员，国务院秘书长、各部部长、各委员会主任、审计长、人民银行行长，每届任期 5 年；县级以上地方各级人民代表大会常务委员会组成人员，地方各级人民政府正副职领导人员、秘书长、各厅局长、各委员会主任，地方各级人民法院院长和人民检察院检察长，每届任期 5 年。

32. 公务员可以在机关外兼职吗？

公务员是履行公职、由国家财政负担工资福利的工作人员，理当全力做好本职工作。根据公务员法的规定，公务员不得违反有关规定从事或者参与营利性活动，在企业或者其他营利性组织中兼任职务。在现实中，出于各种原因，有时也需要在机关外兼职。机关外是指国家机关和政党等机关之外其他组织，包括企事业组织等。但公务员因工作需要，在机关外兼职需要符合三个条件：第一，因工作需要。基于工作的需要，而不是可以随便在外做兼职。第二，得到有关机关批准。有关机关一般是指需要在机关外兼职的公务员的直接上级机关，如果是内设机构则指本机关。批准一般是指以书面或口头形式报经有关机关领导同意。第三，不得领取兼职报酬。兼职报酬包括金钱、物质等利益。如果违反以上规定，轻则处分警告，重则开除。

公务员法对公务员在机关内兼职没有作出限制。主要是考虑到目前党政机关之间交叉兼职的做法是允许和必要的，如市长兼任市委副书记，市委书记兼人大常委会主任。这是根据我国政治体制作出的制度安排。机关内领导人员兼任机关党委职务、兼任一些协调性机构或临时性机构职务的情况也比较多。

33. 公务员晋升领导职务应当具备什么条件和资格?

公务员晋升领导职务，应当具备拟任职务所要求的政治素质、工作能力、文化程度和任职经历等方面的条件和资格。政治素质是公务员“德”的方面；工作能力是公务员的“才”的方面；文化程度主要包括公务员的学历水平、文化水平和专业知识，担任领导职务公务员一般应当具有大学专科以上文化程度，其中地（厅）、司（局）级以上领导干部一般应当具有大学本科以上文化程度；任职经历可以体现一个公务员工作经验和业务水平的积累过程。公务员晋升领导职务，应当按照职务的高低由低向高，逐级晋升。但是，对于特别优秀的或者工作特殊需要的，可以按照规定破格或者越一级晋升职务，这是公务员晋升职务制度中的一种例外情况。对于特别优秀的人才，不拘一格，为之创造脱颖而出的条件，按照规定破格或者越一级晋升职务，这样做，有利于形成有效的激励机制，鼓励公务员奋发有为，锐意进取，形成人人争先的良好局面。但是，公务员破格或者越一级晋升职务，必须执行比一般晋升职务更加严格的程序，越级晋升的，有的须经任免机关的上一级同意，有的须经同级党委或政府的人事主管部门同意。破格晋升一般是指对条件和资格的破格。

34. 公务员晋升领导职务需要经过哪些程序?

晋升领导职务程序，是指晋升领导职务必须经历的法定工作步骤。非经这些步骤所晋升的领导职务就不具有合法性。公务员晋升领导职务的程序，主要包括以下几个环节。第一，动议。动议是干部选拔任用工作的初始环节，即党委（党组）或者组织（人事）部门按照干部管理权限，根据工作需要和领导班子建设实际，提出启动公务员晋升领导职务的工作意见并形成工作方案的过程。第二，民主推荐。民主推荐包括会议投票推荐和个别谈话推荐。民主推荐的结果在一年内有效。领导班子换届，民主推荐按照领导班子职位的设置全额定向推荐个别提拔任职，按照拟任职位推荐。第三，确定考察对象，组织考察。对确定的考察对象，由组织（人事）部门按照干部管理权限，在年度考核的基础上，全面考察其德、能、勤、绩、廉，注重考察政治素质和工作实绩。第四，按照管理权限讨论决定。任免机关在对晋升人选作出进一步审核的基础上，经领导集体研究决定后依法任命。第五，履行任职手续。非政府组成人员领导职务的晋升，任免机关决定晋升人选后，应正式发布任命决定；政府组成人员领导职务的晋升，要依据各级人民政府组织法的规定履行任职手续；法官、检察官职务的晋升，要依据法官法和检察官法的规定履行任职手续。

公务员晋升领导职务还要实行任职前公示制度和任职试用期制度。公示内容一般应包括拟选拔对象本人的基本情况，包括姓名、出生年月、性别、籍贯、学历、政治面貌、工作简历和拟任职务。一般在公示对象所在的单位内部进行。公示期一般为 7 至 15 天，公示结束后，对没有问题反映的拟提拔对象，按规定程序办理任职手续。公示期间有来信、来电、来访反映拟提拔对象相关问题的，由组织人事部门负责收集、按规定进行调查核实，调查核实后必须形成书面汇报材料，并向讨论决定机关报告，由其视情况决定是否暂缓实施或取消原任职方案。试用期为一年，试用期满后，经考核胜任现职的，正式任职；不胜任的，免去试任职务，一般按试任前职级安排工作。实行任职试用期制度，可以更加完善党政领导干部选拔任用制度，增强选人用人准确性，防止用人失察，提高干部的任职能力。

35. 厅局级正职以下领导职务出现空缺时如何处理？

公务员法规定，厅局级正职以下领导职务出现空缺时，可以在本机关内产生任职人选。如果本机关没有合适人选的，可以通过适当方式面向社会选拔任职人选。这是公务员法对公务员选拔制度中面向社会选拔的规定，新修订的公务员法删除了“竞争上岗”“公开选拔”等表述，面向社会选拔任职人选将成为大趋势。报名参加选拔人员，应当具备拟任职务所要求的思想政治素质、工作能力、文化程度和任职经历等方面的基本条件和资格。主要适用于党政机关内设机构的领导职务，级别限制在厅局级正职以下。因此，正厅级以上的职务不适用。公务员法为了便于公务员与公务员队伍以外的公职人员进行交流，扩大选人用人的渠道，规定了国有企业、高等院校和科研院所以及其他不参照公务员法管理的事业单位中从事公务的人员可以调入机关担任领导职务。虽然这种调入机制有很大的优势，但也容易滋生弊端，特别是用人上的不正之风。从发展来看，逐步减少调入，更多通过社会选拔来解决。

36. 对公务员或者公务员集体的奖励有哪些？

公务员法专章对公务员的奖励问题作了专门规定，突出了奖励制度在公务员制度中的地位，显示了国家对公务员奖励工作的重视。对公务员或者公务员集体进行奖励主要有两类行为：一类是在本职工作中表现突出，有显著成绩和贡献的；另一类是在本职工作以外有其他突出事迹的。具体的奖励条件是：忠于职守，积极工作，勇于担当，工作实绩显著的；遵纪守法，廉洁奉公，作风正派，办事公道，模范作用突出的；在工作中有发明创造或者提出合理化建议，取得显著经济效益或者社会效益的；为增进民族团结，维护社会稳定作出突出贡献的；爱护公共财产，节约国家资财有突出成绩的；防止或者消除事故有功，使国家和人民群众利益免受或者减少损失的；在抢险、救灾等特定环境中做出突出贡献的；同违纪违法行为作斗争有功绩的；在对外交往中为国家争得荣誉和利益的；有其他突出功绩的。公务员集体的奖励适用于按照编制序列设置的机构或者为完成专项任务组成的工作集体。对公务员或者公务员集体奖励的基本原则是坚持定期奖励与及时奖励相结合，精神奖励与物质奖励相结合，以精神奖励为主。精神奖励如嘉奖、记三等功、记二等功、记一等功、授予称号，向参与特定时期、特定领域重大工作的公务员颁发纪念证书或者纪念章等；对受奖励个人的物质奖励是给予一次性奖金或者其他待遇。对公务员或者公务员集体实施奖励，需要按照规定的权限和程序决定或者审批。

公务员或者公务员集体获得奖励以后，因出现撤销奖励的法定事由，有权机关将撤销其奖励。撤销奖励的法定事由包括：弄虚作假，骗取奖励；报奖励时隐瞒严重错误或者严重违反规定程序的；有严重违纪违法等行为，影响称号声誉的有法律、法规规定应当撤销奖励的其他情形的。撤销公务员或者公务员集体的奖励，由原申报机关报审批机关批准，特殊情况下原审批机关可以直接撤销其奖励。公务员或者公务员集体的奖励被撤销后，奖励审批机关或授予机关要收回其奖励证书和奖章，收回奖金并停止其享受的有关待遇。

37. 如何对公务员进行监督？

从目前我国公务员结构和干部队伍结构上看，我国所有的公务员都属于行使公权力的公职人员，其中大多数公务员是共产党员，党内监督、国家监察法对公务员的监督具有内在一致性，也具有高度互补性。加强对公务员的监督管理是贯彻习近平总书记关于严管和厚爱相结合的要求、推动全面从严治党不断向纵深发展的必然选择。如《公务员法》在多处体现和贯彻了该原则公务员制度中“坚持党管干部原则”，强化了党的领导监督。如第四条基本原则增加“公务员制度坚持中国共产党领导”“贯彻新时代中国共产党的组织路线”；第十三条增加“拥护中国共产党领导和社会主义制度”；第十四条增加“自觉接受中国共产党领导”等。这些新增内容强调公务员对党的忠诚，对建设高素质专业化公务员队伍具有重要意义。为进一步加强对公务员的日常监督管理，新修订公务员法将第九章章名“惩戒”修改为“监督与惩戒”，并新增第五十七条和第五十八条两条监督方面的规定，把监督作为从严管理公务员的一个重要环节予以明确，规定机关应当对公务员的思想政治、履行职责、作风表现、遵纪守法等情况进行监督，开展勤政廉政教育，建立日常管理监督制度。对监督发现问题的，应当区分不同情况，予以谈话提醒、批评教育、责令检查、诫勉、组织调整、处分；规定公务员必须按照规定请示报告工作、报告个人有关事项，使公务员的监督与相关法律法规有机衔接，做到了监督管理与时俱进，从严治吏不留死角。新修订公务员法增加的有关加强公务员监督的规定，是把执纪与执法贯通起来，实现纪法贯通、法法衔接，推动反腐败工作在法治化轨道上深入开展的具体行动，实现了依规治党与依法治国的有机统一。

38. 公务员应当遵纪守法，不能有哪些行为？

《公务员法》规定了公务员的政治纪律、工作纪律、廉政纪律、职业道德与社会公德等纪律，新修订公务员法又增加了不得“散布有损宪法权威、中国共产党和国家声誉的言论”“组织或者参加旨在反对宪法、中国共产党领导和国家的集会、游行、示威等活动”“挑拨、破坏民族关系，参加民族分裂活动或者组织、利用宗教活动破坏民族团结和社会稳定”等禁止性规定，如果公务员触碰了这些“高压线”，不仅违反纪律，而且还违反了法律。具体是：不得散布有损宪法权威、中国共产党和国家声誉的言论，组织或者参加旨在反对宪法、中国共产党领导和国家的集会、游行、示威等活动；不能组织或者参加非法组织，组织或者参加罢工；不得挑拨、破坏民族关系，参加民族分裂活动或者组织、利用宗教活动破坏民族团结和社会稳定；不能不担当，不作为，玩忽职守，贻误工作；不能拒绝执行上级依法作出的决定和命令；不能对批评、申诉、控告、检举进行压制或者打击报复；不能弄虚作假，误导、欺骗领导和公众；不能贪污贿赂，利用职务之便为自己或者他人谋取私利；不能违反财经纪律，浪费国家资财；不能滥用职权，侵害公民、法人或者其他组织的合法权益；不能泄露国家秘密或者工作秘密；不能在对外交往中损害国家荣誉和利益；不能参与或者支持色情、吸毒、赌博、迷信等活动；不能违反职业道德、社会公德和家庭美德；不能违反有关规定参与禁止的网络传播行为或者网络活动不能违反有关规定从事或者参与营利性活动，在企业或者其他营利性组织中兼任职务；不能旷工或者因公外出、请假期满无正当理由逾期不归；不能有违纪违法的其他行为。

39. 公务员如何对待上级错误的决定与命令?

《公务员法》对于公务员对待上级错误的决定命令规定了原则规定与例外规定两个方面。原则规定是：公务员认为上级的决定或者命令有错误的，可以向上级提出改正或者撤销该决定或者命令的意见；上级不改变该决定或者命令，或者要求立即执行的，公务员应当执行该决定或者命令，执行的后果由上级负责，公务员不承担责任。错误的决定命令涉及法律与事实、合法性与适当性等多个方面，如上级的决定或者命令超越权限范围、认定事实不实、解释与适用法律错误、程序违法、行政裁量权的行使不合理或者不适当等。例外规定是：上级作出的决定或者命令如果不是一般的错误，而是明显违法，公务员向上级提出改正或者撤销该决定或者命令的意见，上级不改变该决定或者命令，或者要求立即执行的，公务员有权利也有义务不执行，公务员如果执行，要承担相应的责任。明显违法是指具有普通理智和法律知识的公务员，都可以判断出上级决定或者命令的违法性，如刑讯逼供、做假账、走私等。相应的责任是指公务员并非一概承担所有的责任，因为这里有上级决定或命令的介入，公务员是在执行上级的决定或命令。因此，应要根据案件的具体情况判断公务员承担责任的范围与程度。如果公务员认为上级决定或者命令明显违法而不予执行，但后来有权机关判定上级决定或者命令合法，公务员对于自己不执行的行为应当承担责任。因为公务员有服从和执行上级依法作出的决定和命令的义务，这应当也包括公务员认为上级决定或者命令明显违法而不予执行的情形。

40. 公务员违法违纪的法律后果是什么?

公务员的义务与纪律是对公务员的强制性要求，为了保证公务员遵守法定义务和纪律，国家对违法违纪的公务员规定了要承担一定的法律后果，这种后果就是“处分”。所谓违法违纪，既可以是积极的作为，如参与或者支持色情、吸毒、赌博、迷信等活动；也可以是消极的不作为，如玩忽职守，贻误工作。公务员违法违纪应当承担纪律责任的，原则上应当给予处分。对于公务员的违法违纪行为，除了公务员法规定的警告、记过、记大过、降级、撤职、开除处分以外，监察机关还可以给予警告、记过、记大过、降级、撤职、开除等政务处分。但对于同一违纪违法行为，监察机关已经作出政务处分决定的，公务员所在机关不再给予处分。公务员有违法违纪行为的，有权机关应当给予其处分也即惩戒，但惩戒本身不是目的，而仅仅是一种教育公务员的手段，如果公务员违纪情节轻微，经批评教育后对错误有较为深刻的认识，能够改正自己的错误，就可以免于处分。这体现了我国公务员处分制度中教育与惩戒相结合的原则。在我国，批评教育不被看作一种处分，如果公务员违纪情节轻微，经批评教育后对错误有较为深刻的认识，能够改正自己的错误，就可以免于处分。但免于处分与不予处分是不同的，不予处分是在对涉嫌违法违纪的公务员进行调查后，认为不存在违法违纪情形而不给予其处分，其本来就不应该被处分；而免于处分是公务员有违法违纪行为，本来应当给予其处分，但因为符合特定的条件而免除处分。

41. 能随意给公务员处分吗?

对公务员处分应当合法，具体来说需要满足以下条件：第一，事实清楚。即对公务员所犯错误的事实，要核实清楚，不可草率下结论。第二，证据确凿。即对能够证明案件真实情况的一切材料都要核准，不能仅凭本人的陈述立案，更不能凭自己的主观臆断定案。第三，定性准确。即按照法律的规定确定公务员所犯错误的性质。第四，处理恰当。即对违法违纪的公务员，要以事实为依据，以法律为准绳，根据公务员所犯错误的性质、危害、责任大小以及本人对错误的认识程度，还要考虑本人的一贯表现，给予恰当的处分。第五，程序合法、手续完备。在对公务员实施处分的过程中，应严格履行法定程序，按照法律规定的方式、时限、步骤与程序，以保证这项工作的客观、公正。给予公务员处分的实施程序为：（1）调查。由处分决定机关应组织人员调查公务员违纪的事实。（2）告知、陈述与申辩。调查工作结束后，应将调查认定的事实及拟给予处分的依据告知公务员本人。公务员有权进行陈述和申辩。不得因为公务员进行陈述和申辩而加重处分。（3）作出处分决定。处分决定机关认为对公务员应当给予处分的，应当在规定的期限内，按照管理权限和规定的程序作出处分决定。（4）书面通知。处分决定应当以书面形式通知公务员本人，并由受处分的公务员签署意见，如果本人拒绝签署，可由单位写明情况。

42. 公务员受处分的期间各有多久？

《公务员法》确定了包括精神惩罚、实质惩罚和开除三类共六种处分。精神惩罚包括警告、记过、记大过。实质惩罚，包括降级与撤职。最为严重的处分形式是开除。记过与记大过是我国公务员法特有的处分形式。降级是降低级别，根据人事部的有关规定，给予公务员降级处分，一般降低一个级别，如果本人级别为最低级的，可给予记大过处分。撤职是撤销职务，撤职后按降低一级以上职务另行确定职务，根据新任职务确定相应的级别和职务工资档次。降级会导致级别工资的降低，受撤职处分的同时降低级别，因此将导致职务工资与级别工资的降低。对于严重违法违纪，不适宜继续担任公务员职务的，有关机关应给予其开除处分。给予公务员开除处分，自处分之日起，解除其与机关的人事关系。为了维护行政处分的严肃性，保证行政处分应有的效果，公务员法明确规定，公务员受处分期间，不得晋升职务和级别；其中除受警告以外的处分的，并不得晋升工资档次。处分期间随处分种类不同而不同。处分轻，则处分期间短，处分重，则处分期间长。警告的处分期间为6个月，记过为12个月，记大过为18个月，降级与撤职为24个月。公务员在受处分期间不得晋升职务、职级和级别，其中受记过、记大过、降级、撤职处分的，不得晋升工资档次。

43. 公务员的处分可以解除吗？

在《公务员法》中，确立了解除处分制度，体现“惩前毖后，治病救人”的方针政策，有利于受处分的公务员放下思想包袱，正确认识错误，努力改正错误，更好地为人民服务。公务员受开除以外的处分，在受处分期间有悔改表现，并且没有再发生违纪行为的，处分期满后，由处分决定机关解除处分。解除处分决定的条件有：第一，公务员所受的是开除以外的处分。公务员被开除以后，即丧失了公务员身份，脱离了与其所在机关的人事关系，因此也就不存在解除处分的问题。第二，在受处分期间有悔改表现。第三，没有再发生违纪行为。第四，处分期满。这一条件不是绝对的，公务员在受处分期间有特殊贡献的，可以提前解除处分。公务员在处分期限内如果没有改正错误的可以适当延长解除处分的期限。解除处分的决定应由原批准处分的机关（原批准处分的机关撤销或合并的，由承继其行政职能的机关或上级机关）作出，其同时应将解除处分的决定存入本人档案，并以书面形式通知受处分的公务员本人。涉及有关部门的还应通知有关部门，例如，处分决定机关是监察机关，在作出解除处分决定后应通知公务员所在的机关。公务员解除处分后，只是将解除处分的决定存入本人档案，与国外有些国家在解除公务员处分时消除公务员档案中的处分记录不同。公务员解除处分后，晋升工资档次、级别和职务都不再受原处分的影响。但是，解除降级、撤职处分的，不视为恢复原级别、原职务。这是因为，解除处分不是撤销违法的处分，而只是在处分经过一定期限后，因公务员有悔改表现并且没有发生其他违纪行为而使公务员不再因处分而受到的某些不利影响。因此，解除处分不需要回到处分作出之前的状态。

44.《公务员法》对公务员培训作了哪些规定？

机关对公务员进行培训，要根据公务员工作职责的要求进行，要根据提高公务员思想政治素质、法律素质、专业技能素质等的需要进行。培训的方式是分级分类进行，这是按需施教原则的要求和具体体现。分级培训就是根据每个公务员不同的级别，进行有针对性的培训。不同的职务和职级对公务员的素质要求各不相同，不能对所有级别的公务员都按照同样的标准来培训，而应具体分析，区别对待。分类培训就是对综合管理类、专业技术类和行政执法类等不同类别的公务员进行有针对性的培训。培训机构是具体落实公务员培训制度的场所和培训教育的实体，是贯彻公务员培训制度的重要保证。我国现在已经形成以专门的公务员培训机构为主体，其他各级各类培训机构为辅的公务员培训网络。专门的公务员培训机构主要是：国家行政学院和地方行政学院。我国公务员培训网络还包括机关委托的其他培训机构，主要有普通高校、科研单位和其他教育机构，这有利于充分利用各种培训力量和资源，与专门的公务员培训机构实现优势互补。

根据公务员法的规定，公务员培训分为职前培训、在职培训和对后备干部的培训。职前培训就是初任培训，是对新录用但尚未正式任职的公务员所进行的培训，在试用期内进行。在职培训分为三类：任职培训、专门业务培训和更新知识培训。任职培训的对象是晋升一定领导职务的在职公务员。专门业务培训是指国家机关为公务员从事专项工作而提供所需知识和技能的培训。更新知识培训是指国家机关有计划地对在职公务员进行的以增新、补充、拓宽相关知识为目的的再教育和再训练，是我国公务员培训中最常规的一种，对象包括全体在职公务员，以脱产培训为主。后备干部的培训是后备领导人员选定后，要确定培养方向，根据培养方向确定培训计划、落实培训措施。

我国对公务员的培训实行登记管理，对公务员个人而言，就是要把公务员每次培训的时间、内容、表现、成绩登记在册，放入档案，作为今后考核的内容及任职、晋升的依据之一，防止参加培训的公务员敷衍了事，随意应付。对公务员主管部门而言，就是要将公务员培训制度化，分期、分批有针对性地进行培训。防止公务员主管部门把组织培训当作临时工作，想抓就抓，想放就放。根据现行公务员培训的做法，初任培训时间一般不少于 10 天，任职培训时间一般不少于 30 天，每人每年参加更新知识培训的时间累计不少于 7 天。

45. 哪些人可以调入机关成为公务员？

在我国目前，除采取公开考试、严格考察、平等竞争、择优录取的办法外，允许通过交流的方式使机关以外的优秀人才进入机关任职，这也是现实的需要。国有企业、高等院校和科研院所、其他不参照公务员法管理的事业单位中从事公务的人员可以调入机关，成为公务员。但这些人只限于担任领导职务或四级调研员以上及其他相当层次的职级。但调入机关的人员必须符合拟任职务所要求的政治思想水平、工作能力以及相应的资格条件，也就是应当具备成为公务员的条件和拟任职位所要求的资格条件，但不能有因犯罪受过刑事处罚、被开除中国共产党党籍、被开除公职、被依法列为失信联合惩戒对象等情形。由于主任科员以下的非领导职务的公务员采取的是公开考试、择优录用的办法。因此，不能从机关外部调入人员担任主任科员以下的非领导职务，以免冲击正常的公务员考试录用及晋升制度。公务员法本着优化公务员队伍，保证公务员素质的精神，强调调入机关对拟调入人选必须按照规定进行严格考察，并按照管理权限审批。调入人员一旦调入机关担任某一职务，即取得公务员的身份和资格，适用公务员法进行管理，享受公务员的权利并履行公务员的义务。

46. 公务员转任的条件和程序有哪些?

转任，是指公务员因工作需要，回避，机构调整、撤销、合并而导致编制总额和职数的变更，个人原因或其他正当理由在机关系统内部的平级调动，是公务员在机关系统内部的交流方式，可以实现公务员合理有效流动。机关内部转任是有计划、有组织的岗位转换，目的是培养提拔公务员骨干，使其全面熟悉业务工作，丰富领导经验，或防止形成人事关系网。转任不改变公务员身份，只引起行政职务关系的变更，转任可以跨地区、跨部门，也可以在同一部门内的不同职位之间进行。在不同职位之间转任，应当具备拟任职位所要求的资格条件，如工作经验、能力性格等，以保证机关的工作效率和工作质量。转任必须在国家规定的编制限额和职数内进行，接收转任公务员的机关必须有相应的职位空缺，任何单位和个人，都不得擅自突破。出于培养锻炼各级领导干部的需要，以及避免领导成员在某些要害部门因任职时间过久而产生弊端，对于省部级正职以下的领导成员应当有计划、有重点地实行跨地区、跨部门转任。公务员在机关内部的转任是转任的一种特殊方式，与一般转任相比，机关内部转任计划性较强，不是根据工作的需要，也不是根据公务员个人要求。机关内部转任的对象，限于在同一职位连续任职超过一定年限的担任领导职务和某些工作性质特殊的非领导职务的公务员。新修订的公务员法还规定了从基层机关公开遴选公务员。遴选也是公务员转任的一种重要方式，其很大的一个特点是上级机关直接向下级基层机关选人，可越级遴选，而且遴选通过后，工作单位的级别将有很大程度的提高。

47. 公务员在挂职锻炼期间与原机关的人事关系改变吗?

公务员在挂职期间，不改变与原机关的人事关系。挂职锻炼是培养公务员、促进公务员成长的有效途径，也是一种比较特殊的交流方式，并不引起公务员法律身份的产生或消灭。公务员挂职锻炼的目的主要是工作需要和培养、锻炼公务员。机关的管理工作日趋复杂、多变，公务员不仅要具备较高的政治思想水平和专业知识结构，还要有丰富的实践经验和灵活的应变能力。如果公务员的工作经历比较单一，从大中专学校毕业后直接进入机关工作，或者长期在高层次机关任职，会缺乏各种工作经验和处理复杂工作的应变能力，难以较好地完成本职工作。因此，应有计划地选派在职公务员承担重大工程、重大项目、重点任务或者其他专项工作，以丰富经验，增长才干，为培养中、青年公务员打好基础。挂职锻炼的对象是从在职公务员中选派的，并不是每一名公务员都要轮流去挂职锻炼。原公务员法规定的挂职锻炼的范围是下级机关或者上级机关、其他地区机关以及国有企业事业单位，修改后的公务员法扩大了挂职锻炼的范围——承担重大工程、重大项目、重点任务或者其他专项工作。另外，挂职锻炼与调任和转任不同，它不是通过交流而形成长期固定的职务关系，而只是临时更换工作岗位，一般期限一般为1—2年，期满后，仍回原机关工作，不引起职务关系的变化，也不改变与原机关的人事关系。因此，无须办理调动手续，其档案和编制仍在原机关，只是在业务工作上受接收单位的领导。

48. 公务员有服从机关交流决定的义务吗?

机关作出的交流决定是一种对公务员具有约束力的行政命令。机关一旦作出交流决定，公务员就有服从的义务；如果不服从，机关可对其进行批评教育，必要时还可以给予纪律处分。但机关最终目的是做好行政管理工作，而不是要体现行政命令的权威性。因此，在实践中，为了有利于行政管理活动的正常进行，并根据服从工作需要与照顾公务员个人愿望和具体困难相结合的原则，机关在作出交流决定时，有必要征求公务员本人的意见，充分考虑其提出的合理要求和意见，避免因交流给公务员个人在工作上、生活上造成困难和不便，从而影响其工作的积极性。如果有些合理要求一时难以满足而工作又确实需要的，应当做好有关人员的思想工作，说服其以工作为重，服从组织安排。也会拒绝个别公务员借交流之机有意提出的一些不合理要求，并对其进行必要的批评教育。在实践中，只要公务员个人提出的要求符合法定的申请理由和条件，或者不与法律、法规、政策的原则冲突而实际工作又允许，就应当及时予以批准，办理好交流手续。如果经审查，公务员个人提出的申请交流的理由不符合法律和政策的规定，也应及时作出不批准的决定，及时通知公务员本人，并说明理由。

49. 哪些亲属关系需要任职回避？

亲情具有高度人身依附性的特点决定了亲情与执行公务时所要求的严肃、认真、公正、依法等存在一定的冲突。为了最大限度地保证公务员在人事选拔、执行公务等方面排除亲情干扰，秉公执法，不偏不倚，公务员法规定了任职回避制。任职回避，也就是职务关系的回避，主要是为了将工作关系与亲属关系分开，以使公务员之间形成比较和谐单纯的工作关系。但在实际生活中，婚姻法意义上的亲属范围非常广泛，一味强调排除任何亲属关系有时很难做到，也没有必要。因此，在任职回避中，对亲属关系作了一定的范围界定，对于足以产生实际影响的亲属关系，必须执行职务回避。根据公务员法规定，任职回避中的亲属有四类：夫妻关系、直系血亲关系、三代以内旁系血亲关系以及近姻亲关系。其中，夫妻关系是男女两人通过合法的结婚手续而产生的关系。直系血亲关系包括生出自己的长辈，如父母、祖父母、外祖父母以及更上的长辈，以及自己生出来的晚辈，如子女、孙子女、外孙子女以及更下的直接晚辈，具有生与被生关系。三代以内旁系血亲包括兄弟姐妹、伯叔姑姨舅、堂兄弟姐妹、表兄弟姐妹、侄子女、外甥子女等。近姻亲关系包括配偶的父母、配偶的兄弟姐妹及其配偶、子女的配偶及子女配偶的父母、三代以内旁系血亲的配偶。

50. 任职回避中应回避职务的范围有哪些?

公务员法并不反对具有亲属关系的人参加到公务员队伍中来，在我们身边，“警察世家”“子承父业”“法官夫妻”等现象也并不少见。关键是具有亲属关系的双方所担任的职务之间不能是法律所禁止的特定直接关系。根据公务员法规定，任职回避中应回避职务的范围包括四种：在同一机关双方直接隶属于同一领导人员的职位；有直接上下级领导关系的职位；在其中一方担任领导职务的机关从事组织、人事、纪检、监察、审计和财务工作；在其配偶、子女及其配偶经营的企业、营利性组织的行业监管或者主管部门担任领导成员。这样，可以通过限制互为亲属关系的人员在一个单位或部门任职，为公务员廉洁奉公创造条件，发挥应有的领导、管理与监督作用，也不会在用人和财务管理上产生腐败等问题。考虑到在实践中因地域或工作性质的特殊性，需要对任职回避作出一定的变通，所以公务员法规定在任职回避制度方面可以采取一些灵活的方法，以利于开展工作。如一些边远地区的海关，邻近的单位很少，就业、生活都不方便，派夫妻双方同去该海关工作，可以解决很多实际问题。又如外交部的一些派出机构，出于工作需要或者外交惯例，可以允许公务员与其配偶在同一个机构工作。由于现实中地域或者工作性质特殊到可以变通执行任职回避制度的情况较少，考虑到法律规定的严肃性，公务员法规定省级以上公务员主管部门才可以对任职回避作变通规定。

51. 《公务员法》对地域回避的规定有哪些?

我国在很早就规定了地域回避制度，比如清朝规定，官员不能在本籍五百里之内任职。这是因为公务员也是人，都生活在一定的社会关系中，这使他们在行使职权时，经常会与其所处理的案件之间存在着一定的利害关系，尤其是公务员在出生地任职或长期在一地任职。所以，为了避免亲属关系、宗族关系以及友情对工作的干扰，公务员法规定了地域回避制度，即担任一定领导职务的公务员不得在自己的原籍及其他不宜任职的地区，担任一定级别的公职。新修订的公务员法将公务员地域回避的主体扩大到设区的市级机关及其有关部门的主要领导干部，强化了公务员队伍的事中管理。公务员法规定，适用地域回避的行政机关是乡级机关、县级机关、设区的市级机关及其有关部门，即乡级、县级、设区的市级人民政府，县级纪检机关、组织部门、监察部门、人事部门、公安部门、工商部门、税务部门、县级人民法院、县级人民检察院等。适用地域回避的人员是担任上述机关和部门的主要领导职务的人员，一般包括乡、县级、设区的市级党政正职、纪委书记、法院院长、检察院检察长、党委组织部长、人事局长、监察局局长、公安局长等。有的认为，主要领导职务还应该包括副职。地域回避主要规范对象是原籍任职。原籍，就是籍贯的意思，即本人祖籍。

52. 执行公务时应当回避的情形有哪些？

公务员在执行公务时，凡处理涉及与所处理的事务有利害关系的问题时，都应该回避，以消除可能会影响执行公务的各种因素，保证公务员秉公执法。利害关系的内涵较为复杂，但如果将所有的利害关系都作为公务员回避的情形，可能会导致没有一个符合条件的公务员来行使特定的行政职权。由于一些非直接的利害关系并不一定会影响公务员处理行政事务的公正性，因此公务员法以是否影响公务员公正执行公务为标准，规定了三类公务回避的情形：一是涉及本人的利害关系。在执行公务的过程中，公务员不能执行涉及本人利害关系的公务，以避免影响公正执法。二是涉及法定亲属关系人员的利害关系。

法定亲属关系人员是夫妻关系、直系血亲关系、三代以内旁系血亲以及近姻亲关系的亲属，这些人与公务员之间的联系紧密、关系密切。为保证公正执行公务，如果公务员执行的公务涉及这类亲属，应该回避，防止公务员在执行公务时，可能会利用职务之便包庇、偏袒或为其谋取私利。三是其他可能影响公正执行公务的情形。这是公务员法的兜底条款。如果出现师生关系、同学关系、战友关系、同乡关系、曾经为同事、上下级关系、朋友关系、敌意关系、竞争关系等可能会影响公务员公正执行公务的情形时，也应该回避。

53. 公务员应该怎样回避?

公务员法规定了公务员回避的三类方式：自行回避、申请回避及决定回避。这是根据公务员回避的启动主体不同进行的分类，这样可以使公务员回避更具有可操作性，有利于贯彻落实公务员回避制度。

自行回避是公务员认为自己与处理的公务具备法律规定的回避情形时，向有关负责人主动请求回避处理，有关负责人对公务员的申请依法进行审查，并作出是否准许的决定。具体来说有三个步骤：第一，在任职前或任职过程中，或者在执行公务结束前，公务员认为自己的任职或所执行的公务具备法律规定的回避情形时，以书面形式提出回避申请，并说明理由。第二，有关负责人在收到回避申请后，对申请依法审查。回避审查以书面方式为主，必要时可以当面听取公务员本人的陈述。第三，经过审查回避申请以后，有关负责人如认为确实存在回避情形的，应当对有关任职予以调整或者立即终止该公务员的公务行为，并任命其他公务员接替处理。对于任职的调整，一般是由职务较低的一方回避，职务相同的，由任免机关根据工作需要和实际情况决定其中一方回避。

申请回避是公务的利害关系人提出的，如人事考核中的被考核人，行政处罚中的被处罚人及被害人，诉讼中的原被告等。利害关系人认为处理案件的公务员具备法律规定的回避情形时，在公务执行结束前，依法向有权机关请求停止该公务员继续处理该公务，有权机关依法对此申请进行审查后，作出是否准许申请的决定。利害关系人以外的其他人，无权申请公务员回避，但可以向有权机关提供有关公务员回避的证明材料等情况。具体步骤是：第一，在公务执行开始至执行完毕期间，由公务的利害关系人向有关机关提出申请，要求执行公务的公务员回避。第二，有关机关在接到回避申请后，尽快对申请进行审查。如民事诉讼法规定，人民法院对当事人提出的回避申请，应当在申请提出的三日内，以口头或者书面形式作出决定。第三，经审查，有关机关认为回避申请理由不成立的，可以驳回申请。有的法律如刑事诉讼法还规定，如果利害关系人对有权机关的驳回回避申请的决定不服的，有权申请复核一次。

决定回避是有权机关在没有公务员提出自行回避或利害关系人提出回避申请的情况下，根据已经掌握的情况，认为公务员存在回避情形时，作出回避决定。决定回避主要适用于任职回避和地域回避，体现了上下级公务员之间的领导关系。如刑事诉讼法规定，审判人员、检察人员、侦查人员的回避，应当分别由院长、检察长、公安机关负责人决定；院长的回避，由本院审判委员会决定；检察长和公安机关负责人的回避，由同级人民检察院检察委员会决定。

54. 公务员工资包括哪些部分？

公务员实行国家统一规定的工资制度，公务员工资贯彻按劳分配的原则，包括基本工资、津贴、补贴和奖金，体现工作职责、工作能力、工作实绩、资历等因素，保持不同领导职务、职级、级别之间的合理工资差距，公务员工资应当按时足额发放。

公务员法确定的工资制度，简化了工资结构，将基本工资由职务工资、级别工资、基础工资、工龄工资“四结构”归并为包括反映职务的职务工资和反映级别的级别工资。职务工资主要是按照公务员的职务高低、责任大小、工作难易程度确定，是公务员工资制度中体现按劳分配的主要内容。级别工资即根据公务员的级别确定的工资。公务员的级别根据所任职务及其德才表现、工作实绩和资历确定。其中，资历包括公务员的学历状况、工作年限和任职年限等因素。级别工资也是体现按劳分配的重要内容。通过设置级别工资，能够使机关工作人员不提升职务也能享受晋升级别而提高工资待遇，从而避免为解决待遇问题而滥提职务和随意将机构升格等弊端，有利于鼓励公务员在一个工作岗位上安心工作，减少跑官要官现象，加强公务员队伍的职业化建设，也可以反映同一职务层次公务员的差别。

津贴是根据不同公务员的不同情况给予的补贴，是公务员工资的一种补充形式，是工资制度的重要组成部分。公务员按照国家规定享受地区附加津贴、艰苦边远地区津贴、岗位津贴等。地区附加津贴主要反映地区间经济发展水平、物价消费水平等方面的差异，根据各地区经济发展水平和生活费支出等因素来确定标准，同时还考虑机关、事业单位工作人员工资水平与企业职工工资水平的差距确定。艰苦边远地区津贴主要体现不同地区自然、地理环境的差异，根据不同地区的地域、海拔高度、气候以及当地物价等因素确定，是对在艰苦边远环境下工作的公务员额外劳动消耗和特殊生活费支出等的适当补偿，发挥工资的补偿和导向作用，鼓励人们到艰苦边远地区工作。岗位津贴是国家对特殊工作岗位上工作的公务员支付的额外劳动报酬，根据公务员的工作岗位性质及工作条件确定，有利于更好地体现按劳分配原则，鼓励和吸引特殊人才，公务员离开该岗位后，相应津贴即行取消。

补贴包括公务员的住房、医疗等补贴、补助。20 世纪 90 年代以来，国家实行住房制度改革，相继取消实物分房，采用货币化补助的形式，建立了住房公积金制度，由职工和单位按工资的一定比例（不得低于当月职工工资的 5%）交纳储存，属于职工个人所有，用于职工购买、建造、翻建、大修自住房屋。公务员医疗补助是在城镇职工基本医疗保险制度基础上对公务员的补充医疗保障，是保持公务员队伍稳定、廉洁，保证党政机关高效运行的重要措施。

奖金是根据按劳分配原则采取的作为工资补充的劳动报酬形式，是对工作认真负责、工作成绩显著的公务员的物质奖励。发放奖金能体现奖勤罚懒、奖优罚劣，不搞平均分配，人人有份，这样才能发挥应有的激励作用。奖金不是工资构成的一部分，而是工作优异的一种奖赏。根据公务员法规定，公务员在定期考核中被确定为称职和优秀的，按照国家规定，一次性发放年终奖金，数额按公务员本人月工资的一定比例计发。

55. 公务员的工资水平是如何确定的?

公务员法明确规定国家建立公务员工资正常增长机制，这对完善公务员工资制度，调动公务员的工作积极性，保护公务员的经济利益具有重要意义。公务员工资正常增长机制可以使公务员的工资始终处于合理的水平，保持公务员工资水平与国民经济发展相协调、与社会进步相适应，国家也相应建立起来定期调整公务员工资标准的制度。这样，使公务员真正成为经济发展成果的分享者，贯彻按劳分配原则，进而更好地调动其积极性。同时还确立了公务员工资和企业人员工资的比较制度，即建立了工资调查制度。立法目的就是要为定期进行公务员工资和企业人员工资的比较提供科学准确的数据。与企业相当人员工资水平进行比较，一方面可以较好地确定公务员的劳动价值和贡献，另一方面有利于形成良好的人才竞争机制，引导人才合理流动。另外，这里说的企业，不仅指国有企业，而且包括各种所有制类型的企业。工资调查制度的内容，如确定与企业相当人员工资水平进行比较，适用于哪些公务员；确定相当人员的界定条件以及对工资收入、福利待遇的哪些内容进行比较；确定如何应用工资调查比较结果确定公务员工资水平；确定机构和人员的抽样条件；建立调查系统，确定调查的具体方式，以及调查经费的保障等问题；调查周期，即以多长一个周期进行调查等。

56. 公务员有哪些福利待遇？

公务员福利是国家行政机关为改善和提高公务员的物质文化生活水平，在工资报酬以外，通过举办集体福利设施、提供服务等形式，给予公务员的一种生活保障和生活享受，以满足他们带有共同性或普遍性的不同需要。公务员福利制度是根据我国的具体国情建立起来的，主要有：福利费制度、探亲制度、冬季取暖补贴制度、交通费补贴制度和年休假制度。福利费制度是国家为解决公务员的生活困难问题而建立的一种专项费用制度。探亲假制度是国家为解决公务员探望分居两地的配偶、父母而建立的一种福利制度。工作满 1 年的公务员，探望配偶的，每年给予一方探亲假 1 次，假期为 30 天。未婚职工探望父母的，原则上每年给探亲假 1 次，假期为 20 天。已婚职工探望父母的，每 4 年给假 1 次，假期为 20 天。冬季取暖补贴制度是国家为居住在寒冷地区的公务员因宿舍取暖所支出的费用而建立的一种福利性补贴制度。上下班交通费补贴制度是国家为保证职工正常开展工作、合理负担交通费支出而建立的一种福利性补贴制度。年休假制度是国家为保护职工身体健康，每年安排公务员集中轮休一段时间的一种福利制度。年休假天数的确定，要根据工作任务和各类人员的资历、岗位等不同而有所区别，最多不得超过两周。公务员福利是社会保障制度的一种补充形式，也是国民收入再分配的一种辅助形式，使公务员在工资收入之外，获得某种补充性的收入，国家会根据经济社会发展水平提高公务员的福利待遇。

57.《公务员法》是如何规定公务员工时制度的？

工时制度是国家为了合理安排公务员的工作和休息时间，维护公务员的休息权利，调动公务员的积极性，促进国家各项事业顺利发展而制定的。根据适用于国家机关、社会团体、企业事业单位以及其他组织的职工的《国务院关于职工工作时间的规定》规定，职工每日工作8小时、每周工作40小时。在特殊条件下从事劳动和有特殊情况、需要适当缩短工作时间的，按照国家有关规定执行。因工作性质或者生产特点的限制，不能实行每日工作8小时、每周工作40小时标准工时制度的，按照国家有关规定，可以实行其他工作和休息办法。任何单位和个人不得擅自延长职工工作时间。因特殊情况和紧急任务确需延长工作时间的，按照国家有关规定执行。公务员与其他的工作人员一样，实行统一的工作时间，一天的工作时间为8小时，每周工作40小时，星期六和星期日为每周休息日。由于机关工作的特点，公务员有时需要在法定的工作时间之外加班。如果公务员加班而不能补休，原公务员法在立法过程中认为公务员是人民的公仆，为人民服务，加班不宜发给加班工资，应当给予相应的补休。而新修订的公务员法贯彻体现了按劳分配的原则，进一步明确规定了公务员加班后应当给予相应的补休，如果不能补休，应当按照国家规定给予补助。

58. 公务员也参加社会保险吗?

按照公务员养老、医疗等保险与社会保险相衔接的要求，新修订的公务员法对涉及公务员养老、医疗、工伤、生育、失业等保险待遇的规定作出相应修改，规定公务员依法参加社会保险，按照国家规定享受保险待遇。公务员保险是国家对因生育、年老、疾病、伤残和死亡等原因，暂时或永久丧失劳动能力的公务员给予物质保障的制度。建立和实施公务员保险制度，公务员遇有生、老、病、死、伤残时，本人及其家庭生活可以得到基本生活保障，可以在一定程度上确保公务员健康工作并解除其后顾之忧，调动公务员工作积极性，使其把全部精力投身于工作之中，有利于社会安定；也为部分暂时丧失劳动能力的公务员提供了基本生活保障和必要的物质帮助，使他们能尽快地恢复劳动力，减轻国家和社会的负担，促进经济的发展；同时，保险以货币形式发放，可以增加公务员对所在机关的信任感，促使他们提高工作效率，尽职尽责为国家工作。我国公务员保险的项目主要包括：女性公务员生育小孩时所应享受的生育保险，公务员退休后应享受的养老保险金和其他各项待遇的养老保险，公务员在患有疾病期间所应享有的医疗保险，公务员受伤或残废时所应享受的伤残保险等。

59. 公务员因公牺牲或者病故的，其亲属应享有哪些待遇?

公务员因公牺牲或者病故的，其亲属享受国家规定的抚恤和优待，具体包括：一次性抚恤金、丧葬补助费、遗属生活困难补助。一次性抚恤金发放标准为：因公牺牲的，为上一年度全国城镇居民人均可支配收入的 20 倍加本人生前 40 个月基本工资；病故的，为上一年度全国城镇居民人均可支配收入的两倍加本人生前 40 个月基本工资。其中，一次性抚恤金按本人生前最后一个月基本工资为基数计发，为本人职务工资和级别工资之和。丧葬补助费是公务员死亡后安葬和处理后事的补助费用，目前全国没有统一标准，发放标准由各省、自治区、直辖市确定，中央国家机关及其所属事业单位执行所在地的标准。遗属生活困难补助是指公务员因公牺牲或者病故后，遗属生活有困难的，由死者生前所在单位给予的定期或临时补助费。遗属生活困难补助的对象是指依靠死者生前供养的下列直系亲属和其他亲属：（1）父（包括抚养死者长大，以后又依靠死者供养的抚养人）、夫年满 60 周岁，或者基本丧失劳动能力的。（2）母（包括抚养死者长大，以后又依靠死者供养的抚养人），妻年满 50 周岁，或者基本丧失劳动能力的。（3）子女（包括遗腹子女、前妻或前夫所生子女、具备法定手续的养子女）、弟妹（包括同父异母或同母异父弟妹）未满 16 周岁；或者满 16 周岁尚在普通高、中等院校（不包括研究生）、技工学校、普通中学学习；或基本丧失劳动能力的。无生活来源或基本丧失劳动能力的。遗属补助费按应享受遗属补助的人数和标准计算，总额不能超过死者生前的工资，遗属在享受定期补助以后，如遇有特殊困难，死者生前所在单位，还可酌情给予临时补助。如果死者的配偶有固定收入，其收入数额在扣除本人必要的生活费以后，所余部分应作为遗属生活费，不足时，再给予补助，扣除标准，由各地区根据本地区一般工作人员的生活水平确定。

60. 公务员的工资、福利和保险待遇可以变更吗?

公务员法规定，任何机关不得违反国家规定自行更改、擅自提高或者降低工资、福利、保险待遇。国家经过科学研究、反复论证，权衡各方面的因素后确定公务员的工资、福利和保险待遇的各项规定。贯彻执行国家规定的公务员工资福利保险制度，对于调动公务员的工作积极性，保持全社会收入的平衡与稳定，具有重要作用。如果随意增加公务员工资，势必会增加国家财政负担，影响其他各项事业发展；如果随意扣减公务员工资，也势必会影响其工作热情和积极性，甚至会引发贪污受贿或公务员流失现象。因此，公务员法规定了“两个不得”：一是任何机关不得违反国家规定自行更改公务员工资、福利、保险政策，擅自提高或者降低公务员的工资、福利、保险待遇。二是任何机关不得扣减或者拖欠公务员的工资。公务员法还在法律责任中专门规定了自行更改、擅自提高或者降低工资、福利、保险待遇行为的法律责任。违反国家规定，更改公务员工资、福利、保险待遇标准的，由县级以上领导机关或者公务员主管部门按照管理权限，区别不同情况，分别予以责令纠正或者宣布无效；对负有责任的领导人员和直接责任人员，根据情节，给予批评教育或者处分。

61. 公务员可以辞去公职吗?

公务员可以按照自己的意愿，辞去所担任的公务员职务，解除与所在机关的任用关系，也就是说，公务员可以辞职，辞去公职是公务员的一项权利。所以公务员辞职应当出于公务员本人的自愿，一般情况下，任何机关、团体和组织或者个人，都不能强迫公务员辞去公职。为了保证公务员管理的严肃性，公务员法规定，辞去公务员职务，需要经过法定批准程序，未经批准，不得辞去公职。公务员辞去公职，应当向任免机关提出书面申请。这样一方面可以使公务员审慎思考、慎重考虑，另一方面也可以使审批机关有审批的对象，并可为以后出现纠纷处理时提供证据。任免机关必须认真审查公务员的辞职申请，对于符合法定条件的，应当自接到申请之日起 30 日内予以批准；不符合辞职条件的，也要在自接到申请之日起 30 日内作出不予批准的决定。对领导成员辞去公职的申请，应当自接到申请之日起 90 日内决定批准还是不批准。公务员法规定的领导成员辞去公职的审批期限是 90 日，非领导成员辞去公职的审批期限缩短为 30 天。这样规定，既体现了对领导成员辞去公职的慎重审查，又提高了对一般公务员辞去公职审批的效率，有利于保护公务员辞职权的实现。在审批期间，公务员不得擅自离职。任免机关超过期间没有答复的，视为同意该公务员辞职。但公务员辞去公职不是无条件、无限制的，而是附条件的、有限制的。不符合法定的条件，都不得辞去公职。辞去公职后，也是有利益保障的，可以享受法定的辞职待遇。如可以按照有关规定获得各种人事关系证明，可以重新通过考试担任公务员；在辞职者担任其他机关公职时，其工龄可以连续计算。

62. 公务员不得辞去公职的情形有哪些？

公务员辞去公职，通常是因为个人因素不愿在机关工作，一般情况下，有关机关应当准予辞职。但是，申请辞去公职作为公务员的一项权利，在行使时必须符合法律的规定，履行法定程序。公务员进入公务员队伍后，与所在单位建立了相应的人事行政关系，享有一定的权利，承担一定的义务，要受所在单位人事行政关系的约束，不能随意辞职，说不干就不干。由于公务员的特殊身份和所承担的公务，公务员辞去公职要考虑所在机关正常的工作运转，要考虑国家利益。因此，公务员法对公务员辞职作了限制性规定。公务员辞去公职的限制性条件是：第一，新录用公务员在机关最低服务年限为5年（含试用期），未满国家规定的5年的最低服务年限的，不能辞职。这是为了保证机关工作的连续性和稳定性，只有在最低服务年限届满后，公务员才能提出辞职。第二，在涉及国家秘密等特殊职位任职或者离开上述职位不满国家规定的脱密期限的，不能辞职。涉及国家秘密等特殊职位任职是公务员本职工作直接涉及国家安全和利益的秘密事项。辞去公职有可能会使国家利益遭受损失，因此，不允许他们在这些职位上辞去公职。在这些特殊职位上任职的公务员要辞去公职，必须离开这些特殊职位后一定时期，过了国家规定的脱密期限，才可以辞去公职。第三，重要公务尚未处理完毕，且须由本人继续处理的，不能辞职。如专业性比较强、需要特殊知识或者技能，或者完成任务的周期较长的工作等，需要有连续性，如果从事这些工作的公务员辞去公职，会影响机关的正常工作，给国家造成损失。第四，公务员正在接受审计、纪律审查、监察检查或者涉嫌犯罪，司法程序尚未终结，不能辞去公职。在上述几种情况下，如果公务员辞去公职，可能影响调查的顺利进行，逃避责任，如违法违纪，应当受到开除处分，如果该公务员辞去公职，就无法对其处以开除处分。第五，法律、行政法规规定的其他不得辞去公职的情形。

63. 担任领导职务的公务员辞去公职的情形有哪些？

根据公务员法规定，担任领导职务的公务员辞去领导职务，可以分为因公辞职、自愿辞职、引咎辞职和责令辞职四种情形。

因公辞职是指担任领导职务的公务员因工作需要变动职务，依照法律或者有关规定，向任免机关提出辞去现任领导职务。因公辞职主要适用于选任制的公务员，是公务员调动和交流应履行的一种正常的法律程序，体现了公务员对选举其担任领导职务机关的负责。如《中华人民共和国地方各级人民代表大会和地方各级人民政府组织法》第二十七条规定："县级以上的地方各级人民代表大会常务委员会组成人员和人民政府领导人员，人民法院院长，人民检察院检察长，可以向本级人民代表大会提出辞职，由大会决定是否接受辞职；大会闭会期间，可以向本级人民代表大会常务委员会提出辞职，由常务委员会决定是否接受辞职。常务委员会决定接受辞职后，报本级人民代表大会备案。人民检察院检察长的辞职，须报经上一级人民检察院检察长提请该级人民代表大会常务委员会批准。乡、民族乡、镇的人民代表大会主席、副主席，乡长、副乡长，镇长、副镇长，可以向本级人民代表大会提出辞职，由大会决定是否接受辞职。"

自愿辞职是指公务员因个人或者其他原因，自行提出辞去现任领导职务。一种情况是公务员自身的原因，如健康状况、工作或者专业志趣、人际关系状况、工作能力等原因，在这种情况下，公务员自愿辞职不带有追究责任的意思；另一种情况是公务员在工作作风、工作纪律、政治言论、道德、职务行为等方面有瑕疵或者过失，在这种情况下，通过自愿辞职达到自我追究责任。自愿辞职与因公辞职的不同之处在于，因公辞职是公务员要调任其他公职，是出于组织上的安排。自愿辞职是公务员因个人或者其他原因而辞去领导职务。担任领导职务的公务员自愿辞职后，可以担任其他非领导职务，继续留在公务员队伍中。

引咎辞职是指机关的领导人员（不包括机关内设机构担任领导职务的人员）因工作严重失误、失职造成重大损失或者恶劣社会影响，或者对重大事故负有重要领导责任，不宜再担任现职，由本人主动提出辞去现任领导职务。引咎辞职只是辞去现任的领导职务。在我国，引咎辞职是近几年才发展起来的一种党政领导干部承担责任的方式，2002 年中共中央在总结干部人事制度改革成果的基础上，制定了党政领导干部选拔任用工作条例，对领导干部引咎辞职作了规定。公务员法在此基础上，将引咎辞职制度法制化。引咎辞职不同于公务员因自己直接的违法违纪行为导致的带有强制性的纪律处分和法律制裁。而是在领导成员的行为还不够纪律处分和法律制裁的情况下承担的政治责任。因此，引咎辞职不是组织处分，而是自责行为，既有政治性，又有法律性，可以说是一种政治法律责任，这是我国法律责任体系中一种新的责任制度。建立引咎辞职制度，从法律上解决了长期困扰人事管理中领导干部“能上不能下”的问题，为建立一支适合新时期任务的领导干部队伍提供了法治保障。

责令辞职是指担任领导成员应当引咎辞职或者因其他原因不再适合担任现任领导职务，本人不提出辞职，由任免机关责令其辞去领导职务。被责令辞职的情况有两种：一种是应当引咎辞职而本人不提出辞职；另一种是根据领导成员任职期间的表现，如健康状况、工作或者专业志趣、人际关系状况、工作能力等，认定其已不再适合担任现职，本人不提出辞职。责令辞职实际上是组织对不再适合担任现职的领导成员的一种组织处理。

64. 担任领导职务的公务员辞去公职后还保留公务员身份吗？

根据公务员法规定，公务员职务分为领导职务和非领导职务。领导职务是在各级各类机关中，具有组织、管理、决策、指挥职能的职务。担任领导职务的公务员也是公务员队伍的一分子，享有普通公务员的权利，也可以辞去公职。但担任领导职务的公务员与普通公务员不同。担任领导职务，相应地也承担了较大的责任，据此，公务员法规定了担任领导职务的公务员辞去领导职务的制度。建立领导干部辞去领导职务的制度，体现了权责一致的精神，是对公务员辞职制度的发展和完善，也是对我国公务员制度的发展和完善。但辞去领导职务与辞去公职不同，公务员辞去公职就是离开了公务员队伍，放弃了编制；而公务员辞去领导职务后，依然保留着公务员身份，担任一般公务员，还可能被安排别的工作，还是公务员队伍中的一员。

65. 公务员可以被辞退吗?

公务员被辞退是指国家机关或者其他具有公共职能的组织依照法律规定的条件和程序，解除与公务员的任用关系。辞退公务员是国家机关的一项权力，是国家机关单方面的行为，只要符合法定的事由，国家机关就可以按照法定程序，解除与公务员的人事行政关系，无须征得公务员本人的同意。辞退不同于开除，开除是一种行政处分，是公务员处分中最严重的一种，适用于那些严重违法违纪，严重侵犯人民群众利益、损害国家机关声誉、屡教不改的公务员。辞退虽然也是要让公务员离开公务员队伍，被辞退的公务员不再具有公务员身份，但辞退不是行政处分，辞退不具有惩戒性。此外，辞退与开除在后果上也不一样，被辞退的公务员可以领取辞退费或者享受失业保险，而被开除的公务员不能享受这些待遇。辞退是公务员的一种正常的退出机制，建立公务员辞退制度，是对传统人事体制的重大改革。长期以来，我国公务员的入口把关不严，队伍过于庞大，公务员的素质也参差不齐。建立公务员辞退制度，可以实现公务员的选优汰劣，能够解决公务员“能进不能出”问题，有利于打破长期存在的公务员“铁饭碗”现象，对提高公务员素质，优化公务员队伍结构，增强公务员队伍战斗力，提高工作效率，都具有重要意义。

66. 辞退公务员的情形有哪些?

辞退公务员的条件不仅关系到公务员的切身利益，还关系到公务员辞退制度的合理性。因此，公务员法科学、合理地界定了辞退公务员的条件：第一，在年度考核中，连续两年被确定为不称职的。如果公务员在年度考核中，连续两年被评为不称职，说明该公务员不能很好履行公务员的义务和完成公务员的工作，不适于继续担任公务员职务，就可以将其辞退。第二，不胜任现职工作，又不接受其他安排的。如确定该公务员不能胜任现职工作，一般应安排与其实际能力相适应的其他工作。公务员拒绝接受安排的，才可以予以辞退。第三，因所在机关调整、撤销、合并或者缩减编制员额需要调整工作，本人拒绝合理安排的。在机构改革中，必然涉及机关的调整、撤销、合并，涉及缩减编制员额，调整工作岗位，公务员要以大局和国家的整体利益为重，服从合理安排，公务员拒绝，单位可以予以辞退。第四，不履行公务员义务，不遵守法律和公务员纪律，经教育仍无转变，不适合继续在机关工作，又不宜给予开除处分的。如果公务员不履行公务员义务，或者不遵守公务员纪律，经机关教育仍无转变，表明该公务员不适合在机关工作，不适合继续留在公务员队伍。如果还未达到开除的程度，不宜于给予开除处分，机关可以将其辞退。第五，旷工或者因公外出、请假期满无正当理由逾期不归连续超过 15 天，或者一年内累计超过 30 天的。旷工是指公务员无正当理由，不经请假，离开工作岗位，不从事本职工作；无正当理由是指没有疾病、自然灾害、社会事故等不可抗力事由；逾期是指超过事假、年休假、探亲假、出差假等国家法定的休假期限。公务员法规定的期限是连续超过 15 天，或者一年内累计超过 30 天。

67. 哪些情况下不能辞退公务员？

辞退是将不合格的公务员清理出公务员队伍，解除国家机关与公务员的任用关系。公务员被辞退后就失去了公务员身份，不再享受公务员待遇，对公务员的权利影响较大。为了维护公务员的合法权益，保持公务员队伍的稳定性，参照劳动法关于用人单位不得解除劳动合同的规定，公务员法规定了机关不得辞退公务员的四种情形。第一，因公致残，被确认丧失或者部分丧失工作能力的。公务员因公致残，是为了工作付出的牺牲和代价，应当享受国家的特别保障，如果被确认丧失或者部分丧失工作能力，所在单位也不得予以辞退。第二，患病或者负伤，在规定的医疗期内的。医疗期是指公务员患病或非因公负伤停止工作治病休养的时限。公务员法没有具体规定医疗期是多长，可以参照 1994 年劳动部发布的《企业职工患病或非因工负伤医疗期规定》，企业职工因患病或非因工负伤，需要停止工作医疗时，根据本人实际参加工作年限和在本单位工作年限，给予3个月到24个月的医疗期：实际工作年限10年以下的，在本单位工作年限5年以下的为3个月；5年以上的为6个月。实际工作年限10年以上的，在本单位工作年限5年以下的为6个月；5年以上十年以下的为9个月；10年以上15年以下的为12个月；15年以上20年以下的为18个月；20年以上的为24个月。第三，女性公务员在孕期、产假、哺乳期内的。对妇女的特别保护是我国一贯的立法政策。作为行使公共权力的机关，更应当在保护妇女权益中起带头作用。因此，公务员法规定女性公务员在孕期、产假、哺乳期内的，也不得辞退。第四，法律、行政法规规定的其他不得辞退的情形。通过兜底性的条款，以防止出现新的情况或者公务员法的列举不全面，为以后的立法留下空间。只有法律、行政法规可以增加不得辞退的情形，地方性法规和规章不得规定不得辞退的情形。

68. 辞退公务员程序是什么?

辞退公务员是国家机关的一项权力。如果处理不好，会侵害公务员的合法权益。因此，必须严格按照法定程序进行。第一，由任免机关按照管理权限决定。即由公务员所在机关在核准事实的基础上，经领导集体研究提出辞退建议，填写《辞退公务员审批表》，按管理权限报任免机关审批。任免机关人事部门要初步审查辞退建议和《辞退公务员审批表》的填写是否规范，并提出审核意见，报任免机关审批。有权任免被辞退公务员的机关，在人事部门审核的基础上，应进行认真的审查和复核。任免机关认为符合辞退条件和程序，应及时作出辞退决定。县级以下国家机关辞退公务员，须报经县级人民政府批准。第二，书面通知本人。在辞退程序中，将辞退通知以书面形式通知被辞退的公务员本人是非常重要的一个环节。公务员被辞退后就失去了公务员的身份，不能享受公务员的待遇，需要让公务员知道被辞退的依据和理由。如果公务员对辞退处理不服，要求予以复议，任免机关应当在一定时间内完成复议。经过复议，如果认为原决定正确，应予维持；如属处理不当，应予纠正。如果公务员对复议决定仍然不服，有权向处理机关的上一级或监察机关提出申诉。如果被辞退者对监察机关的裁决仍然不服，可向上一级监察机关申诉，上一级监察机关的裁决为最后裁决，当事人必须服从。因此，书面通知本人既是公务员进行申诉控告的依据，也是辞退决定生效的条件。

69. 被辞退的公务员有什么待遇？

公务员被辞退后，享受的待遇是可以领取辞退费，或者根据国家有关规定享受失业保险。被辞退的公务员应在接到辞退通知的30日内，持有关证件到当地政府人事部门指定的有关机构登记。建立了失业保险制度的地区，可以享受失业保险；在没有建立失业保险制度的地区，可以领取辞退费。目前，辞退费的发放标准，由各省、自治区、直辖市人民政府根据“低于国家公务员办事员职务的最低工资，高于社会救济”的原则确定。一般是按照基础工资、工龄工资、职务工资、级别工资和保留补贴的80%确定。辞退费的发放是有一定期限的，并一次性发放。被辞退的公务员工作年限不足两年的，发放3个月的辞退费；工作年限满两年的，发放4个月的辞退费；工作年限两年以上的，每增加一年增发1个月的辞退费，但最长不得超过24个月。公务员重新就业、应征服兵役、移居境外、劳动教养或判刑、死亡的，停发辞退费。公务员被辞退后，5年内不准重新录用到行政机关工作，辞退人员重新录用为公务员后，再次被辞退的，发放辞退费的工作年限从重新工作之日起计算。公务员被辞退后，可到政府人事部门所属人才流动服务机构登记待业或自谋职业。一年内被企事业单位聘用的，其工龄可以连续计算；超过一年的，工龄从重新工作之日起与被辞退前的工作时间合并计算。

70. 公务员离职前应当办理哪些手续?

公务员辞职或者被辞退，在离职前应当作好善后工作。国家公务员辞职或者被辞退，离职前应当办理公务交接手续。每个公务员都承担有一定的公共事务，公务员辞职或者被辞退后，离开了公务员队伍，但其所承担的公务事务还需要由其他公务员继续进行。为了保持公务的连续性，保证机关工作的正常运行，公务员辞职或被辞退后，应当办理公务交接手续。如交办自己主管或者经办的各项工作，交代各项工作完成的进度，移交自己保管或使用的各种文件资料和办公用具等。在没有办结公务交接手续前，不能一走了之。我国已建立了比较完善的审计制度，不仅有国家专门审计机关的审计，每个单位还有内部审计，审计的范围和力度在不断扩大，对公务员的离任审计也在正常化。因此，公务员法进一步规定了公务员辞职或者被辞退，必要时按照规定接受审计。对于辞职或者被辞退的公务员中的主管或者经管财物的人，应当按规定进行财务审计，对其任职期间执行财务纪律的情况进行检查，以保证本单位财务开支的合法合纪。

71. 什么情况下公务员会被强制退休?

强制公务员退休是宪法的要求，也有利于公务员队伍保持正常的新老交替，从而保持机关的活力和工作效率。公务员要圆满完成工作任务，不仅需要有相关的知识、能力和经验，还要具备充沛的精力和体力。基于人类的生理规律与社会实际，中青年时期的体力、智力、精力最为旺盛，步入老年后，身体开始衰老，工作能力也逐步减退，难以承受繁重的工作负担。因此，强制年老体弱、已不能适应工作需要的公务员退出工作岗位，吸收年轻的人才进入公务员队伍，可以保证准确、及时地执行国家公务。按照公务员法的规定，公务员强制退休的条件有：第一，达到国家规定的退休年龄。我国对公务员的退休年龄规定为年满 60 周岁。但担任中央、国家机关部长、副部长，省、直辖市、自治区党委第一书记、书记，省政府省长、副省长，以及省、直辖市、自治区纪律检查委员会和法院、检察院主要负责干部的，正职一般不超过65周岁，副职一般不超过60周岁，担任司局长一级的干部，一般不超过60周岁。第二，完全丧失工作能力。公务员在完全丧失工作能力时，应当退休。完全丧失工作能力是指因病或意外事故，人的生理或者心理受到极大的损害，无法从事正常工作的状况。公务员如果完全丧失了工作能力，就应当退休，进行休养和康复。公务员因完全丧失工作能力而退休体现了机关对公务员的爱护和关怀。如果公务员只是部分丧失了工作能力，而不是完全丧失了工作能力，就不应该退休。对于这种情况，机关单位应当根据公务员丧失部分工作能力后的生理与心理状况，给予安排适当的职位以解决其工作问题。

72. 公务员可以提前退休吗?

公务员法确定了公务员提前退休制度。提前退休是指公务员达到一般退休年龄以前，符合规定的提前退休条件时，可以自愿申请退出工作岗位，享受退休待遇。建立自愿提前退休制度，一方面有利于鼓励公务员提前退休，增加公务员队伍的活力，保持公务员队伍的精干；另一方面也照顾了一些公务员希望提前退休的愿望和需要，为他们提供了选择的机会。按照公务员法的规定，公务员提前退休的条件是：第一，工作年限满30年。这是指公务员在国家机关工作的第一年到提出退休的那一年止，公务员一共在机关至少工作了30年整。第二，距国家规定的退休年龄不足5年，且工作年限满20年。第三，符合国家规定的可以提前退休的其他情形。这种情况一般是指特殊岗位的公务员，由于其岗位特殊的工作条件，为保护其健康，国家允许其提前退休。例如，从事核试验、野外作业以及工作过程中会涉及有毒有害物质的公务员，可以按照规定。提前退休，有利于保护这类公务员的身体健康。

按照公务员法规定，公务员提前退休，首先，由符合条件的公务员自愿提出申请。只有符合条件的公务员自愿提出了退休申请才能够让其提前退休。否则，就算公务员符合提前退休的条件，任何个人、单位都不得令其退休。其次，任免机关批准其提前退休。任免机关在接到公务员提出提前退休的申请后，应当审查该公务员是否符合提前退休的条件，不符合提前退休的条件的，不予批准；如果符合提前退休的条件，就应当批准。

73. 公务员不服机关人事处理决定时怎么办?

对公务员的人事处理决定，不论是非因法定事由和非经法定程序作出的，还是因法定事由和经法定程序作出的，公务员只要不服，都有申诉的权利，处理决定机关也有受理的责任。公务员有权提出复核和申诉的人事处理是：处分；辞退或者取消录用；降职；定期考核定为不称职；免职；申请辞职、提前退休未予批准；不按照规定确定或者扣减工资、福利、保险待遇；法律、法规规定可以申诉的其他情形。

公务员申诉一般包括三个程序，即复核程序、申诉程序和再申诉程序。复核程序是公务员对涉及本人的人事处理决定不服，向原处理机关陈述理由，并请求重新处理，原处理机关应当及时进行复核。申请复核的期限是从公务员知道或者可以知道该人事处理之日起30日内。起算日是自该公务员接到人事处理决定之日起的次日，最后一日是法定节假日或休息日的，则可以顺延至法定节假日或休息日后的第一个工作日。原处理机关应当自接到复核申请书后的30日内作出复核决定，并以书面形式告知申请人。申请复核是一个可选择的救济程序，公务员可以不经复核，直接提出申诉。申诉程序是公务员向原处理机关的同级公务员主管部门或者作出该人事处理的机关的上一级机关或者行政监察机关提出申诉的程序。申诉期限是经过复核后，对复核结果不服的，申诉的时限是自接到复核决定之日起15日内；不经复核直接提起申诉的期限是，自知道该人事处理决定之日起30日内直接提出申诉。受理公务员申诉的机关应当自受理之日起60日内作出处理决定；案情复杂的，可以适当延长，但是延长时间不得超过30日。申诉的受理机关审查认定人事处理有错误的，原处理机关应当及时予以纠正。再申诉程序是公务员对第一次申诉的结果不服，还可以再向上一级机关提出再申诉，再申诉决定为终局决定。但是，两次申诉是有条件的，公务员对省级以下机关作出的申诉处理决定不服的，才可以向作出申诉决定的机关的上一级机关提出再申诉。但对省级机关如省政府、国务院组成部门等机关作出的申诉决定不服的，不能再申诉。在复核、申诉期间，不停止人事处理的执行，公务员也不能因申请复核、提出申诉而被加重处理。如果行政机关公务员对处分不服向行政监察机关申诉，则按照行政监察法的规定办理。

74. 公务员享有的控告权是什么？

控告权是我国宪法赋予公民的一项政治权利。公务员法规定的公务员的控告权是这一宪法权利的具体化。公务员控告制度是关于公务员对于机关及其领导人侵害其合法权益的行为、向上级机关或者有关专门机关提出控告；受理机关必须按照有关规定作出处理的制度。公务员的合法权益是指法律赋予公务员的权利和利益，包括公务权益和个人权益。当公务员的合法权益遭到机关及其领导人的践踏和剥夺时，公务员有权控告；国家也应依法予以恢复和补偿其权益，并依法惩处违法侵权者。为了保护公务员的合法权益，纠正违法违纪行为，公务员法规定受理控告的机关应当按照规定及时处理公务员的控告。上级行政机关或专门机关对公务员控告的处理程序大致分为受理控告、立案调查和案件处理三个步骤。对于立案调查的案件，经调查认定违法违纪事实不存在，或者不需要追究行政责任的，应予以撤销，并告知被调查部门的上级机关或者被调查人员的所在单位。重要案件的撤销，应当报本级领导机关和上一级专门机关。任何一个公务员在行使自己权利的同时，不得妨碍其他公民的权利和自由，即公务员提出控告，不能捏造事实，诬告、陷害他人，否则要承担相应的法律责任。

75. 什么是聘任制公务员？

机关根据工作需要，经中央公务员主管部门和省、自治区、直辖市公务员主管部门批准，对不涉及国家秘密的专业性较强的职位和辅助性职位实行聘任制。机关聘任公务员，应当在规定的编制限额和工资经费限额内进行，主要有两种方式：可以参照公务员考试录用的程序进行公开招聘；也可以从符合条件的人员中直接选聘。机关聘任公务员应当按照平等自愿、协商一致的原则，机关与公务员双方签订书面的聘任合同，在聘任合同中确定机关与所聘公务员双方的权利、义务。双方协商一致后，可以变更或者解除聘任合同。但签订、变更或者解除聘任合同都应当报同级公务员主管部门备案，以加强对实行聘任制的管理。在聘任合同中，要包括合同期限，职位及其职责要求，工资、福利、保险待遇，违约责任等条款，双方还可以协商约定其他内容。聘任合同的期限是1—5年。聘任合同可以约定试用期，试用期是1—12个月。聘任制公务员的工资实行协议工资制，具体办法由中央公务员主管部门规定。机关依据公务员法和聘任合同对所聘公务员进行管理。

76. 聘任制公务员与所在机关之间因履行聘任合同发生争议了怎么办？

聘任制公务员与所在机关之间因履行聘任合同而发生争议，可以自争议发生之日起60日内向人事争议仲裁委员会申请仲裁。省级以上公务员主管部门根据需要设立人事争议仲裁委员会。人事争议仲裁委员会由公务员主管部门的代表、聘用机关的代表和聘任制公务员的代表以及法律专家组成，这体现了仲裁委员会构成的广泛性，可以保证仲裁工作的客观公正。如果超过60日，仲裁委员会可以不受理。仲裁委员会受理后，对案件作出裁决，当事人应当履行。当事人对仲裁裁决不服的，可以自接到仲裁裁决书之日起15日内向人民法院提起诉讼。仲裁裁决具有强制性。当事人一旦选择用仲裁方式解决争议，仲裁人所作的裁决即具有法律效力，对双方当事人都有拘束力，当事人应当履行，一方当事人不履行的，另一方当事人可以向人民法院申请强制执行。仲裁是一种在世界范围内被广泛采用的解决争议的有效方式。聘任争议是一种合同争议，通过人事争议仲裁方式解决是比较妥当的。同时，在机关用人制度中引入仲裁制度，一方面，可以促进机关的依法管理工作；另一方面，个人对裁决不服的可以向人民法院起诉，也有利于充分保障聘任制公务员的合法权益。

77.《公务员法》对公务员管理中的违法情形及处罚有哪些规定？

违反公务员法规定的情形有：不按照编制限额、职数或者任职资格条件进行公务员录用、调任、转任、聘任和晋升的；不按照规定条件进行公务员奖惩、回避和办理退休的；不按照规定程序进行公务员录用、调任、转任、聘任、晋升以及考核、奖惩的；违反国家规定，更改公务员工资、福利、保险待遇标准的；在录用、公开遴选等工作中发生泄露试题、违反考场纪律以及其他严重影响公开、公正行为的；不按照规定受理和处理公务员申诉、控告的；违反公务员法规定的其他情形的。公务员管理中的违法行为主体既包括公务员主管机关及其工作人员，也包括各个用人单位（机关）及其工作人员，还包括其他主管部门，例如，违反国家规定，更改公务员工资、福利、保险待遇标准的机关，可以是财政主管部门。对违法行为负有监管责任的主体，包括县级以上领导机关和公务员主管部门。公务员主管机关是公务员管理事务的主管部门，当然对违法行为负有监管责任。但如果公务员主管机关本身违法，县级以上领导机关即对其负有监管的责任。这里的“县级以上领导机关”是指公务员主管部门所属的机关，包括县级以上党委、人民政府等。违反公务员法规定的情形后应当承担的法律责任包括行政责任和刑事责任。在出现上述违法行为后，县级以上领导机关或者公务员主管部门负有两个职责：要区别不同情况，对违法行为分别予以责令纠正或者宣布无效；对负有责任的领导人员和直接责任人员，根据情节轻重，给予批评教育或者处分。如果违法行为情节严重，构成犯罪的，应当依据刑法追究负有责任的领导人员和直接责任人员的刑事责任。

78. 辞去公职或者退休的公务员在离职后有哪些从业限制?

公务员法规定了公务员退出后续管理等方面的纪律要求。公务员辞去公职或者退休的，其离职后的从业活动须受到一定的限制。对于公务员因其他情形，如被辞退、被开除而离职的，公务员法未作规定。这主要是考虑到被辞退和被开除的人员，已经失去了良好的个人声誉，其离职后即使到与其原工作业务直接相关的营利性组织任职或者从事营利性活动，也难以在其原所在机关“发挥作用”。从业限制的适用时间是：公务员辞去公职或者退休的，原系领导成员、县处级以上领导职务的公务员在离职 3 年内，其他公务员在离职 2 年内，其从业活动受到限制。新修订的公务员法中对县处级以上领导职务的公务员离职后的从业限制作出了新的规定，这些举措有利于切断利益输送渠道，压缩权钱交易的空间。超过法律规定期限的，公务员的从业不再受到限制。限制的行为是：不得到与原工作业务直接相关的企业或者其他营利性组织任职，不得从事与原工作业务直接相关的营利性活动。如果公务员离职后从业，但没有在与原工作业务直接相关的领域内，无论其从事的是否为营利性活动，都没有从业的限制。如果公务员离职后从事学术研究活动，或者在非营利性组织中任职从事公益活动，尽管其中有经营性活动，即使从事的活动与其原工作业务直接相关，也不在限制的范围之内。公务员辞去公职或者退休后有违反从业限制，由其原所在机关的同级公务员主管部门责令限期改正；逾期不改正的，由县级以上市场监管部门没收该人员从业期间的违法所得，责令接收单位将该人员予以清退，并根据情节轻重，对接收单位处以被处罚人员违法所得一倍以上五倍以下的罚款。

79. 公务员主管部门的工作人员违反《公务员法》有什么法律责任?

公务员法也对特殊主体，即公务员主管部门工作人员违反公务员法规定应负法律责任作出了规定。公务员主管部门负责公务员事务管理工作，公务员主管部门的工作人员，必须严格遵守公务员法关于公务员管理的规定。公务员主管部门的工作人员如果知法犯法，将对公务员制度造成严重损害。因此，对于公务员主管部门的工作人员，违反公务员法规定，滥用职权、玩忽职守、徇私舞弊，必须依法追究其法律责任。滥用职权是指国家机关工作人员故意超过职权范围行使职权或者不适当地使用职权，致使公共财产、国家和人民利益遭受损失的行为。玩忽职守是指国家工作人员严重不负责任，致使公共财产、国家和人民利益遭受损失的行为。徇私舞弊是指为了私情或者私利而弄虚作假。情节严重，构成犯罪的，依据刑法追究其刑事责任。如刑法规定，国家机关工作人员滥用职权或者玩忽职守，致使公共财产、国家和人民利益遭受重大损失的，处 3 年以下有期徒刑或者拘役；情节特别严重的，处 3 年以上 7 年以下有期徒刑。国家机关工作人员徇私舞弊，犯前款罪的，处 5 年以下有期徒刑或者拘役；情节特别严重的，处 5 年以上 10 年以下有期徒刑。国家机关工作人员在招收公务员、学生工作中徇私舞弊，情节严重的，处 3 年以下有期徒刑或者拘役。不构成犯罪的，则要根据公务员法和其他法律法规给予其纪律处分。

80. 机关对公务员做出错误的人事处理应当承担什么法律责任?

规定机关就其错误的人事处理向公务员承担责任是依法行政原则的要求。公务员法规定，公务员的管理应当依照法定的权限、条件、标准和程序进行。规定机关因错误的人事处理决定，侵犯公务员合法权益的，应当对公务员承担法律责任，正是依法管理原则的体现，也是机关实行以人为本和有错必纠原则的体现。公务员作为国家工作人员，既负有法定的义务，也享有法定的权利。同时，公务员作为国家的公民，也享有公民的基本权利和自由。机关对公务员的管理要加强监督，保障公务员队伍的廉洁高效，同时也要保障公务员的合法权益。人事处理涉及公务员管理的各个环节，如录用、考核、职务的任免与升降、奖励、惩戒、交流与回避、工资福利保险、辞职辞退退休等。由于我国行政诉讼法未将机关内部行为纳入行政诉讼范围。因此，一项人事处理是否错误，是由公务员主管机关或者作出具体人事处理机关的上级机关或者县级以上领导机关来认定。错误的人事处理会给公务员的权利义务带来实质影响，并且应当是予以撤销的决定。机关对错误的人事处理，首先应当予以纠正，再就错误的人事处理对公务员合法权益造成的侵害后果承担相应的责任。根据公务员法的规定，机关对错误的人事处理承担责任的形式包括：赔礼道歉、恢复名誉、消除影响，以及对造成的经济损失依法给予赔偿。赔礼道歉适用于机关因主观上的过错侵犯他人的人身权、财产权的情形。消除影响、恢复名誉，主要适用于侵犯公务员人身权的情形。

附：

中华人民共和国公务员法

（2005 年 4 月 27 日第十届全国人民代表大会常务委员会第十五次会议通过　根据 2017 年 9 月 1 日第十二届全国人民代表大会常务委员会第二十九次会议《关于修改〈中华人民共和国法官法〉等八部法律的决定》修正　2018 年 12 月 29 日第十三届全国人民代表大会常务委员会第七次会议修订）

目　　录

第一章　总　　则

第一条　为了规范公务员的管理，保障公务员的合法权益，加强对公务员的监督，促进公务员正确履职尽责，建设信念坚定、为民服务、勤政务实、敢于担当、清正廉洁的高素质专业化公务员队伍，根据宪法，制定本法。

第二条　本法所称公务员，是指依法履行公职、纳入国家行政编制、由国家财政负担工资福利的工作人员。

公务员是干部队伍的重要组成部分，是社会主义事业的中坚力量，是人民的公仆。

第三条　公务员的义务、权利和管理，适用本法。

法律对公务员中领导成员的产生、任免、监督以及监察官、法官、检察官等的义务、权利和管理另有规定的，从其规定。

第四条　公务员制度坚持中国共产党领导，坚持以马克思列宁主义、毛泽东思想、邓小平理论、“三个代表”重要思想、科学发展观、习近平新时代中国特色社会主义思想为指导，贯彻社会主义初级阶段的基本路线，贯彻新时代中国共产党的组织路线，坚持党管干部原则。

第五条　公务员的管理，坚持公开、平等、竞争、择优的原则，依照法定的权限、条件、标准和程序进行。

第六条　公务员的管理，坚持监督约束与激励保障并重的原则。

第七条　公务员的任用，坚持德才兼备、以德为先，坚持五湖四海、任人唯贤，坚持事业为上、公道正派，突出政治标准，注重工作实绩。

第八条 国家对公务员实行分类管理，提高管理效能和科学化水平。

第九条 公务员就职时应当依照法律规定公开进行宪法宣誓。

第十条 公务员依法履行职责的行为，受法律保护。

第十一条 公务员工资、福利、保险以及录用、奖励、培训、辞退等所需经费，列入财政预算，予以保障。

第十二条 中央公务员主管部门负责全国公务员的综合管理工作。县级以上地方各级公务员主管部门负责本辖区内公务员的综合管理工作。上级公务员主管部门指导下级公务员主管部门的公务员管理工作。各级公务员主管部门指导同级各机关的公务员管理工作。

第二章 公务员的条件、义务与权利

第十三条 公务员应当具备下列条件：

（一）具有中华人民共和国国籍；

（二）年满十八周岁；

（三）拥护中华人民共和国宪法，拥护中国共产党领导和社会主义制度；

（四）具有良好的政治素质和道德品行；

（五）具有正常履行职责的身体条件和心理素质；

（六）具有符合职位要求的文化程度和工作能力；

（七）法律规定的其他条件。

第十四条 公务员应当履行下列义务：

（一）忠于宪法，模范遵守、自觉维护宪法和法律，自觉接受中国共产党领导；

（二）忠于国家，维护国家的安全、荣誉和利益；

（三）忠于人民，全心全意为人民服务，接受人民监督；

（四）忠于职守，勤勉尽责，服从和执行上级依法作出的决定和命令，按照规定的权限和程序履行职责，努力提高工作质量和效率；

（五）保守国家秘密和工作秘密；

（六）带头践行社会主义核心价值观，坚守法治，遵守纪律，恪守职业道德，模范遵守社会公德、家庭美德；

（七）清正廉洁，公道正派；

（八）法律规定的其他义务。

第十五条 公务员享有下列权利：

（一）获得履行职责应当具有的工作条件；

（二）非因法定事由、非经法定程序，不被免职、降职、辞退或者处分；

（三）获得工资报酬，享受福利、保险待遇；

（四）参加培训；

（五）对机关工作和领导人员提出批评和建议；

（六）提出申诉和控告；

（七）申请辞职；

（八）法律规定的其他权利。

第三章 职务、职级与级别

第十六条 国家实行公务员职位分类制度。

公务员职位类别按照公务员职位的性质、特点和管理需要，划分为综合管理类、专业技术类和行政执法类等类别。根据本法，对于具有职位特殊性，需要单独管理的，可以增设其他职位类别。各职位类别的适用范围由国家另行规定。

第十七条 国家实行公务员职务与职级并行制度，根据公务员职位类别和职责设置公务员领导职务、职级序列。

第十八条 公务员领导职务根据宪法、有关法律和机构规格设置。

领导职务层次分为：国家级正职、国家级副职、省部级正职、省部级副职、厅局级正职、厅局级副职、县处级正职、县处级副职、乡科级正职、乡科级副职。

第十九条 公务员职级在厅局级以下设置。

综合管理类公务员职级序列分为：一级巡视员、二级巡视员、一级调研员、二级调研员、三级调研员、四级调研员、一级主任科员、二级主任科员、三级主任科员、四级主任科员、一级科员、二级科员。

综合管理类以外其他职位类别公务员的职级序列，根据本法由国家另行规定。

第二十条 各机关依照确定的职能、规格、编制限额、职数以及结构比例，设置本机关公务员的具体职位，并确定各职位的工作职责和任职资格条件。

第二十一条 公务员的领导职务、职级应当对应相应的级别。公务员领导职务、职级与级别的对应关系，由国家规定。

根据工作需要和领导职务与职级的对应关系，公务员担任的领导职务和职级可以互相转任、兼任；符合规定资格条件的，可以晋升领导职务或者职级。

公务员的级别根据所任领导职务、职级及其德才表现、工作实绩和资历确定。公务员在同一领导职务、职级上，可以按照国家规定晋升级别。

公务员的领导职务、职级与级别是确定公务员工资以及其他待遇的依据。

第二十二条 国家根据人民警察、消防救援人员以及海关、驻外外交机构等公务员的工作特点，设置与其领导职务、职级相对应的衔级。

第四章 录　　用

第二十三条 录用担任一级主任科员以下及其他相当职级层次的公务员，采取公开考试、严格考察、平等竞争、择优录取的办法。

民族自治地方依照前款规定录用公务员时，依照法律和有关规定对少数民族报考者予以适当照顾。

第二十四条 中央机关及其直属机构公务员的录用，由中央公务员主管部门负责组织。地方各级机关公务员的录用，由省级公务员主管部门负责组织，必要时省级公务员主管部门可以授权设区的市级公务员主管部门组织。

第二十五条 报考公务员，除应当具备本法第十三条规定的条件以外，还应当具备省级以上公务员主管部门规定的拟任职位所要求的资格条件。

国家对行政机关中初次从事行政处罚决定审核、行政复议、行政裁决、法律顾问的公务员实行统一法律职业资格考试制度，由国务院司法行政部门商有关部门组织实施。

第二十六条 下列人员不得录用为公务员：

（一）因犯罪受过刑事处罚的；

（二）被开除中国共产党党籍的；

（三）被开除公职的；

（四）被依法列为失信联合惩戒对象的；

（五）有法律规定不得录用为公务员的其他情形的。

第二十七条 录用公务员，应当在规定的编制限额内，并有相应的职位空缺。

第二十八条 录用公务员，应当发布招考公告。招考公告应当载明招考的职位、名额、报考资格条件、报考需要提交的申请材料以及其他报考须知事项。

招录机关应当采取措施，便利公民报考。

第二十九条 招录机关根据报考资格条件对报考申请进行审查。报考者提交的申请材料应当真实、准确。

第三十条 公务员录用考试采取笔试和面试等方式进行，考试内容根据公务员应当具备的基本能力和不同职位类别、不同层级机关分别设置。

第三十一条 招录机关根据考试成绩确定考察人选，并进行报考资格复审、考察和体检。

体检的项目和标准根据职位要求确定。具体办法由中央公务员主管部门会同国务院卫生健康行政部门规定。

第三十二条 招录机关根据考试成绩、考察情况和体检结果，提出拟录用人员名单，并予以公示。公示期不少于五个工作日。

公示期满，中央一级招录机关应当将拟录用人员名单报中央公务员主管部门备案；地方各级招录机关应当将拟录用人员名单报省级或者设区的市级公务员主管部门审批。

第三十三条 录用特殊职位的公务员，经省级以上公务员主管部门批准，可以简化程序或者采用其他测评办法。

第三十四条 新录用的公务员试用期为一年。试用期满合格的，予以任职；不合格的，取消录用。

第五章 考 核

第三十五条 公务员的考核应当按照管理权限，全面考核公务员的德、能、勤、绩、廉，重点考核政治素质和工作实绩。考核指标根据不同职位类别、不同层级机关分别设置。

第三十六条 公务员的考核分为平时考核、专项考核和定期考核等方式。定期考核以平时考核、专项考核为基础。

第三十七条 非领导成员公务员的定期考核采取年度考核的方式。先由个人按照职位职责和有关要求进行总结，主管领导在听取群众意见后，提出考核等次建议，由本机关负责人或者授权的考核委员会确定考核等次。

领导成员的考核由主管机关按照有关规定办理。

第三十八条 定期考核的结果分为优秀、称职、基本称职和不称职四个等次。

定期考核的结果应当以书面形式通知公务员本人。

第三十九条 定期考核的结果作为调整公务员职位、职务、职级、级别、工资以及公务员奖励、培训、辞退的依据。

第六章　职务、职级任免

第四十条　公务员领导职务实行选任制、委任制和聘任制。公务员职级实行委任制和聘任制。

领导成员职务按照国家规定实行任期制。

第四十一条　选任制公务员在选举结果生效时即任当选职务；任期届满不再连任或者任期内辞职、被罢免、被撤职的，其所任职务即终止。

第四十二条　委任制公务员试用期满考核合格，职务、职级发生变化，以及其他情形需要任免职务、职级的，应当按照管理权限和规定的程序任免。

第四十三条　公务员任职应当在规定的编制限额和职数内进行，并有相应的职位空缺。

第四十四条　公务员因工作需要在机关外兼职，应当经有关机关批准，并不得领取兼职报酬。

第七章　职务、职级升降

第四十五条　公务员晋升领导职务，应当具备拟任职务所要求的政治素质、工作能力、文化程度和任职经历等方面的条件和资格。

公务员领导职务应当逐级晋升。特别优秀的或者工作特殊需要的，可以按照规定破格或者越级晋升。

第四十六条　公务员晋升领导职务，按照下列程序办理：

（一）动议；

（二）民主推荐；

（三）确定考察对象，组织考察；

（四）按照管理权限讨论决定；

（五）履行任职手续。

第四十七条　厅局级正职以下领导职务出现空缺且本机关没有合适人选的，可以通过适当方式面向社会选拔任职人选。

第四十八条 公务员晋升领导职务的，应当按照有关规定实行任职前公示制度和任职试用期制度。

第四十九条 公务员职级应当逐级晋升，根据个人德才表现、工作实绩和任职资历，参考民主推荐或者民主测评结果确定人选，经公示后，按照管理权限审批。

第五十条 公务员的职务、职级实行能上能下。对不适宜或者不胜任现任职务、职级的，应当进行调整。

公务员在年度考核中被确定为不称职的，按照规定程序降低一个职务或者职级层次任职。

第八章 奖 励

第五十一条 对工作表现突出，有显著成绩和贡献，或者有其他突出事迹的公务员或者公务员集体，给予奖励。奖励坚持定期奖励与及时奖励相结合，精神奖励与物质奖励相结合、以精神奖励为主的原则。

公务员集体的奖励适用于按照编制序列设置的机构或者为完成专项任务组成的工作集体。

第五十二条 公务员或者公务员集体有下列情形之一的，给予奖励：

（一）忠于职守，积极工作，勇于担当，工作实绩显著的；

（二）遵纪守法，廉洁奉公，作风正派，办事公道，模范作用突出的；

（三）在工作中有发明创造或者提出合理化建议，取得显著经济效益或者社会效益的；

（四）为增进民族团结，维护社会稳定做出突出贡献的；

（五）爱护公共财产，节约国家资财有突出成绩的；

（六）防止或者消除事故有功，使国家和人民群众利益免受或者减少损失的；

（七）在抢险、救灾等特定环境中做出突出贡献的；

（八）同违纪违法行为作斗争有功绩的；

（九）在对外交往中为国家争得荣誉和利益的；

（十）有其他突出功绩的。

第五十三条 奖励分为：嘉奖、记三等功、记二等功、记一等功、授予称号。

对受奖励的公务员或者公务员集体予以表彰，并对受奖励的个人给予一次性奖金或者其他待遇。

第五十四条 给予公务员或者公务员集体奖励，按照规定的权限和程序决定或者审批。

第五十五条 按照国家规定，可以向参与特定时期、特定领域重大工作的公务员颁发纪念证书或者纪念章。

第五十六条 公务员或者公务员集体有下列情形之一的，撤销奖励：

（一）弄虚作假，骗取奖励的；

（二）申报奖励时隐瞒严重错误或者严重违反规定程序的；

（三）有严重违纪违法等行为，影响称号声誉的；

（四）有法律、法规规定应当撤销奖励的其他情形的。

第九章 监督与惩戒

第五十七条 机关应当对公务员的思想政治、履行职责、作风表现、遵纪守法等情况进行监督，开展勤政廉政教育，建立日常管理监督制度。

对公务员监督发现问题的，应当区分不同情况，予以谈话提醒、批评教育、责令检查、诫勉、组织调整、处分。

对公务员涉嫌职务违法和职务犯罪的，应当依法移送监察机关处理。

第五十八条 公务员应当自觉接受监督，按照规定请示报告工作、报告个人有关事项。

第五十九条 公务员应当遵纪守法，不得有下列行为：

（一）散布有损宪法权威、中国共产党和国家声誉的言论，组织或者参加旨在反对宪法、中国共产党领导和国家的集会、游行、示威等活动；

（二）组织或者参加非法组织，组织或者参加罢工；

（三）挑拨、破坏民族关系，参加民族分裂活动或者组织、利用宗教活动破坏民族团结和社会稳定；

（四）不担当，不作为，玩忽职守，贻误工作；

（五）拒绝执行上级依法作出的决定和命令；

（六）对批评、申诉、控告、检举进行压制或者打击报复；

（七）弄虚作假，误导、欺骗领导和公众；

（八）贪污贿赂，利用职务之便为自己或者他人谋取私利；

（九）违反财经纪律，浪费国家资财；

（十）滥用职权，侵害公民、法人或者其他组织的合法权益；

（十一）泄露国家秘密或者工作秘密；

（十二）在对外交往中损害国家荣誉和利益；

（十三）参与或者支持色情、吸毒、赌博、迷信等活动；

（十四）违反职业道德、社会公德和家庭美德；

（十五）违反有关规定参与禁止的网络传播行为或者网络活动；

（十六）违反有关规定从事或者参与营利性活动，在企业或者其他营利性组织中兼任职务；

（十七）旷工或者因公外出、请假期满无正当理由逾期不归；

（十八）违纪违法的其他行为。

第六十条　公务员执行公务时，认为上级的决定或者命令有错误的，可以向上级提出改正或者撤销该决定或者命令的意见；上级不改变该决定或者命令，或者要求立即执行的，公务员应当执行该决定或者命令，执行的后果由上级负责，公务员不承担责任；但是，公务员执行明显违法的决定或者命令的，应当依法承担相应的责任。

第六十一条　公务员因违纪违法应当承担纪律责任的，依照本法给予处分或者由监察机关依法给予政务处分；违纪违法行为情节轻微，经批评教育后改正的，可以免予处分。

对同一违纪违法行为，监察机关已经作出政务处分决定的，公务员所在机关不再给予处分。

第六十二条 处分分为：警告、记过、记大过、降级、撤职、开除。

第六十三条 对公务员的处分，应当事实清楚、证据确凿、定性准确、处理恰当、程序合法、手续完备。

公务员违纪违法的，应当由处分决定机关决定对公务员违纪违法的情况进行调查，并将调查认定的事实以及拟给予处分的依据告知公务员本人。公务员有权进行陈述和申辩；处分决定机关不得因公务员申辩而加重处分。

处分决定机关认为对公务员应当给予处分的，应当在规定的期限内，按照管理权限和规定的程序作出处分决定。处分决定应当以书面形式通知公务员本人。

第六十四条 公务员在受处分期间不得晋升职务、职级和级别，其中受记过、记大过、降级、撤职处分的，不得晋升工资档次。

受处分的期间为：警告，六个月；记过，十二个月；记大过，十八个月；降级、撤职，二十四个月。

受撤职处分的，按照规定降低级别。

第六十五条 公务员受开除以外的处分，在受处分期间有悔改表现，并且没有再发生违纪违法行为的，处分期满后自动解除。

解除处分后，晋升工资档次、级别和职务、职级不再受原处分的影响。但是，解除降级、撤职处分的，不视为恢复原级别、原职务、原职级。

第十章 培训

第六十六条 机关根据公务员工作职责的要求和提高公务员素质的需要，对公务员进行分类分级培训。

国家建立专门的公务员培训机构。机关根据需要也可以委托其他培训机构承担公务员培训任务。

第六十七条 机关对新录用人员应当在试用期内进行初任培训；对晋升领导职务的公务员应当在任职前或者任职后一年内进行任职培训；对从事专项工作的公务员应当进行专门业务培训；对全体公务员应当进行提高政治素质和工作能力、更新知识的在职培训，其中对专业技术类公务员应当进行专业技术培训。

国家有计划地加强对优秀年轻公务员的培训。

第六十八条 公务员的培训实行登记管理。

公务员参加培训的时间由公务员主管部门按照本法第六十七条规定的培训要求予以确定。

公务员培训情况、学习成绩作为公务员考核的内容和任职、晋升的依据之一。

第十一章 交流与回避

第六十九条 国家实行公务员交流制度。

公务员可以在公务员和参照本法管理的工作人员队伍内部交流，也可以与国有企业和不参照本法管理的事业单位中从事公务的人员交流。

交流的方式包括调任、转任。

第七十条 国有企业、高等院校和科研院所以及其他不参照本法管理的事业单位中从事公务的人员，可以调入机关担任领导职务或者四级调研员以上及其他相当层次的职级。

调任人选应当具备本法第十三条规定的条件和拟任职位所要求的资格条件，并不得有本法第二十六条规定的情形。调任机关应当根据上述规定，对调任人选进行严格考察，并按照管理权限审批，必要时可以对调任人选进行考试。

第七十一条 公务员在不同职位之间转任应当具备拟任职位所要求的资格条件，在规定的编制限额和职数内进行。

对省部级正职以下的领导成员应当有计划、有重点地实行跨地区、跨部门转任。

对担任机关内设机构领导职务和其他工作性质特殊的公务员，应当有计划地在本机关内转任。

上级机关应当注重从基层机关公开遴选公务员。

第七十二条 根据工作需要，机关可以采取挂职方式选派公务员承担重大工程、重大项目、重点任务或者其他专项工作。

公务员在挂职期间，不改变与原机关的人事关系。

第七十三条 公务员应当服从机关的交流决定。

公务员本人申请交流的，按照管理权限审批。

第七十四条 公务员之间有夫妻关系、直系血亲关系、三代以内旁系血亲关系以及近姻亲关系的，不得在同一机关双方直接隶属于同一领导人员的职位或者有直接上下级领导关系的职位工作，也不得在其中一方担任领导职务的机关从事组织、人事、纪检、监察、审计和财务工作。

公务员不得在其配偶、子女及其配偶经营的企业、营利性组织的行业监管或者主管部门担任领导成员。

因地域或者工作性质特殊，需要变通执行任职回避的，由省级以上公务员主管部门规定。

第七十五条 公务员担任乡级机关、县级机关、设区的市级机关及其有关部门主要领导职务的，应当按照有关规定实行地域回避。

第七十六条 公务员执行公务时，有下列情形之一的，应当回避：

（一）涉及本人利害关系的；

（二）涉及与本人有本法第七十四条第一款所列亲属关系人员的利害关系的；

（三）其他可能影响公正执行公务的。

第七十七条 公务员有应当回避情形的，本人应当申请回避；利害关系人有权申请公务员回避。其他人员可以向机关提供公务员需要回避的情况。

机关根据公务员本人或者利害关系人的申请，经审查后作出是否回避的决定，也可以不经申请直接作出回避决定。

第七十八条 法律对公务员回避另有规定的，从其规定。

第十二章 工资、福利与保险

第七十九条 公务员实行国家统一规定的工资制度。

公务员工资制度贯彻按劳分配的原则，体现工作职责、工作能力、工作实绩、资历等因素，保持不同领导职务、职级、级别之间的合理工资差距。

国家建立公务员工资的正常增长机制。

第八十条 公务员工资包括基本工资、津贴、补贴和奖金。

公务员按照国家规定享受地区附加津贴、艰苦边远地区津贴、岗位津贴等津贴。

公务员按照国家规定享受住房、医疗等补贴、补助。

公务员在定期考核中被确定为优秀、称职的，按照国家规定享受年终奖金。

公务员工资应当按时足额发放。

第八十一条 公务员的工资水平应当与国民经济发展相协调、与社会进步相适应。

国家实行工资调查制度，定期进行公务员和企业相当人员工资水平的调查比较，并将工资调查比较结果作为调整公务员工资水平的依据。

第八十二条 公务员按照国家规定享受福利待遇。国家根据经济社会发展水平提高公务员的福利待遇。

公务员执行国家规定的工时制度，按照国家规定享受休假。公务员在法定工作日之外加班的，应当给予相应的补休，不能补休的按照国家规定给予补助。

第八十三条 公务员依法参加社会保险，按照国家规定享受保险待遇。

公务员因公牺牲或者病故的，其亲属享受国家规定的抚恤和优待。

第八十四条 任何机关不得违反国家规定自行更改公务员工资、福利、保险政策，擅自提高或者降低公务员的工资、福利、保险待遇。任何机关不得扣减或者拖欠公务员的工资。

第十三章 辞职与辞退

第八十五条 公务员辞去公职，应当向任免机关提出书面申请。任免机关应当自接到申请之日起三十日内予以审批，其中对领导成员辞去公职的申请，应当自接到申请之日起九十日内予以审批。

第八十六条 公务员有下列情形之一的，不得辞去公职：

（一）未满国家规定的最低服务年限的；

（二）在涉及国家秘密等特殊职位任职或者离开上述职位不满国家规定的脱密期限的；

（三）重要公务尚未处理完毕，且须由本人继续处理的；

（四）正在接受审计、纪律审查、监察调查，或者涉嫌犯罪，司法程序尚未终结的；

（五）法律、行政法规规定的其他不得辞去公职的情形。

第八十七条 担任领导职务的公务员，因工作变动依照法律规定需要辞去现任职务的，应当履行辞职手续。

担任领导职务的公务员，因个人或者其他原因，可以自愿提出辞去领导职务。

领导成员因工作严重失误、失职造成重大损失或者恶劣社会影响的，或者对重大事故负有领导责任的，应当引咎辞去领导职务。

领导成员因其他原因不再适合担任现任领导职务的，或者应当引咎辞职本人不提出辞职的，应当责令其辞去领导职务。

第八十八条 公务员有下列情形之一的，予以辞退：

（一）在年度考核中，连续两年被确定为不称职的；

（二）不胜任现职工作，又不接受其他安排的；

（三）因所在机关调整、撤销、合并或者缩减编制员额需要调整工作，本人拒绝合理安排的；

（四）不履行公务员义务，不遵守法律和公务员纪律，经教育仍无转变，不适合继续在机关工作，又不宜给予开除处分的；

（五）旷工或者因公外出、请假期满无正当理由逾期不归连续超过十五天，或者一年内累计超过三十天的。

第八十九条 对有下列情形之一的公务员，不得辞退：

（一）因公致残，被确认丧失或者部分丧失工作能力的；

（二）患病或者负伤，在规定的医疗期内的；

（三）女性公务员在孕期、产假、哺乳期内的；

（四）法律、行政法规规定的其他不得辞退的情形。

第九十条 辞退公务员，按照管理权限决定。辞退决定应当以书面形式通知被辞退的公务员，并应当告知辞退依据和理由。

被辞退的公务员，可以领取辞退费或者根据国家有关规定享受失业保险。

第九十一条 公务员辞职或者被辞退，离职前应当办理公务交接手续，必要时按照规定接受审计。

第十四章 退 休

第九十二条 公务员达到国家规定的退休年龄或者完全丧失工作能力的，应当退休。

第九十三条 公务员符合下列条件之一的，本人自愿提出申请，经任免机关批准，可以提前退休：

（一）工作年限满三十年的；

（二）距国家规定的退休年龄不足五年，且工作年限满二十年的；

（三）符合国家规定的可以提前退休的其他情形的。

第九十四条 公务员退休后，享受国家规定的养老金和其他待遇，国家为其生活和健康提供必要的服务和帮助，鼓励发挥个人专长，参与社会发展。

第十五章　申诉与控告

第九十五条　公务员对涉及本人的下列人事处理不服的，可以自知道该人事处理之日起三十日内向原处理机关申请复核；对复核结果不服的，可以自接到复核决定之日起十五日内，按照规定向同级公务员主管部门或者作出该人事处理的机关的上一级机关提出申诉；也可以不经复核，自知道该人事处理之日起三十日内直接提出申诉：

（一）处分；

（二）辞退或者取消录用；

（三）降职；

（四）定期考核定为不称职；

（五）免职；

（六）申请辞职、提前退休未予批准；

（七）不按照规定确定或者扣减工资、福利、保险待遇；

（八）法律、法规规定可以申诉的其他情形。

对省级以下机关作出的申诉处理决定不服的，可以向作出处理决定的上一级机关提出再申诉。

受理公务员申诉的机关应当组成公务员申诉公正委员会，负责受理和审理公务员的申诉案件。

公务员对监察机关作出的涉及本人的处理决定不服向监察机关申请复审、复核的，按照有关规定办理。

第九十六条　原处理机关应当自接到复核申请书后的三十日内作出复核决定，并以书面形式告知申请人。受理公务员申诉的机关应当自受理之日起六十日内作出处理决定；案情复杂的，可以适当延长，但是延长时间不得超过三十日。

复核、申诉期间不停止人事处理的执行。

公务员不因申请复核、提出申诉而被加重处理。

第九十七条　公务员申诉的受理机关审查认定人事处理有错误的，原处理机关应当及时予以纠正。

第九十八条　公务员认为机关及其领导人员侵犯其合法权益的，可以依法向上级机关或者监察机关提出控告。受理控告的机关应当按照规定及时处理。

第九十九条　公务员提出申诉、控告，应当尊重事实，不得捏造事实，诬告、陷害他人。对捏造事实，诬告、陷害他人的，依法追究法律责任。

第十六章　职位聘任

第一百条　机关根据工作需要，经省级以上公务员主管部门批准，可以对专业性较强的职位和辅助性职位实行聘任制。

前款所列职位涉及国家秘密的，不实行聘任制。

第一百零一条　机关聘任公务员可以参照公务员考试录用的程序进行公开招聘，也可以从符合条件的人员中直接选聘。

机关聘任公务员应当在规定的编制限额和工资经费限额内进行。

第一百零二条　机关聘任公务员，应当按照平等自愿、协商一致的原则，签订书面的聘任合同，确定机关与所聘公务员双方的权利、义务。聘任合同经双方协商一致可以变更或者解除。

聘任合同的签订、变更或者解除，应当报同级公务员主管部门备案。

第一百零三条　聘任合同应当具备合同期限，职位及其职责要求，工资、福利、保险待遇，违约责任等条款。

聘任合同期限为一年至五年。聘任合同可以约定试用期，试用期为一个月至十二个月。

聘任制公务员实行协议工资制，具体办法由中央公务员主管部门规定。

第一百零四条　机关依据本法和聘任合同对所聘公务员进行管理。

第一百零五条　聘任制公务员与所在机关之间因履行聘任合同发生争议的，可以自争议发生之日起六十日内申请仲裁。

省级以上公务员主管部门根据需要设立人事争议仲裁委员会，受理仲裁申请。人事争议仲裁委员会由公务员主管部门的代表、聘用机关的代表、聘任制公务员的代表以及法律专家组成。

当事人对仲裁裁决不服的，可以自接到仲裁裁决书之日起十五日内向人民法院提起诉讼。仲裁裁决生效后，一方当事人不履行的，另一方当事人可以申请人民法院执行。

第十七章　法律责任

第一百零六条　对有下列违反本法规定情形的，由县级以上领导机关或者公务员主管部门按照管理权限，区别不同情况，分别予以责令纠正或者宣布无效；对负有责任的领导人员和直接责任人员，根据情节轻重，给予批评教育、责令检查、诫勉、组织调整、处分；构成犯罪的，依法追究刑事责任：

（一）不按照编制限额、职数或者任职资格条件进行公务员录用、调任、转任、聘任和晋升的；

（二）不按照规定条件进行公务员奖惩、回避和办理退休的；

（三）不按照规定程序进行公务员录用、调任、转任、聘任、晋升以及考核、奖惩的；

（四）违反国家规定，更改公务员工资、福利、保险待遇标准的；

（五）在录用、公开遴选等工作中发生泄露试题、违反考场纪律以及其他严重影响公开、公正行为的；

（六）不按照规定受理和处理公务员申诉、控告的；

（七）违反本法规定的其他情形的。

第一百零七条　公务员辞去公职或者退休的，原系领导成员、县处级以上领导职务的公务员在离职三年内，其他公务员在离职两年内，不得到与原工作业务直接相关的企业或者其他营利性组织任职，不得从事与原工作业务直接相关的营利性活动。

公务员辞去公职或者退休后有违反前款规定行为的，由其原所在机关的同级公务员主管部门责令限期改正；逾期不改正的，由县级以上市场监管部门没收该人员从业期间的违法所得，责令接收单位将该人员予以清退，并根据情节轻重，对接收单位处以被处罚人员违法所得一倍以上五倍以下的罚款。

第一百零八条　公务员主管部门的工作人员，违反本法规定，滥用职权、玩忽职守、徇私舞弊，构成犯罪的，依法追究刑事责任；尚不构成犯罪的，给予处分或者由监察机关依法给予政务处分。

第一百零九条　在公务员录用、聘任等工作中，有隐瞒真实信息、弄虚作假、考试作弊、扰乱考试秩序等行为的，由公务员主管部门根据情节作出考试成绩无效、取消资格、限制报考等处理；情节严重的，依法追究法律责任。

第一百一十条　机关因错误的人事处理对公务员造成名誉损害的，应当赔礼道歉、恢复名誉、消除影响；造成经济损失的，应当依法给予赔偿。

第十八章　附　　则

第一百一十一条　本法所称领导成员，是指机关的领导人员，不包括机关内设机构担任领导职务的人员。

第一百一十二条　法律、法规授权的具有公共事务管理职能的事业单位中除工勤人员以外的工作人员，经批准参照本法进行管理。

第一百一十三条　本法自 2019 年 6 月 1 日起施行。

《中国共产党纪律处分条例》知识问答

1.《中国共产党纪律处分条例》是一部什么性质的法律?

2018年8月26日，中共中央印发了修订后的《中国共产党纪律处分条例》(以下简称《纪律处分条例》)，并决定从2018年10月1日起施行。《纪律处分条例》作为中国共产党党内法规形式之一，在党内法规体系中处于仅次于党章和党内准则的地位，是在遵循党章和党内准则的总体原则下，以《关于新形势下党内政治生活的若干准则》为依据，规范党组织和党员行为的基础性法规，是党章和党内法规的细化、具体化。它的实施与中国自改革开放以来构建的从严治党体系一脉相承，有着内在的逻辑联系。

2.《纪律处分条例》的制定修改历程是怎样的?

自1997年2月至今，经过20多年的与时俱进、几经修订，如今的《纪律处分条例》已经是第四代升级版。让制度“长牙”、纪律“带电”，充分发挥纪律建设标本兼治的利器作用，使铁的纪律真正转化为党员干部的日常习惯和自觉遵循，这也是推动全面从严治党向纵深发展的必然要求。

试行《纪律处分条例》是管党治党领域法制建设的初创成果。1997年2月，中央发布实施了《中国共产党纪律处分条例(试行)》。试行《纪律处分条例》共172条，试行《纪律处分条例》首次将党员的行为纳入了纪律规范的视野，将违纪种类分为七大类：政治类错误，组织、人事类错误，经济类错误，失职类错误，侵犯党员权利、公民权利类错误，严重违反社会主义道德类错误，违反社会管理秩序类错误等。试行《纪律处分条例》是在党的十三大提出的在党的建设方面不搞“政治运动”，应走“制度建设”新途径的制度体现；是在中国的法制建设从“无法可依”走向“有法可依”的法制构建过程中，管党治党领域法制建设的初创成果；解决了党员行为规范制度“从无到有”的问题，成为规范党员行为、履行党纪和实现管党治党“有法可依”的主要依据。

第二次修订是巩固管党治党规范的调整与补充。2003 年 12 月 31 日，《纪律处分条例》正式发布施行，摘掉了“试行”的帽子。这一版的《纪律处分条例》共 178 条，将违纪种类分为九大类：违反政治纪律的行为，违反组织、人事纪律的行为，违反廉洁自律规定的行为，贪污贿赂行为，破坏社会主义经济秩序的行为，违反财经纪律的行为，失职、渎职行为，侵犯党员权利、公民权利的行为，妨害社会管理秩序的行为等。

第三次修订是对管党治党的制度体系进行的优化与重构。党的十八大之后，随着全面从严治党的不断推进，原有的《纪律处分条例》已经不能适应新形势的要求。最突出的表现是，党内规则混同于国家法律，党规党纪套用“法言法语”，原《纪律处分条例》的许多规定都与法律条文重复，对于什么是违反政治纪律、政治规矩没有具体的界定，在实践中难以把握，出现失之过宽的现象。2015 年 10 月，中央印发了新修订的《纪律处分条例》。修订后的《纪律处分条例》发生了较大幅度的变化：从原来的 3 编、15 章、178 条、24 000余字缩减为 3 编、11 章、133 条、17 000余字；把党章和其他党内法规中的纪律和要求，整合为政治纪律、组织纪律、廉洁纪律、群众纪律、工作纪律和生活纪律等六方面；坚持纪严于法、纪在法前，去除与国家法律重复的内容，实现纪法分开；突出政治纪律和政治规矩，强调政治纪律在六项纪律中是管总的、打头的，是最重要的纪律，并把政治纪律细化、具体化，把落实中央八项规定精神的要求转化为纪律规范，体现作风建设最新成果，使党的纪律成为管党治党的尺子和全体党员的行为底线。《纪律处分条例》无论在体系架构上，还是在内容上，都更为科学化、更具有可操作性，可以称为“体系性重构”，具有里程碑意义。

第四次修订明确了全面从严治党的制度化、实践性、持续性的根本宗旨。2018 年 8 月 26 日中共中央印发了新修订的《纪律处分条例》，这是党的十八大后对《纪律处分条例》的第二次修订，是时隔 3 年后中共中央再次向全党划出的新的纪律底线，再次释放出以铁的纪律管党治党的强烈信号。《纪律处分条例》突出了两个重大理念：一是突出了制度建设的重要地位。党的十九大报告提出了“全面推进党的政治建设、思想建设、组织建设、作风建设、纪律建设，把制度建设贯穿其中，深入推进反腐败斗争”的新表述，更加强调了党员自身在政治理念、纲领、路线、目标和行为方面的政治标准；二是提出纪律建设是全面从严治党的治本之策。党的十九大报告提出的把党的纪律建设纳入党的建设的总体布局中，把纪律挺在前面，凸显了“纪严于法”的理念。

3. 新修订的《纪律处分条例》的重要意义有哪些?

（1）将习近平新时代中国特色社会主义思想确立为纪律建设的指导思想，为党的纪律建设提供了重要的思想保障。党的十八大以来，社会主义建设取得了全方位的开创性成就，发生了深层次的根本性变革。立足于新时代，面对新的历史任务，就必须要有新理论、新思想作为指导。而习近平新时代中国特色社会主义思想就是我党进行艰辛建设探索、总结发展经验规律形成的新的指导思想。纪律建设工作，作为全面从严治党的重要组成部分和新时代的重要战略部署，必须将习近平新时代中国特色社会主义思想作为其根本保障。

（2）《纪律处分条例》进一步加强了政治纪律建设，坚决维护了习近平总书记党中央的核心、全党的核心地位，坚决维护了党中央权威和集中统一领导。党的政治建设是党的根本性建设，保证习近平总书记的核心地位、党中央的权威和集中统一领导是党的建设的首要任务，党的十九大报告更是提出，要把党的政治建设摆在首位。此次《条例》的修订，着重强调了政治纪律，并将“两个坚决维护”写进了《纪律处分条例》的第一章。

（3）《纪律处分条例》的修订进一步完善了社会主义法治体系。党的十八届四中全会指出，我们要建设完备的党内法规体系。此次《条例》的修订，不仅与《中国共产党党内监督条例》等党内法规的衔接更加紧密，而且加强了与《中华人民共和国监察法》等相关法律法规的衔接。

（4）《纪律处分条例》有效回应了党的十八大以来发现的突出问题。党的十八大以来，以习近平同志为核心的党中央严肃查处了一大批违法违纪的领导干部。但是，随着全面从严治党工作的深入开展，有些问题也逐渐凸显：一些领导干部利用纪、法的模糊与空白“打擦边球”；还有一些以前不被重视，现在需要被重视的行为没有入法、入纪。此次修改的《纪律处分条例》就明确将一系列中央重视、群众关心、危害严重的问题列进了“负面清单”。

4. 新修订的《纪律处分条例》有哪些亮点？

新修订的《纪律处分条例》共 142 条，比 2015 年的《纪律处分条例》增加了 11 条，修改了 65 条，整合了 2 条。修订后的《纪律处分条例》政治性更强，内容更科学，逻辑更严谨，指导性和可操作性更强，概括起来有八大亮点。

（1）明确将习近平新时代中国特色社会主义思想作为党的纪律建设的指导思想。

党的十九大通过的党章修正案把习近平新时代中国特色社会主义思想确立为党的行动指南，实现了党的指导思想又一次与时俱进。习近平总书记在一系列重要讲话中，深刻阐释了全面从严治党及加强政治建设、纪律建设的重大意义、根本目的、主要任务和具体要求，为不断加强党的长期执政能力建设，继续开创新时代中国特色社会主义新局面提供了强大的思想理论武器和行动指南。作为党的纪律建设的基本法规，《纪律处分条例》在第二条党的纪律建设指导思想中，明确规定以习近平新时代中国特色社会主义思想为指导，这有利于引导各级党组织和广大党员凝心聚力，自觉接受党的纪律约束，不断增强党的先进性和纯洁性，使我们党能够经得起各种风险和考验，更好带领全国人民实现中华民族伟大复兴的中国梦。

（2）“两个坚决维护”提高了纪律审查工作的政治站位。

《纪律处分条例》第二条增写了全党“坚决维护习近平总书记党中央的核心、全党的核心地位，坚决维护党中央权威和集中统一领导”内容。党的领导是中国特色社会主义最本质的特征，是中国特色社会主义制度的最大优势。坚持党的领导，最根本的是坚持党中央权威和集中统一领导。党的十八届六中全会明确习近平总书记为党中央的核心、全党的核心。坚决维护习近平总书记党中央的核心、全党的核心地位，坚决维护党中央权威和集中统一领导，是党的政治建设的首要任务，也是最根本的政治纪律和政治规矩。《纪律处分条例》把“两个坚决维护”明确写入条例的指导思想，并在分则部分对在重大原则问题上不同党中央保持一致，落实党中央决策部署不坚决，打折扣、搞变通以及搞两面派、做两面人等行为明确纪律责任，确保全党始终在政治立场、政治方向、政治原则、政治道路上同以习近平同志为核心的党中央保持高度一致，对于坚持和加强党的全面领导、不断把党和国家事业推向前进具有重要意义。

（3）“三个重点问题”瞄准了严肃执纪的工作靶心。

《纪律处分条例》将不收敛、不收手，问题线索反映集中、群众反映强烈，政治问题和经济问题交织的腐败案件作为重点审查内容。党的十八大以来，党中央基于依然严峻复杂的党风廉政建设和反腐败斗争形势以及遏制腐败蔓延的目标任务，提出“重点审查不收敛、不收手，问题线索反映集中、群众反映强烈，现在重要岗位且可能还要提拔使用的领导干部”，反腐败斗争取得了党和人民群众满意的效果，《中国共产党党内监督条例》从制度上作出了明确规定。党的十九大报告强调，“反腐败斗争形势依然严峻复杂，巩固压倒性态势、夺取压倒性胜利的决心必须坚如磐石”，“坚持无禁区、全覆盖、零容忍，坚持重遏制、强高压、长震慑”。《纪律处分条例》结合新的形势、任务和条件，在第七条第二款进一步明确规定，“重点查处党的十八大以来不收敛、不收手，问题线索反映集中、群众反映强烈，政治问题和经济问题交织的腐败案件，违反中央八项规定精神的问题”。这样规定，体现了两点论与重点论、把握“树木”与“森林”关系、做到减少腐败存量与遏制腐败增量的有机统一，有利于提高反腐败的精准性、实效性，做到力度不减、节奏不变、尺度不松，有利于不断释放执纪必严的强烈信号，推动全面从严治党向纵深发展。

（4）“四个意识”巩固了纪律建设的思想基础。

《纪律处分条例》增写了“党组织和党员必须牢固树立政治意识、大局意识、核心意识、看齐意识”。牢固树立政治意识、大局意识、核心意识、看齐意识，是“两个维护”的重要思想基础，“两个维护”是“四个意识”的集中体现。《中国共产党章程》（以下简称《党章》）规定，“牢固树立政治意识、大局意识、核心意识、看齐意识，坚定维护以习近平同志为核心的党中央权威和集中统一领导，保证全党的团结统一和行动一致，保证党的决定得到迅速有效的贯彻执行。”《关于新形势下党内政治生活的若干准则》规定，“全党必须牢固树立政治意识、大局意识、核心意识、看齐意识，自觉在思想上政治上行动上同党中央保持高度一致。”习近平总书记强调，要牢固树立政治意识、大局意识、核心意识、看齐意识，坚持以党的旗帜为旗帜、以党的方向为方向、以党的意志为意志，当政治上的明白人。《纪律处分条例》贯彻党章和准则要求，在第三条增写党组织和党员必须牢固树立“四个意识”的规定，有利于党的各级组织和全体党员自觉遵守党章，向党中央看齐，向党的理论和路线方针政策看齐，向党中央决策部署看齐，做到党中央提倡的坚决响应、党中央决定的坚决执行、党中央禁止的坚决不做，确保全党令行禁止。

（5）“五处衔接”推动了党规国法的有效协同。

《纪律处分条例》在第二十七条至第三十条、第三十三条中作出详细规定，推动党纪国法“无缝衔接”。如增加规定党组织在纪律审查中发现党员严重违纪涉嫌犯罪的，原则上先作出党纪处分决定，并按照规定给予政务处分后，再移送有关国家机关依法处理等。《纪律处分条例》既坚持纪严于法、纪在法前，在分则部分规定了95条违犯党纪的行为，又注重纪法贯通、实现纪法衔接，在总则部分充实完善了纪法衔接条款。例如，与《中华人民共和国监察法》第十一条规定的监察机关调查职务违法和职务犯罪情形相衔接，在《纪律处分条例》第二十七条中规定，“党组织在纪律审查中发现党员有贪污贿赂、滥用职权、玩忽职守、权力寻租、利益输送、徇私舞弊、浪费国家资财等违反法律涉嫌犯罪行为的，应当给予撤销党内职务、留党察看或者开除党籍处分”。同时，体现纪在法前的精神，在第二十九条规定，“党组织在纪律审查中发现党员严重违纪涉嫌违法犯罪的，原则上先作出党纪处分决定，并按照规定给予政务处分后，再移送有关国家机关依法处理”。

（6）“六种从严”表明了全面从严治党的坚定决心。

越往后执纪越严，是全面从严治党向纵深推进的重要标志，也是《纪律处分条例》修订的重要特点。“从严”的“严”，既代表了全面从严治党的“严”，要严格管党治党，要严格执行纪律，又代表了民心向背的“向”，要用纪律保证党的宗旨，不允许党员干部“揣着糊涂装明白”，更不能容忍“揣着明白装糊涂”。

《纪律处分条例》对组织、利用宗教活动反党，破坏民族团结，搞有组织的拉票贿选或者用公款拉票贿选，扶贫领域侵害群众利益，民生保障显失公平，组织利用宗族势力对抗中央方针政策、破坏基层组织建设，贯彻新发展理念失职等六种违纪行为从重或加重处分。具体来看，“六个从严”的修订，一是重点提高了违反政治纪律的代价，对遵守政治纪律、落实“两个坚决维护”、树立“四个意识”提出了更高的要求，进一步强化了政治纪律的极端重要性；二是重点突出群众纪律的重要性，在关乎人民群众切身利益的工作领域中，如社会保障、政策扶持、扶贫脱贫、救灾救济等，发生侵害人民群众利益行为的，将受到更为严厉的处分；三是重点强调工作纪律的重要性，把纪律审查延伸进“四个全面”战略布局。“六个从严”的修订，把纪律的红线划得更为坚定、更为清晰。

（7）“七个有之”保证了政治生态的持续复健。

“七个有之”究其本质是一个政治问题，其要害在于导致党内政治生态受到破坏、政治纪律和组织纪律松弛。每一名党员都应该对照这些基本要求，经常自查自省，严格按照党章党规办事，自觉接受党的纪律和规矩约束。

《纪律处分条例》对在干部选拔任用工作中任人唯亲、在党内搞团团伙伙拉帮结派、匿名诬告制造谣言、收买人心拉动选票、封官许愿弹冠相庆、自行其是阳奉阴违、尾大不掉妄议中央七方面的行为作出明确的处分规定。《纪律处分条例》进一步充实完善了“七个有之”问题的处分条款，丰富了政治纪律和组织纪律内容，进一步增强了纪律建设的实践针对性，对于严肃党内政治生活、净化党内政治生态具有重要的导向意义。“七个有之”问题与纪律规范的其他问题直接相关，严厉惩治这些问题能够为惩治其他违纪问题提供示范。修订后，“七个有之”问题有了更加明确的执纪依据，补足了纪律短板。在具体工作中，纪律审查要从净化党内政治生态入手，紧盯违反政治纪律和组织纪律的典型行为，重点关注“七个有之”问题，坚决防范各类政治风险。

（8）“八类新型违纪行为”基本涵盖了违纪腐败的新型新案。

《纪律处分条例》针对管党治党的突出问题和监督执纪中发

现的新型违纪行为，增加了处分规定，让违纪者无空可钻。《纪律处分条例》对干扰巡视巡察工作，党员信仰宗教，借用管理和服务对象钱款、住房、车辆等，民间借贷获取大额回报，利用宗族、黑恶势力欺压群众，形式主义、官僚主义突出表现，不重视家风、对家属失管失教等八种新型违纪行为作出处分规定。

纪律建设只有进行时，没有完成时。坚持问题意识和问题导向，是党规党纪修订的一贯追求。党的十八大以来，在全面从严治党过程中，出现了一些新的违纪问题，《纪律处分条例》对一些新发现的典型行为作出处分规定，细化了监督执纪依据，丰富了纪律审查的内容，让纪律建设更加完善。这不仅强化了党员的政治纪律意识，坚定政治信仰，确保党中央重大方针政策的贯彻落实，而且有利于遏制当前新的腐败变种，切断利益输送渠道，压缩权钱交易的腐败空间。并且，为整治形式主义、官僚主义问题提供了纪律依据，突破了反“四风”问题所遇到的制度“瓶颈”；为党员领导干部家风建设提供纪律保证，拓展了纪律执行的范围。更重要的是，体现了以人民为中心的要求，有助于解决群众身边的不正之风和腐败问题，推动全面从严治党向纵深发展。

5.《纪律处分条例》规定了哪些纪律“高压线”不能碰？

《纪律处分条例》向全党划出新的纪律“底线”，新增或修订了诸多纪律“高压线”，情节严重者将被开除党籍，党员千万不能碰。

（1）重大原则问题不同中央保持一致。《纪律处分条例》规定，在重大原则问题上不同党中央保持一致且有实际言论、行为或者造成不良后果，情节严重的，给予开除党籍处分。

（2）诋毁污蔑英雄模范、歪曲党的历史。《纪律处分条例》规定，通过网络、广播、电视、报刊、传单、书籍等，或者利用讲座、论坛、报告会、座谈会等方式，丑化党和国家形象，或者诋毁、诬蔑党和国家领导人、英雄模范，或者歪曲党的历史、中华人民共和国历史、人民军队历史，情节严重的，给予开除党籍处分。

（3）拉帮结派导致本单位政治生态恶化。《纪律处分条例》规定，在党内搞团团伙伙、结党营私、拉帮结派、培植个人势力等非组织活动，或者通过搞利益交换、为自己营造声势等活动捞取政治资本，导致本地区、本部门、本单位政治生态恶化的，给予留党察看或者开除党籍处分。

（4）落实中央决策部署打折扣搞变通。《纪律处分条例》规定，党员领导干部在本人主政的地方或者分管的部门自行其是，搞山头主义，拒不执行党中央确定的大政方针，甚至背着党中央另搞一套的，给予撤销党内职务、留党察看或者开除党籍处分。落实党中央决策部署不坚决，打折扣、搞变通，在政治上造成不良影响或者严重后果，情节严重的，给予撤销党内职务、留党察看或者开除党籍处分。

（5）对党不忠诚不老实欺上瞒下。《纪律处分条例》规定，对党不忠诚不老实，表里不一，阳奉阴违，欺上瞒下，搞两面派，做两面人，情节严重的，给予开除党籍处分。

（6）制造传播政治谣言。《纪律处分条例》规定，制造、散布、传播政治谣言，破坏党的团结统一，情节严重的，给予开除党籍处分。政治品行恶劣，匿名诬告，有意陷害或者制造其他谣言，造成损害或者不良影响的，依照前款规定处理。

（7）干扰巡视或不落实整改要求。《纪律处分条例》规定，干扰巡视巡察工作或者不落实巡视巡察整改要求，情节严重的，给予开除党籍处分。

（8）参与利用宗教搞煽动活动。《纪律处分条例》规定，对信仰宗教的党员，应当加强思想教育，经党组织帮助教育仍没有转变的，应当劝其退党；劝而不退的，予以除名；参与利用宗教搞煽动活动的，给予开除党籍处分。

（9）任人唯亲、排斥异己、封官许愿。《纪律处分条例》规定，在干部选拔任用工作中，有任人唯亲、排斥异己、封官许愿、说情干预、跑官要官、突击提拔或者调整干部等违反干部选拔任用规定行为，情节严重的，对直接责任者和领导责任者，给予开除党籍处分。

（10）扶贫脱贫中优亲厚友。《纪律处分条例》规定，在社会保障、政策扶持、扶贫脱贫、救灾救济款物分配等事项中优亲厚友、明显有失公平，情节严重的，给予开除党籍处分。

（11）利用黑恶势力欺压群众，或充当“保护伞”。《纪律处分条例》规定，利用宗族或者黑恶势力等欺压群众，或者纵容涉黑涉恶活动、为黑恶势力充当“保护伞”，情节严重的，给予开除党籍处分。

（12）搞劳民伤财的“形象工程”使群众利益受损。《纪律处分条例》规定，盲目举债、铺摊子、上项目，搞劳民伤财的“形象工程”“政绩工程”，致使国家、集体或者群众财产和利益遭受较大损失，情节严重的，对直接责任者和领导责任者，给予撤销党内职务、留党察看或者开除党籍处分。

（13）单纯以会议贯彻会议、以文件落实文件不见诸行动。《纪律处分条例》规定，贯彻党中央决策部署只表态不落实，热衷于搞舆论造势、浮在表面，单纯以会议贯彻会议、以文件落实文件，在实际工作中不见诸行动等，造成严重不良影响，情节严重的，对直接责任者和领导责任者，给予开除党籍处分。

（14）改变公务行程借机旅游。《纪律处分条例》规定，改变公务行程，借机旅游；参加所管理企业、下属单位组织的考察活动，借机旅游等，情节严重的，对直接责任者和领导责任者，给予开除党籍处分。

（15）收受可能影响公务执行的有价证券、股权等。《纪律处分条例》规定，收受可能影响公正执行公务的礼品、礼金、消费卡和有价证券、股权、其他金融产品等财物，情节严重的，给予开除党籍处分。

（16）借用管理或服务对象的车房等，影响公正执行公务。

《纪律处分条例》规定，借用管理和服务对象的钱款、住房、车辆等，影响公正执行公务，情节严重的，给予撤销党内职务、留党察看或者开除党籍处分。通过民间借贷等金融活动获取大额回报，影响公正执行公务的，依照前款规定处理。

（17）利用审批中掌握的信息买卖股票。《纪律处分条例》规定，违反有关规定从事营利活动，有下列行为之一，情节严重的，给予开除党籍处分：经商办企业的；在国（境）外注册公司或者投资入股的，等等。利用参与企业重组改制、定向增发、兼并投资、土地使用权出让等决策、审批过程中掌握的信息买卖股票，利用职权或者职务上的影响通过购买信托产品、基金等方式非正常获利的，依照前款规定处理。

（18）利用职权帮亲属吸收存款、推销金融产品谋利。利用职权或者职务上的影响，为配偶、子女及其配偶等亲属和其他特定关系人在审批监管、资源开发、金融信贷、大宗采购、土地使用权出让、房地产开发、工程招投标以及公共财政支出等方面谋取利益，情节严重的，给予开除党籍处分。

6. 十条负面清单，哪些事情不能做？

【关键词 1】山头主义

【负面清单】“党员领导干部在本人主政的地方或者分管的部门自行其是，搞山头主义，拒不执行党中央确定的大政方针，甚至背着党中央另搞一套的。”

山头主义、拉帮结派是表象，利益交换是目的，危害党的团结统一是本质，把党内同志关系搞成人身依附关系。《条例》明确严惩山头主义，是为了正本清源，维护党的集中统一。

【关键词 2】两面人

【负面清单】“对党不忠诚不老实，表里不一，阳奉阴违，欺上瞒下，搞两面派，做两面人。”

修身不真修、信仰不真信，说一套、做一套，台上一套、台下一套……党的十九大报告鲜明提出“坚决反对搞两面派、做两面人”，严查两面人，要及时把党内的害群之马辨别出来、清除出去。党的十九大闭幕不到一个月，中宣部原副部长鲁炜严重违纪被立案审查，成为十九大后落马首虎。鲁炜身为党的高级干部，理想信念缺失，毫无党性原则，对党中央极端不忠诚，“四个意识”个个皆无，“六大纪律”项项违反，是典型的“两面人”。

【关键词3】干扰巡视

【负面清单】“干扰巡视巡察工作或者不落实巡视巡察整改要求。”

党的十八大以来，巡视利剑出鞘，一些腐败分子千方百计干扰巡视，妄想蒙混过关。《纪律处分条例》增写对干扰巡视的处分规定，让巡视利剑更加锋利。天津市委原代理书记、原市长黄兴国“打探涉及本人的问题线索，对抗组织审查”；天津市政协原副主席、市公安局原局长武长顺对中央巡视组进行干扰，中央巡视组不仅要提防被监听，还要想方设法确保举报人安全。

【关键词4】拉票贿选

【负面清单】“搞有组织的拉票贿选，或者用公款拉票贿选的，从重或者加重处分。”

党的十八大以来，中央先后查处湖南衡阳破坏选举案、四川南充拉票贿选案、辽宁拉票贿选案等一系列大案，体现了猛药去疴、重典治乱的决心意志。《纪律处分条例》对拉票贿选从重加重处分，正是这种决心意志的体现。2016年9月，发生在辽宁省的拉票贿选案受到严肃查处并被公之于众，全省45名全国人大代表参与贿选，近千名“政商精英”牵涉其中。

【关键词5】利用未公开信息买卖股票

【负面清单】《纪律处分条例》第九十四条提到，利用参与企业重组改制、定向增发、兼并投资、土地使用权出让等决策、审批过程中掌握的信息买卖股票，利用职权或者职务上的影响通过购买信托产品、基金等方式非正常获利的，依照前款规定处理。

一些领导干部既想当官，又想发财，在利益诱惑面前丧失原则，搞监守自盗，专业性、行业性腐败往往手法隐蔽。《纪律处分条例》中增加对股票内幕交易等行为的处分规定，紧盯金融腐败的重点领域和关键环节，释放出“莫伸手，伸手必被捉”的强烈信号。安徽省原副省长陈树隆作为相关股票的内幕信息知情人员，在内幕信息敏感期内买入上述股票，累计成交金额共计人民币1.21 257 411亿元，非法获利共计人民币1.3 746 627亿元。安徽省原副省长周春雨作为相关股票内幕信息知情人员，在内幕信息尚未公开前，买入该股票，情节特别严重。

【关键词6】违规揽储

【负面清单】“利用职权或者职务上的影响，为配偶、子女及其配偶等亲属和其他特定关系人吸收存款、推销金融产品等提供帮助谋取利益的。”

一些党政机关、事业单位相关负责人把单位经费、项目资金存到指定银行，银行则“投桃报李”，或给予高额回扣，或为其亲属安排职位、发放高薪，形成利益输送灰色链条，成为备受关注的隐形腐败。破除“潜规则”，必须立下“明规矩”。将违规揽储纳入“负面清单”，意在最大限度地挤压相关经济领域的权力寻租空间。福建龙岩市委原书记黄晓炎调任龙岩后，其妻子供职的厦门市一家商业银行很快就在龙岩设立了分支机构，其妻是筹建分支机构的负责人之一。短时间内，这家银行在龙岩吸纳存储五六亿元，一年存款达数十亿元，其中党政机关、事业单位公款存储占了绝大多数。

【关键词7】扶贫领域腐败和作风问题

【负面清单】“在扶贫领域有克扣群众财物、拖欠群众钱款、吃拿卡要等行为的，从重或者加重处分。”

“老虎”露头就要打，“苍蝇”乱飞也要拍。一些党员干部，对扶贫惠农资金物资吃拿卡要、截流私分、优亲厚友，破坏党群关系，严重影响脱贫攻坚大计，必须加强监管从严惩治。陕西省原副省长冯新柱“对党中央关于脱贫攻坚重大决策部署落实不力、消极应付，且利用分管扶贫工作职权谋取私利”。2018 年上半年，浙江共通报了 80 起群众身边腐败和作风问题的典型案例，同比增长 81.8%；河南共通报这一类型案例 65 起，同比增长 47.7%；青海立案查处扶贫领域腐败和作风问题 171 件，同比增长 200%。

【关键词 8】 保护伞

【负面清单】“利用宗族或者黑恶势力等欺压群众，或者纵容涉黑涉恶活动、为黑恶势力充当‘保护伞’的”。

扫黑除恶既要抓涉黑组织，也要打掉后面的“保护伞”。只有保持高压态势，做到除恶务尽，才能换得朗朗乾坤，不断增强群众幸福感、安全感。河南省郑州市公安局洁云路分局原局长成健利用职务便利，多次收受社会人员所送贿赂，为其经营的多家涉黄赌毒场所提供保护。

【关键词 9】 形式主义、官僚主义

【负面清单】“贯彻党中央决策部署只表态不落实的；热衷于搞舆论造势、浮在表面的；单纯以会议贯彻会议、以文件落实文件，在实际工作中不见诸行动的。”

形式主义、官僚主义在不同阶段的具体表现不同，但根子上都是违背党的性质宗旨。纠正“四风”不能止步，作风建设永远在路上。海南省林业厅原副厅长王春东，参加省管干部轮训班，5 天学习时间有 2 天私自安排他人顶替上课；应参加的厅务会议和其他专题会议共 109 次，以各种借口缺席 63 次，王春东因形式主义、官僚主义问题被公开通报。

【关键词 10】 家风

【负面清单】“党员领导干部不重视家风建设，对配偶、子女及其配偶失管失教”。

家风连着党风民风。新《纪律处分条例》的明确规定向党员干部发出警示，应廉洁修身，廉洁齐家，防止“枕边风”、膝下儿女成为贪腐导火索，防止被身边人“拉下水”。河北省委原书记周本顺之子，全国人大环资委原副主任委员白恩培的妻子，国家发改委原副主任、国家能源局原局长刘铁男之子，江苏省委原

常委、秘书长赵少麟之子……一个个腐败领域的“夫妻档”“父子兵”“全家腐”，透视出家风的重要性。苏荣在忏悔录中写道：“我家成了‘权钱交易所’，我就是‘所长’，老婆是‘收款员’。”

7.《纪律处分条例》的制定目的有哪些？

《纪律处分条例》的制定目的主要有五个方面：

一是维护党的章程和其他党内法规。这是制定《纪律处分条例》的首要目的。《党章》是我们党的总章程，是党的根本大法，是全党必须遵守的总规矩。《纪律处分条例》提供了违反《党章》和其他党内法规行为的党纪处分依据，对于保障《党章》和其他党内法规的权威性和严肃性具有重要作用。

二是落实新时代党的建设总要求。推进全面从严治党。中国特色社会主义进入新时代，党要团结带领人民进行伟大斗争、推进伟大事业、实现伟大梦想，必须毫不动摇地深化党的建设伟大工程，毫不动摇地坚持加强和完善党的领导，使党变得更加坚强有力。要严肃党的纪律，纯洁党的组织，对于那些违反党纪但尚可教育挽救的党员，可以运用《纪律处分条例》规定的党纪处分手段去教育、帮助和挽救，促使他们改正错误，成为合格党员，对于那些完全不合格的党员，则必须运用党纪处分，把他们清除出党，以保障党的纯洁性。

三是保障党员民主权利。党章在规定党员必须履行的义务的同时，也规定了党员享有的各项权利。党员只有充分行使民主权利，才能充分发挥积极性和创造性，使我们党充满创造力、凝聚力、战斗力。《纪律处分条例》根据《党章》和《中国共产党党员权利保障条例》有关精神，规定了对侵犯党员权利行为的党纪处分条款，如对第七十八条规定的侵犯党内表决权、选举权和被选举权行为的处分；第七十九条规定的，对批评人、检举人、控告人、证人及其他人员打击报复行为的处分等是保障党员权利的有力武器。

四是教育党员遵纪守法。加强党纪国法教育，增强广大党员的纪律观念和法治意识，对于提高他们遵纪守法水平、依纪依法办事能力具有重要意义。《纪律处分条例》总则部分规定，有违反国家法律行为的，视情节轻重给予党纪处分，分则部分划定了95条需要追究党纪责任的“负面清单”。这些内容不仅为惩治违法违纪行为提供了定性量纪标准，也为广大党员提供了科学合理的行为规范，使党员能够明确是非界限，清除自律标准，守住行为底线。

五是维护党的团结统一。党的团结统一是我们党有坚强战斗力的基础，是党的事业取得胜利的基本条件之一。《纪律处分条例》大幅度增加了对违反政治纪律行为的处分条款，特别是对“七个有之”问题等作出明确处分规定，以确保党在思想上、政治上和组织上的统一领导，确保党中央权威和集中统一领导。

8. 《纪律处分条例》规定的指导原则是什么？

《纪律处分条例》第二条规定了三个方面指导原则。

一是以马克思列宁主义、毛泽东思想、邓小平理论、“三个代表”重要思想、科学发展观、习近平新时代中国特色社会主义思想为指导。习近平新时代中国特色社会主义思想，是对马克思列宁主义、毛泽东思想、邓小平理论、“三个代表”重要思想、科学发展观的继承和发展，是马克思主义中国化的最新成果，是党和人民实践经验和集体智慧的结晶，是中国特色社会主义理论体系的重要组成部分，是全党全国人民为实现中华民族伟大复兴而奋斗的行动指南，必须长期坚持并不断发展。

二是坚持和加强党的全面领导，坚决维护习近平总书记党中央的核心、全党的核心地位，坚决维护党中央权威和集中统一领导。党的领导是中国特色社会主义最本质的特征，是中国特色社会主义制度的最大优势。坚持和加强党的全面领导，关系党和国家前途命运，是当代中国的最高政治原则，是实现中华民族伟大复兴的关键所在。

三是落实新时代党的建设总要求和全面从严治党战略部署，

全面加强党的纪律建设。打铁必须自身硬。党的十九大报告提出新时代党的建设总要求，要“坚持党要管党、全面从严治党”，指明了新时代党的建设的方向，全面从严治党一刻不能放松。

9. 党章党规党纪和国法对党组织和党员有哪些要求？

《纪律处分条例》第三条规定：“党章是最根本的党内法规，是管党治党的总规矩。党的纪律是党的各级组织和全体党员必须遵守的行为规则。党组织和党员必须牢固树立政治意识、大局意识、核心意识、看齐意识，自觉遵守党章，严格执行和维护党的纪律，自觉接受党的纪律约束，模范遵守国家法律法规。”

《纪律处分条例》对党员和党组织规定了三个方面要求：一是党章是最根本的党内法规，是管党治党的总规矩。《纪律处分条例》所用“最根本的党内法规”“管党治党的总规矩”的表述，是对党章地位性质的精练总结和概括。首先，党章是党的总章程，是全党必须共同遵守的根本行为规范。其次，党章是具有最高权威的党内法规，所有的其他党内法规都是它的延伸或补充，必须服从或从属于党章，不能与之相抵触。最后，党章是最基本、最重要的政治纪律总规范，任何违反党章、破坏党章的行为，都会损害党的创造力、凝聚力和战斗力，危害党和人民的利益，必须受到严肃追究。

二是党的纪律是党的各级组织和全体党员必须遵守的行为规则。首先，中国共产党的纪律是由党的性质所决定的，按照党的纲领和民主集中制原则，为了维护党的团结统一、完成党的任务和实现党的路线方针政策而确立的，是党的各级组织和全体党员必须遵守的行为规则。其次，党的纪律是党内行为规范的总称。最后，党的纪律是各级党组织和全体党员必须遵守的“铁的纪律”。所谓“铁的纪律”就是指党的纪律具有权威性、严肃性和强制性，一经形成决议成了纪律，党的每个组织和每名党员都必须不折不扣执行，没有讨价还价的余地，否则就要依照《纪律处分条例》受到责任追究。

三是党组织和党员必须牢固树立政治意识、大局意识、核心意识、看齐意识，自觉遵守党章，严格执行和维护党的纪律，自觉接受党的纪律约束，模范遵守国家法律法规。牢固树立“四个意识”是2018年《纪律处分条例》新增加的内容。牢固树立“四个意识”是“两个维护”的重要思想基础，“两个维护”是“四个意识”的集中体现。党章规定，“牢固树立政治意识、大局意识、核心意识、看齐意识，坚定维护以习近平同志为核心的党中央权威和集中统一领导，保证全党的团结统一和行动一致，保证党的决定得到迅速有效的贯彻执行”。

10. 党的纪律处分工作应当坚持哪些原则?

《纪律处分条例》第四条规定了党的纪律处分工作应当坚持的五项原则。这些原则是从党的纪律检查和党纪处分工作的丰富经验中总结出来的，体现了马克思主义的立场、观点、方法，体现了党的优良传统和作风。五项原则既各有主旨、各有侧重，又相互联系、互为条件，在对党组织或者党员实施党纪处分或者处理工作中，应当自始至终运用好。

一是坚持党要管党、全面从严治党。加强对党的各级组织和全体党员的教育、管理和监督，把纪律挺在前面，注重抓早抓小、防微杜渐。坚持党要管党、全面从严治党，是我们党自身建设的优良传统和宝贵经验，也是我们党的建设的指导方针。无数案例表明，领导干部往往是从破坏规矩、违反纪律开始，进而违法甚至犯罪。要真正体现对党员的严格要求和关心爱护，实现党的自我革命，不断增强党的自我净化、自我完善、自我革新、自我提高能力，永葆先进性和纯洁性。

二是党纪面前一律平等。对违犯党纪的党组织和党员必须严肃、公正执行纪律，党内不允许有任何不受纪律约束的党组织和党员。各级党组织要严格按照条例及相关法规执纪，不能因为行为人职务、资历、地位以及所在地区、行业的不同而区别对待，更不能以个人的好恶选择性执法，该查不查、该轻不轻、该重不重，要切实维护被审查人的申辩权等民主权利，确保每一起案件都经得起历史的检验。

三是实事求是。对党组织和党员违犯党纪的行为，应当以事实为依据，以党章、其他党内法规和国家法律法规为准绳，准确认定违纪性质，区别不同情况，恰当予以处理。纪律审查是非常严肃的政治工作，任何环节、任何时刻都必须坚持实事求是，容不得半点虚假，这既是对被审查人负责，更是对党和人民负责。

四是民主集中制。实施党纪处分，应当按照规定程序经党组织集体讨论决定，不允许任何个人或者少数人擅自决定和批准。上级党组织对违犯党纪的党组织和党员作出的处理决定，下级党组织必须执行。

五是惩前毖后、治病救人。处理违反党纪的党组织和党员，应当实行惩戒与教育相结合，做到宽严相济。在执纪工作中，要历史地、全面地评价犯错误同志的功过是非，不要一犯错误就全盘否定，也不要对轻微的失误或者已经作出处理的问题抓住不放，要具体分析他们所犯错误的性质、情节和严重程度，以耐心的思想教育，帮助他们认识违纪的原因危害，指出改正的方向。要重教育、重挽救，绝不能“一棍子打死”。

11. 如何理解运用监督执纪的“四种形态”？

运用监督执纪的“四种形态”是新《纪律处分条例》增加的内容。《纪律处分条例》第五条规定了运用监督执纪的“四种形态”：一是经常开展批评和自我批评、约谈函询，让“红红脸、出出汗”成为常态；二是党纪轻处分、组织调整成为违纪处理的大多数；三是党纪重处分、重大职务调整的成为少数；四是严重违纪涉嫌违法立案审查的成为极少数。“四种形态”中的第一种形态是党内监督基础工作，抓住了这个环节，党员干部就能不犯或少犯错误；第二种、第三种形态落实把纪律挺在前面的要求，按照错误性质和情节轻重，综合运用组织调整、纪律处分等方式，分类处置、层层防治；第四种形态体现了我们党以“零容忍”态度惩治腐败的坚定决心。

监督执纪的“四种形态”是全面从严治党的政策和策略，是“把纪律挺在前面”的具体化，体现了我党惩前毖后、治病救人的一贯方针，根本目的是坚持党的领导、加强党的建设，永葆党的先进性和纯洁性。2016 年 1 月，十八届中央纪委六次全会对运用监督执纪“四种形态”作出部署。2016 年 10 月，党的十八届六中全会审议通过的《中国共产党党内监督条例》正式写入监督执纪“四种形态”。十九大通过的党章修正案对运用监督执纪“四种形态”作了进一步明确规定。

自提出并实践监督执纪“四种形态”以来，在高压震慑和政策感召下，一些犯错误的干部主动向组织讲清问题，一些游走在违纪边缘的干部悬崖勒马，还有更多干部受到警醒，知敬畏、存戒惧、守底线，真正体现了党的政策和策略对干部的最大关心和爱护。《纪律处分条例》贯彻《党章》要求，与《中国共产党党内监督条例》相衔接，第五条新增运用监督执纪“四种形态”，这有利于各级党组织以党的纪律为尺子，从点滴抓起，常咬耳朵、常扯袖子，综合运用批评教育、组织调整、组织处理、党纪处分等手段，让党内政治生活严肃起来，不断维护党的肌体健康，把党建设得更加坚强有力。

实践“四种形态”，关键要在用好第一种形态上下更大功夫。监督是纪检监察机关的基本职责、第一职责。要把咬耳扯袖、红脸出汗摆到更加重要的位置，抓早抓小、防微杜渐，严肃认真做好日常监督工作。对反映的一般性问题及时谈话提醒、约谈函询，让本人作出说明；对如实说明的予以了结，向本人反馈澄清；被谈话函询的党员、干部，要在民主生活会上把情况讲清楚、说明白，体现党内政治生活的严肃性。对严重违纪需要追究党纪责任的，要在纪律审查过程中做好思想政治工作，促使被审查人认错悔错改错；对于极少数严重违纪甚至涉嫌违法，执迷不悟、拒绝挽救的，坚决依纪依法严肃处理，努力实现惩处极少数、教育大多数的政治效果、纪法效果和社会效果。

12.《纪律处分条例》对纪律处分的适用对象是怎样规定的？

《纪律处分条例》第六条规定，纪律处分条例的适用对象是违犯党纪应当受到党纪责任追究的党组织和党员。根据党章规定，党的各级组织包括党的中央组织、党的地方各级组织、党的基层组织、党在非党组织中的党组等。党员即所有具有中国共产党党籍的人员，包括担任一定职务的党员干部和未担任职务的普通党员。对于违犯党的纪律，但情节显著轻微，不应受到党纪责任追究的党组织和党员，不适用《纪律处分条例》追究党纪责任。

13. 为什么要重点查处党的十八大以来不收敛、不收手，问题线索反映集中、群众反映强烈，政治问题和经济问题交织的腐败案件，违反中央八项规定精神的问题？

党的十八大以来，党中央基于严峻复杂的党风廉政建设和反腐败斗争形势以及遏制腐败蔓延的目标任务，提出“重点审查不收敛不收手，问题线索反映集中、群众反映强烈，现在重要岗位且可能还要提拔使用的领导干部”，并在《中国共产党党内监督条例》中作出明确规定。党的十九大报告强调，“反腐败斗争形势依然严峻复杂，巩固压倒性态势、夺取压倒性胜利的决心必须坚如磐石”，“坚持无禁区、全覆盖、零容忍，坚持重遏制、强高压、长震慑”。《纪律处分条例》结合新的形势、任务和条件进一步明确规定，“重点查处党的十八大以来不收敛、不收手，问题线索反映集中、群众反映强烈，政治问题和经济问题交织的腐败案件，违反中央八项规定精神的问题”。在当前形势下，党员干部有《纪律处分条例》第二款规定的行为，本身就是“四个意识”不强，不同党中央保持一致，应当予以重点审查。这样规定，还体现了两点论与重点论、减少腐败存量与遏制腐败增量的有机统一，有利于提高反腐败的精准性、实效性，做到力度不减、节奏不变、尺度不松，有利于不断释放执纪必严的强烈信号，推动全面从严治党向纵深发展。

14. 对党员的纪律处分包括哪几种?

《纪律处分条例》第八条规定了对党员的纪律处分种类。对违犯党纪的党员的纪律处分种类包括五种：警告、严重警告、撤销党内职务、留党察看和开除党籍。

警告是党组织对违纪党员提出的告诫，以促使其认识和改正错误。警告是最轻的一种党纪处分，适用于违纪情节较轻、但必须给予党纪处分的党员。

严重警告是一种重于警告的较轻党纪处分，适用于违纪性质和情节比较重的党员。

撤销党内职务属于较重的党纪处分，适用于那些所犯错误性质、情节严重，不宜再担任现任全部党内职务或某一个或几个党内职务的违纪党员。

留党察看是仅次于开除党籍的一种较重的党纪处分，适用于严重违纪、但尚未完全丧失共产党员条件，不宜再担任现任全部党内职务的党员。

开除党籍是最重的党纪处分，适用于严重违纪、已丧失共产党员条件的党员。根据《党章》第四十一条规定，各级党组织在决定或批准开除党员党籍的时候，应当全面研究有关的材料和意见，采取十分慎重的态度。

15. 对违犯党纪的党组织有哪些处理措施?

《纪律处分条例》第九条规定：“对于违犯党的纪律的党组织，上级党组织应当责令其作出检查或者进行通报批评。对于严重违犯党的纪律、本身又不能纠正的党组织，上一级党的委员会在查明核实后，根据情节严重的程度，可以予以：（一）改组；（二）解散。”

《党章》第四十四条规定：“党组织如果在维护党的纪律方面

失职，必须问责。对于严重违犯党的纪律、本身又不能纠正的党组织，上一级党的委员会在查明核实后，应根据情节严重的程度，作出进行改组或予以解散的决定，并报再上一级党的委员会审查批准，正式宣布执行。”《中国共产党问责条例》第七条规定，对党组织履行职责不力、情节较轻的，应当责令其作出书面检查并切实整改；情节较重的，应当责令整改，并在一定范围内通报。《纪律处分条例》贯彻《党章》要求，不仅对严重违犯党纪的党组织的纪律处理作出规定，也对党组织有轻微违纪问题的，明确处理方式，体现把纪律挺在前面，抓早抓小、防微杜渐的要求，与《中国共产党问责条例》有效衔接，督促各级党组织担当起管党治党政治责任。

对党组织的处理主要分为两种情况：一是对一般违犯党纪的党组织，上级党组织应当责令其作出检查或者进行通报批评；二是对严重违犯党纪、本身又不能纠正的党组织，上一级党的委员会在查明核实后，根据情节的严重程度，作出进行改组或予以解散的决定。《纪律处分条例》第十五条、第十六条还对改组和解散后的处理作出了具体规定。对于受到改组处理的党组织领导机构成员，除应当受到撤销党内职务以上（含撤销党内职务）处分的外，均自然免职。对于受到解散处理的党组织中的党员，应当逐个审查。其中，符合党员条件的应当重新登记，并参加新的组织过党的生活；不符合党员条件的应当对其进行教育、限期改正，经教育仍无转变的，予以劝退或者除名；有违纪行为的，依照规定予以追究。

16. 党员受到警告和严重警告处分，有什么影响和后果？

《纪律处分条例》第十条规定：“党员受到警告处分一年内、受到严重警告处分一年半内，不得在党内提升职务和向党外组织推荐担任高于其原任职务的党外职务。”

该条对受到警告或者严重警告处分的党员，在一定时限内担任党内外职务的资格作出限制性规定。规定处分影响期，是教育受处分党员、维护党纪严肃性的必然要求。

关于“一年内”“一年半内”的起算时间，是从警告或者严重警告处分批准之日起计算。关于“不得在党内提升职务和向党外组织推荐担任高于其原任职务的党外职务”，主要是指受到警告或者严重警告处分的党员，在一定期限内，不具备在党内提升职务的资格，也不具备被推荐担任高于其原任职务的党外职务的资格。在干部选拔任用时，各级党组织不得违反规定推荐受处分人担任上述有关职务。

17. 党员受到撤销党内职务处分，有什么影响和后果？

《纪律处分条例》第十一条规定，撤销党内职务是指撤销受处分党员由党内选举或者组织任命的党内职务。所谓“党内选举”的党内职务，主要是指党内选举产生的必须由党员担任的职务。比如，党的地方各级委员会书记、副书记、常委、委员、候补委员；党的基层委员会书记、副书记、常委、委员；党（总）支部委员会书记、副书记、委员等；所谓“组织任命”的党内职务，主要包括党组织任命的必须由党员担任的职务以及党的机关中由党员担任的领导职务，例如，国家机关、人民团体、经济组织、文化组织和其他非党组织的领导机关中设立的党组（含党组性质的党委）书记、副书记、成员，党委工作部门中正副部长、正副秘书长、正副主任、正副局长等领导班子成员，还包括党的地方各级委员会在代表大会闭会期间，因工作需要由上级组织任命的地方党委的领导职务等。

撤销党内职务处分应当明确撤销一切职务还是一个或者几个职务。如果决定撤销其一个职务，必须撤销其担任的最高职务。如果决定撤销其两个以上职务，则必须从其担任的最高职务开始依次撤销，不能撤销较低职务而保留较高职务。党员受到撤销党内职务处分，同时应当给予政务处分的，因政务处分与党纪处分均基于同一违纪违法事实，处分幅度应大体平衡，即一般应给予其与撤职处分相当的处分，降低其职务层次等职级待遇，重新安排工作，且一般不安排担任领导职务；对于应当受到撤销党内职务处分，但是本人没有担任党内职务的，应当给予其严重警告处分。同时，在党外组织担任职务的，应当建议党外组织撤销其党外职务。

对于受到撤销党内职务处分或严重警告处分的党员，二年内不得在党内担任和向党外组织推荐担任与其原任职务相当或者高于其原任职务的职务。

18.《纪律处分条例》对留党察看处分有哪些规定？

《纪律处分条例》规定了两种留党察看处分的期限，分为留党察看一年、留党察看二年两种。对于受到留党察看处分一年的党员，期满后仍不符合恢复党员权利条件的，应当延长一年留党察看期限。留党察看期限最长不得超过二年。

党员在留党察看处分期间，权利是有限制的，没有表决权、选举权和被选举权。留党察看期间，确有悔改表现的，期满后恢复其党员权利；坚持不改或者又发现其他应当受到党纪处分的违纪行为的，应当开除党籍。表决权是指党员享有的在党组织讨论决定问题时按照规定参加表决，表决时可以表示赞成、不赞成或者弃权的权利；选举权是指党员享有的参加选举，并可以了解候选人情况、要求改变候选人、不选任何一个候选人和另选他人的权利；被选举权是指党员享有的经过规定程序成为候选人和当选的权利。

坚持不改是指坚持原来的错误不予改正，继续犯同类错误或者又犯其他严重错误，已经完全丧失了作为共产党员的条件；又发现其他应当受到党纪处分的违纪行为不仅包括在留党察看期间实施新的违纪行为，也包括发现违纪党员在受到留党察看处分前没有交代的其他违纪行为，上述两种情况下一般应当开除党籍。但若留党察看期间所犯错误按照规定不需要给予党纪处分的，不视为在留党察看期间又发现其他应当受到党纪处分的错误。

党员受到留党察看处分的后果主要有三个：党内职务自然撤销；建议撤销党外职务；恢复党员权利后二年内，不得在党内担任和向党外组织推荐担任与其原任职务相当或者高于其原任职务的职务。这里的“二年内”，是指自党组织批准恢复受处分党员的党员权利之日起二年内，期间自留党察看期限期满之日起计算。各级党组织在提名或者推荐候选人时，必须严格执行这一规定。

19. 党员受到开除党籍处分，有什么影响和后果？

《纪律处分条例》第十三条规定：“党员受到开除党籍处分，五年内不得重新入党，也不得推荐担任与其原任职务相当或者高于其原任职务的党外职务。另有规定不准重新入党的，依照规定。”

开除党籍处分是党内最高处分。根据党章的有关规定，各级党组织在决定或批准开除党员党籍的时候，应当全面研究有关的材料和意见，采取十分慎重的态度，区分不同情况，报县级或县级以上党的纪律检查委员会审查批准。对党的中央委员会和地方各级委员会的委员、候补委员，给予开除党籍的处分，必须由本人所在的委员会全体会议2/3以上的多数决定；在全体会议闭会期间，可以先由中央政治局和地方各级委员会常务委员会作出处理决定，待召开委员会全体会议时予以追认；对地方各级委员会委员和候补委员的上述处分，必须经过上级纪律检查委员会常务委员会审议，由这一级纪律检查委员会报同级党的委员会批准。严重触犯刑律的中央委员会委员、候补委员，由中央政治局决定开除其党籍；严重触犯刑律的地方各级委员会委员、候补委员，由同级委员会常务委员会决定开除其党籍。

20. 终止党代表资格的情形是如何规定的？

《纪律处分条例》第十四条规定：“党的各级代表大会的代表

受到留党察看以上（含留党察看）处分的，党组织应当终止其代表资格。”

党代表资格不能自行终止，必须严格履行相关程序。《中国共产党全国代表大会和地方各级代表大会代表任期制暂行条例》规定了党代表资格终止的具体情形，第二十八条规定：“党代表大会代表资格终止，由所在选举单位或者基层党组织提出，由同级党代表大会选举产生的党的委员会决定，报上级党的委员会备案。党的全国代表大会代表资格的终止，由党的中央委员会决定。”

21. 对于受到改组处理的党组织领导机构成员如何处理？

《纪律处分条例》第十五条规定：“对于受到改组处理的党组织领导机构成员，除应当受到撤销党内职务以上（含撤销党内职务）处分的外，均自然免职。”

对于受到改组处理的党组织领导机构成员，区分以下情况进行处理：一是对经审查发现存在严重违纪问题，应当受到撤销党内职务及以上处分的，给予其撤销党内职务及以上处分；二是对经审查发现存在违纪问题，应当受到警告或严重警告处分的，给予其警告或产重警告处分，并自然免职；三是对经审查发现涉嫌违纪但短时间内难以查清的，先自然免职，再对其涉嫌违纪问题另案处理；四是对经审查未发现存在违纪问题的自然免职。

22. 对于受到解散处理的党组织中的党员如何处理？

《纪律处分条例》第十六条规定：“对于受到解散处理的党组织中的党员，应当逐个审查。其中，符合党员条件的，应当重新登记，并参加新的组织过党的生活；不符合党员条件的，应当对其进行教育、限期改正，经教育仍无转变的，予以劝退或者除名；有违纪行为的，依照规定予以追究。”

对于受到解散处理的党组织中党员的处理方式，应当逐个审查。对于符合党员条件的，应当重新登记，并参加新的组织过党的生活；不符合党员条件的，应当对其进行教育、限期改正，依照规定予以追究。党员受到警告或者严重警告处分，一年内不得在党内提升职务和向党外组织推荐担任高于其原任职务的党外职务。党员受到撤销党内职务处分，二年内不得在党内担任和向党外组织推荐担任与其原任职务相当或者高于其原任职务的职务的党外职务。

23. 违纪党员从事哪些行为可以从轻或者减轻处分?

从轻处分，是指在本条例规定的违纪行为应当受到的处分幅度以内，给予较轻的处分；减轻处分，是指在本条例规定的违纪行为应当受到的处分幅度以外，减轻一档给予处分。《纪律处分条例》关于从轻或者减轻处分运用规则的规定，体现了我们党惩前毖后、治病救人的方针，既是对党员干部的严格要求，也是对党员干部的关心爱护，更是教育、帮助和挽救。

《纪律处分条例》第十七条规定了五种可以从轻或者减轻处分的情形：一是主动交代本人应当受到党纪处分的问题的；二是在组织核实、立案审查过程中，能够配合核实审查工作，如实说明本人违纪违法事实的；三是检举同案人或者其他人应当受到党纪处分或者法律追究的问题，经查证属实的；四是主动挽回损失、消除不良影响或者有效阻止危害结果发生的；五是主动上交违纪所得的；六是有其他立功表现的。同时，根据案件的特殊情况，由中央纪委决定或者经省（部）级纪委（不含副省级市纪委）决定并呈报中央纪委批准，对违纪党员也可以在本条例规定的处分幅度以外减轻处分。

对于符合上述规定情形的可以从轻或减轻处分，比如党员违犯党纪应当给予警告或者严重警告处分的，可以给予批评教育、责令检查、诫勉或者组织处理，免予党纪处分。对违纪党员免予处分，应当作出书面结论。

24. 适用免予党纪处分的情形有哪些？

《纪律处分条例》第十九条规定了免予党纪处分的情形。免党纪处分主要包括两种情况：

一是对于党员违犯党纪应当给予警告或者严重警告处分，但是具有《纪律处分条例》第十七条规定的从轻或者减轻处分的情形之一的。适用的违纪党员仅限于构成违纪且应当给予警告或者严重警告处分的党员。如果党员违纪情节和性质严重，应当给予撤销党内职务以上的处分，则不能对其免予处分。

二是《纪律处分条例》分则中作出明确规定的情形。具体包括：对不明真相被裹挟参加反对党的基本理论、基本路线、基本方略或者重大方针政策的集会、游行、示威等活动，经批评教育后确有悔改表现的（第五十七条第一款）；对不明真相参加会道门或者邪教组织的人员，批评教育后确有悔改表现的（第五十九条第三款）；对不明真相被裹挟参加挑拨破坏民族关系制造事端或者参加民族分裂活动，经批评教育后确有悔改表现的（第六十条第三款）；对不明真相被裹挟参加宗教活动反对党的路线、方针、政策和决议，破坏民族团结，经批严育后确有悔改表现的（第六十一条第三款）；对不明真相参加迷信活动的人员，经批评教育后确有悔改表现的（第六十三条第三款）；对不明真相被裹挟参加宗族势力对抗党和政府，妨碍党和国家的方针政策以及决策部署的实施，或者破坏党的基层组织建设，经批评教育后确有悔改表现的（第六十四条第三款）。

适用免予党纪处分应当履行下列程序。《纪律处分条例》第十九条规定免予党纪处分的，一般应同时给予批评教育、责令检查、诫勉或者组织处理。根据《中国共产党党内监督条例》《领导干部报告个人有关事项规定》等相关法规，诫勉分为书面诫勉和诫勉谈话，实施诫勉需要履行相应的审批程序，领导干部受到诫勉处理的，半年内不得提拔或者进一步使用。根据有关规定免予党纪处分应当由有关党组织作出书面结论和决定并按照警告处分的报批程序和审批权限报批。同时，将免予处分决定抄送相应组织人事部门。

25. 违纪党员从事哪些行为应当从重或者加重处分？

从重处分，是指在本条例规定的违纪行为应当受到的处分幅度以内，给予较重的处分；加重处分，是指在本条例规定的违纪行为应当受到的处分幅度以外，加重一档给予处分。

《纪律处分条例》第二十条规定了应当从重或者加重处分的条件：一是强迫、唆使他人违纪的。“强迫他人违纪”主要是指在被强迫的党员没有违纪主观故意情况下，违背其意志，采取胁迫等手段迫使其违纪的情形。“唆使他人违纪”主要是指教唆、挑动、指使其他党员违纪的情形；二是拒不上交或者退赔违纪所得的。这个规定是新《纪律处分条例》增加条款；三是违纪受处分后又因故意违纪应当受到党纪处分的。“故意违纪”主要是指明知自己的行为会发生危害党、国家和人民利益的结果，而希望或者放任这种结果发生，因而构成违纪的行为。违纪党员的前一次违纪不强调是否故意，后一次必须属于故意违纪行为；四是违纪受到党纪处分后，又被发现其受处分前的违纪行为应当受到党纪处分的。党员违纪受到党纪处分后，又被发现此前没有交代的违纪行为。说明其在前置组织审查期间对党不忠诚、不老实，没有如实向组织交代自己存在的，应当受到党纪处分的违纪问题，应当从严惩治；五是本条例另有规定的。是指分则中涉及从重或者加重处分的七条规定。

关于如何运用合并处理规则，《纪律处分条例》第二十三条规定：“一人有本条例规定的两种以上（含两种）应当受到党纪处分的违纪行为，应当合并处理，按其数种违纪行为中应当受到的最高处分加重一档给予处分；其中一种违纪行为应当受到开除党籍处分的，应当给予开除党籍处分。”

使用合并处理，需要具备以下条件：一是针对同一个违纪党员；二是违纪党员有两种以上（含两种）违纪行为，且违纪行为是不同性质的，不包括数个同一性质的违纪行为；三是两种以上（含两种）违纪行为依照规定都是应当受到党纪处分的违纪行为，如果不具备应当受到党纪处分的条件，则不能合并处理；四是党组织在作出处分决定前发现该违纪党员有两种以上（含两种）应当受到党纪处分的违纪行为。

合并处理在具体运用时，分为两种情况：一是在对同一个违纪党员的两种以上（含两种）应当受到党纪处分的违纪行为依照规定分别量纪的基础上，以其中给予最重的党纪处分为准再加重一档给予处分。例如，某违纪党员有三个违纪行为，依照规定分别应当给予警告、严重警告、撤销党内职务处分，那么最终应当给予其留党察看处分。二是同一个违纪党员有两种以（含两种）应当受到党纪处分的违纪行为，其中一种违纪行为依照规定应当给予开除党籍处分的，选择开除党籍处分作为合并执行的处分。

26. 二人以上共同故意违纪的，应当如何处理？

《纪律处分条例》第二十五条对于二人以上（含二人）共同故意违纪的进行了规定。一是根据在违纪行为中所起作用不同，给予不同处分。对为首者从重处分，另有规定的除外；其他成员按照其在共同违纪中所起的作用和应负的责任，分别给予处分。二是在经济方面共同违纪的，按照个人所得数额及其所起作用，分别给予处分。对违纪集团的首要分子按照集团违纪的总数额处分；对其他共同违纪的为首者，情节严重的，按照共同违纪的总数额处分。三是教唆他人违纪的，按照在共同违纪中所起的作用追究党纪责任。

27. 党员违反法律涉嫌犯罪应当受到怎样的处分？

《纪律处分条例》第二十七条规定：“党组织在纪律审查中发现党员有贪污贿赂、滥用职权、玩忽职守、权力寻租、利益输送、徇私舞弊、浪费国家资财等违反法律涉嫌犯罪行为的，应当给予撤销党内职务、留党察看或者开除党籍处分。”

本条适用于党组织在纪律审查中发现党员有贪污贿赂、滥用职权、玩忽职守、权力寻租、利益输送、徇私舞弊、浪费国家资财等违反法律涉嫌犯罪行为的情形，其中滥用职权、玩忽职守、权力寻租、利益输送、徇私舞弊、浪费国家资财是新《纪律处分条例》增加内容。

认定涉嫌犯罪，应当依据《中华人民共和国刑法》及其修正案、有关决议、决定、法律解释，以及最高人民法院、最高人民检察院发布的司法解释等，同时还可以参考最高人民法院、最高人民检察院发布的指导性案例。

党组织在纪律审查中，对党员有违反法律涉嫌犯罪行为的，应当根据情节轻重，区别不同情况作出恰当处理：对于涉嫌故意犯罪且可能被司法机关判处刑法规定的主刑，或者可能被单处或附加剥夺政治权利的，或者涉嫌过失犯罪，可能被依法判处3年以上（不含3年）有期徒刑的，应当给予开除党籍处分；对于涉嫌犯罪但情节轻微，人民检察院可能依法作出不起诉决定，或者人民法院可能依法作出有罪判决并免予刑事处罚等的，应当给予撤销党内职务、留党察看或者开除党籍处分。

如果违纪党员在移送司法前，党组织给予其开除党籍处分，而移送司法后人民检察院依法作出不起诉决定，或者人民法院依法作出免予刑事处罚判决。在这种情况下，如果受处分人认为处分决定不当，可以提出申诉，有关党组织应当依规依纪办理。

28. 党员有《中华人民共和国刑法》规定的行为但不构成犯罪的，如何实施党纪处分？

《纪律处分条例》第二十八条规定：“党组织在纪律审查中发现党员有刑法规定的行为，虽不构成犯罪但须追究党纪责任的，或者有其他违法行为，损害党、国家和人民利益的，应当视具体情节给予警告直至开除党籍处分。”

本条规定主要分为两种情形：一是党员有刑法规定的行为，

虽不构成犯罪但须追究党纪责任的情形。这里的“不构成犯罪”，主要是指依照《中华人民共和国刑法》第十三条等相关规定，情节显著轻微危害不大不认为是犯罪，或者尚未达到刑事案件立案追诉标准，不认为是犯罪等情形；二是党员有其他违法行为，损害党、国家和人民利益的情形。“其他违法行为”，主要是指党员有违反刑法规定以外的其他违法行为，如违反《中华人民共和国治安管理处罚法》《中华人民共和国海关法》《中华人民共和国会计法》等法律法规的行为。党员有其他违法行为，达到损害党、国家和人民利益的后果，应当视情节轻重给予党纪处分。

29. 党组织在纪律审查中发现党员严重违纪涉嫌违法犯罪的，应当如何处理？

《纪律处分条例》第二十九条规定：“党组织在纪律审查中发现党员严重违纪涉嫌违法犯罪的，原则上先作出党纪处分决定，并按照规定给予政务处分后，再移送有关国家机关依法处理。”

本条规定了三个方面内容：

一是党组织“原则上先作出党纪处分决定”。党的十八大后，党中央高度重视对涉嫌违法犯罪党员及时作出纪律处分工作，要求纪检机关向司法机关移送案件前，一般应当作出党纪处分决定；因案情疑难、复杂等原因难以在移送司法机关前作出党纪处分决定的，可以先行移送司法机关。中央纪委贯彻党中央要求，对涉嫌违法犯罪党员作出纪律处分工作出台专门制度，进一步明确相关要求。一方面，强化纪检机关担当意识，要求原则上做到先处分后移送；另一方面，充分考虑纪律审查工作实际，特殊情况下可以例外，目的是确保纪严于法，纪在法前，把纪律挺在前面的要求落到实处。各级党组织应当认真落实党中央要求，在纪律审查中应当做到先处分后移送，避免出现党员带着“党籍”服刑的。

二是“按照规定给予政务处分”。《中华人民共和国监察法》第四十五条规定，监察机关根据监督、调查结果，对违法的公职人员依照法定程序作出警告、记过、记大过、降级、撤职、开除等政务处分决定。在纪委监委合署办公体制下，纪检监察机关既执纪又执法，对于党员的违纪违法案件，不仅要依据党章党规党纪给予纪律处分，而且要依据《宪法》和《中华人民共和国监察法》等法律法规作出政务处分。各级纪检监察机关必须把执纪与执法统一起来，同向发力、精准发力，实现良好的政治效果、纪法效果和社会效果。

三是“移送有关国家机关依法处理”。在纪律审查中，若发现违纪党员存在违反国家法律法规需要由有关国家机关依法处理的，应当及时移送有关国家机关。例如，根据《关于纪检监察机关和审计机关在查处案件中加强协作配合的通知》规定，纪检监察机关在查处案件中，发现有违反国家规定的财政收支、财务收支行为，属于审计机关管辖范围的，应当将案件线索及时移送审计机关；纪检监察机关根据审查结果，认为应当给予审计处理、处罚的，可以向审计机关提出建议，审计机关应当依法及时查处，并将结果书面通知纪检监察机关。

30. 党员被依法留置逮捕的，党员权利如何处置?

《纪律处分条例》第三十条规定：“党员被依法留置、逮捕的，党组织应当按照管理权限中止其表决权、选举权和被选举权等党员权利。根据监察机关、司法机关处理结果，可以恢复其党员权利的，应当及时予以恢复。”

中止党员权利，主要是指党组织对因涉嫌犯罪被监察机关依法留置、司法机关依法逮铺的党员，在不具备及时作出党纪处分决定条件的情况下，作出暂停其行使表决权、选举权和被选举权等党员权利的决定。党章规定党员有八项权利，其中表决权、选举权和被选举权是较为重要的政治权利，中止党员权利一般是中止这三项权利：在确有必要的情况下，参加会议、阅读文件等其他党员权利，也可纳入中止党员权利的范围，并在中止党员权利的决定中予以明确：但党员的申辩权、申诉权和控告权，应按照有关规定予以充分保障。中止党员权利不影响党员义务的履行，被中止相关权利的党员，仍须履行党章所规定的党员义务。

有关党组织作出中止党员权利的决定后，应根据监察机关、司法机关的处理结果，及时对被中止党员权利的党员进行处理。其中，根据监察机关、司法机关作出的生效结论和《条例》等相关规定，经审查认为应当给予开除党籍处分的，按程序作出开除党籍的处分决定即可。

31. 党员犯什么样的罪应当开除党籍？

对于党员犯罪应当给予开除党籍处分，《纪律处分条例》第三十二条规定了四种情况：一是因故意犯罪被依法判处刑法规定的主刑（含宣告缓刑）的；二是被单处或者附加剥夺政治权利的；三是因过失犯罪，被依法判处 3 年以上（不含 3 年）有期徒刑的；四是因过失犯罪被判处 3 年以下（含 3 年）有期徒刑或者被判处管制、拘役的，一般应当开除党籍。对于个别可以不开除党籍的，应当对照处分党员批准权限的规定，报请再上一级党组织批准。

32. 党员依法受到刑事责任追究的，党组织应当如何处理？

《纪律处分条例》第三十三条第一款规定："党员依法受到刑事责任追究的，党组织应当根据司法机关的生效判决、裁定、决定及其认定的事实、性质和情节，依照本条例规定给予党纪处分，是公职人员的由监察机关给予相应政务处分。"

司法机关作出生效判决、裁定和决定的案件，已经对侦查过程中收集、调取的证据材料进行综合审查判断，并通过法律程序予以确认，党组织无需再对这些证据材料进行审核。因此，该款规定，党组织应当根据司法机关的生效判决、裁定、决定及其认定的事实、性质和情节，依照《纪律处分条例》规定给予党纪处分。根据有关规定，为落实纪法贯通要求，该款规定受到刑事责任追究的党员是公职人员的，由监察机关给予相应政务处分。

33. 党组织根据生效的政务处分、行政处罚决定认定的事实、性质和情节如何进行党纪处分？

《纪律处分条例》第三十三条第二款规定："党员依法受到政务处分、行政处罚，应当追究党纪责任的，党组织可以根据生效的政务处分、行政处罚决定认定的事实、性质和情节，经核实后依照规定给予党纪处分或者组织处理。"根据有关规定，党组织应当对政务处分、行政处罚决定书所认定的事实、性质和情节核实后，才能依照规定给予党纪处分或者组织处理。

34. 对受到其他纪律处分的党员，党组织应如何处理？

《纪律处分条例》第三十三条第三款规定："党员违反国家法律法规，违反企事业单位或者其他社会组织的规章制度受到其他纪律处分，应当追究党纪责任的，党组织在对有关方面认定的事实、性质和情节进行核实后，依照规定给予党纪处分或者组织处理。"党员违反国家法律法规，违反企事业单位或者其他社会组织的规章制度受到其他纪律处分，应当追究党纪责任的，党组织在对有关方面认定的事实、性质和情节进行核实后，依照规定给予党纪处分或者组织处理。该款同样强调党组织必须对有关方面认定的事实、性质和情节进行相应核实。

35. 司法机关、行政机关等依法改变原生效判决、裁定、决定的，党组织应当重新作出相应的哪些处理？

《纪律处分条例》第三十三条第四款规定："党组织作出党纪处分或者组织处理决定后，司法机关、行政机关等依法改变原生效判决、裁定、决定等，对原党纪处分或者组织处理决定产生影响的，党组织应当根据改变后的生效判决、裁定、决定等重新作出相应处理。”党组织在处理此类问题时，既要尊重司法机关、行政机关作出的判决、裁定、决定等，也要坚持实事求是的原则，对发现司法机关、行政机关作出的判决、裁定、决定等存在事实不清、证据不足、定性不准等问题的，应当依程序及时提请司法机关、行政机关按程序予以纠正。司法机关、行政机关最终作出的处理决定，对原党纪处分决定或者组织处理决定产生影响的，党组织应当根据改变后的生效判决、裁定、决定等作出相应处理。

36. 预备党员违纪应如何处理？

《纪律处分条例》第三十四条规定：“预备党员违犯党纪，情节较轻，可以保留预备党员资格的，党组织应当对其批评教育或者延长预备期；情节较重的，应当取消其预备党员资格。”

党的纪律是全体党员和各级党组级都必须遵守的行为规则。预备党员和正式党员一样，都必须履行党员义务，也就必须遵守党的各项纪律。因此如果预备党员有违犯党纪的行为，也应当根据党的纪律追究其责任。但是考虑到预备党员不等同于正式党员，不宜完全按照对正式党员的标准来处理预备党员的违纪问题，所以《条例》明确规定，预备党员违犯党纪，情节较轻，可以保留预备党员资格的，党组织应当对其批评教育或者延长预备期；情节较重的，应当取消其预备党员资格。

根据《党章》第七条和《中国共产党发展党员工作细则》第三十二条的规定，预备党员需要继续考察和教育的，可以延长预备期，延长时间不能少于半年，最长不超过一年；不履行党员义务、不具备党员条件的，应当取消其预备党员资格。预备党员延长预备期，或取消预备党员资格，都应当经支部大会讨论通过和上级党组织批准。

37. 对违纪后下落不明的党员，应当如何处理？

《纪律处分条例》第三十五条规定：“对违纪后下落不明的党

员，成当区别情况作出处理：（一）对有严重违纪行为，应当给予开除党籍处分的，党组织应当作出决定，开除其党籍；（二）除前项规定的情况外，下落不明时间超过六个月的，党组织应当按照党章规定对其予以除名。”

党员违纪后下落不明，一般是指违纪党员离开工作地点、居住地点后不知去向、没有音讯的状况。对违纪后下落不明的党员，应当区分不同情况处理：一是对有严重违纪行为，应当给予开除党籍处分的，党组织应当作出决定，开除其党籍。适用《纪律处分条例》第三十五条第一项规定，需查明党员的违纪行为，根据有关证据和事实，能够形成证据链条证实有关违纪行为，且属于应当给予开除党籍处分的情况。

二是除《纪律处分条例》第三十五条第一项规定的情况外，下落不明时间超过6个月的，党组织应当按照党章规定对其予以除名。例如，对于有一般违纪行为，但违纪性质、情节和结果尚未达到应当给予开除党籍处分程度的，如果下落不明满6个月，可以根据《党章》第九条关于“党员如果没有正当理由，连续6个月不参加党的组织生活，或不交纳党费，或不做党所分配的工作，就被认为是自行脱党。支部大会应当决定把这样的党员除名，并报上级党组织批准”的规定，对其除名。

38. 违纪党员在处分前死亡，或者死亡后发现有严重违纪行为，应当如何处理？

《纪律处分条例》第三十六条规定：“违纪党员在党组织作出处分决定前死亡，或者在死亡之后发现其曾有严重违纪行为，对于应当给予开除党籍处分的，开除其党籍；对于应当给予留党察看以下（含留党察看）处分的，作出违犯党纪的书面结论和相应处理。”

39. 违纪行为有关责任人员如何区分责任？

对违纪人员责任的划分，是准确认定其违纪行为并追究党纪责任的基础。《纪律处分条例》第三十七条，对于违纪行为有关责任人员承担责任进行了规定。根据该条规定，违纪行为有关责任人员可区分为直接责任者、主要领导责任者、重要领导责任者。

一是直接责任者，是指在其职责范围内，不履行或者不正确履行自己的职责，对造成的损失或者后果起决定性作用的党员或者党员领导干部。这里的“职责范围内”，主要是指依照其法定职务或者组织交办的应当承担的具体工作责任和应履行的义务。“不履行职责”，一般表现为应当作为而不作为，如拒绝履行职责、拖延履行职责或者擅离职守等；“不正确履行职责”，包括超越职权，或者违反规定处理公务，也包括不认真履行职责的情况。

二是主要领导责任者，是指在其职责范围内，对直接主管的工作不履行或者不正确履行职责，对造成的损失或者后果负直接领导责任的党员领导干部。这里所谓“主管的工作”，主要是指有明确分工或党组织交办由其负责、管辖的工作。

三是重要领导责任者，是指在其职责范围内，对应管的工作或者参与决定的工作不履行或不正确履行职责，对造成的损失或者后果负次要领导责任的党员领导干部。这里的“应管的工作”，主要是指虽然没有明确分工由其主管，但按照法定职责范围应当由其负责、管辖的工作。这里所谓“参与决定的工作”，主要是指那些应该由两人以上讨论决定的工作，或者由集体讨论决定的工作。对由党员领导干部直接决定某一具体问题或具体事项的，或者由党员领导干部授意、指令承办人员违规办理（或者应当办理而不办理）有关事项的，或者具体实施人员在实施中提出过纠正意见，未被党员领导干部采纳而造成经济损失或不良影响的，对党员领导干部可认定为直接责任。

40. 主动交代如何认定？

《纪律处分条例》第三十八条规定：“本条例所称主动交

代，是指涉嫌违纪的党员在组织初核前向有关组织交代自己的问题，或者在初核和立案审查其问题期间交代组织未掌握的问题。”根据第十七条规定，主动交代本人应受党纪处分问题的，可以从轻或者减轻处分。这样规定，体现了惩前毖后、治病救人的方针。

主动交代主要包括两种情况：

一是在组织初核前向有关组织交代自己的问题，包括主动交代组织已经掌握的问题，也包括交代组织尚未掌握的问题。所谓“组织初核前”，主要是指对该涉嫌违纪的党员的违纪问题，尚未进入初核程序的阶段。根据纪检机关监督执纪工作相关规定，纪检机关受理反映党员或党组织的违纪问题后，应根据情况决定是否进行初步核实。采取初步核实方式处置问题线索，应当制定工作方案，成立核查组，履行审批程序。

二是在初核和立案审查期间交代组织未掌握的问题，也属于主动交代。这里的“问题”，主要是指违纪党员自身存在的违纪问题，交代他人违纪问题的，可根据有关规定认定是否构成立功，但不属于主动交代自身问题。

41. 如何计算违纪行为造成的经济损失？

《纪律处分条例》第三十九条规定：“计算经济损失主要计算直接经济损失。直接经济损失，是指与违纪行为有直接因果关系而造成财产损失的实际价值。”

经济损失是定性量纪的重要情节之一。计算经济损失主要计算直接经济损失。直接经济损失，主要是指与违纪行为有直接因果关系而造成财产损失的实际价值；间接经济损失，主要是指由直接经济损失引起的其他损失，包括失去的在正常情况下可能获得的利益和恢复正常的管理活动所支付的各种开支、费用等。直接经济损失是多种违纪行为的客观要件之一，间接经济损失是量纪时考虑的情节，一般不影响违纪的认定。直接经济损失是立案审查时确已造成的经济损失，认定时间应以立案的时间为准。立案后违纪党员自行挽回的经济损失，有关部门挽回的经济损失或者因客观原因减少的经济损失，不予扣减，但可作为酌定从轻处理的情节。

42. 对于违纪行为所获经济利益及其他利益，应当如何处理？

《纪律处分条例》第四十条规定："对于违纪行为所获得的经济利益，应当收缴或者责令退赔。

对于违纪行为所获得的职务、职称、学历、学位、奖励、资格等其他利益，应当由承办案件的纪检机关或者由其上级纪检机关建议有关组织、部门、单位按照规定予以纠正。

对于依照本条例第三十五条、第三十六条规定处理的党员，经调查确属其实施违纪行为获得的利益，依照本条规定处理。"

对违纪行为所获得的经济利益的处理。在违犯党纪案件中，党员因违纪为获得经济利益的情况比较普遍，有的甚至获得巨额经济利益。为了教育、惩戒党员干部，挽回或者减少损关，对党员因违纪行为所获得的经济利益，应当予以没收、追缴或者责令退赔。各级组织作出收缴或者责令退赔的处理决定后，应当严格依照有关规定对违纪党员所获得的经济利益作出处理，不允许将没收、追缴的违纪所得截留、挪用、侵占、私分。根据纪检机关监督执纪工作相关规定，对涉嫌犯罪所得款物，应当随案移送司法机关。对经认定不属于违纪所得的，应当在案件审结后依纪依法予以返还，办理签收手续。

对违纪行为所获得的其他利益的处理。"违纪行为所获得的其他利益"主要是指党员因违纪行为所获得的职务、职称、学历学位、奖励、资格等其他利益。对于违纪行为所获得的其他利益，应当由承办案件的党组织建议有关组织、部门、单位按规定予以纠正。这里的"有关组织、部门单位"，主要是指对违纪行为所获得的职务、职称、学历、学位、奖励、资格等其他利益有权予以纠正的组织、部门、单位。

对下落不明或已死亡违纪党员所获得的经济利益和其他利益的处理。对违纪后下落不明的党员、党组织作出处分决定前死亡的党员，或者在死亡之后发现曾有严重违纪行为的党员、经调查确属其实施违纪行为获得的经济利益和其他利益，依照《条例》第四十条的规定处理。

43. 党纪处分决定作出后应当在多长时间内宣布和执行?

《纪律处分条例》第四十一条规定："党纪处分决定作出后，应当在一个月内向受处分党员所在党的基层组织中的全体党员及其本人宣布，是领导班子成员的还应当向所在党组织领导班子宣布，并按照干部管理权限和组织关系将处分决定材料归入受处分者档案；对于受到撤销党内职务以上（含撤销党内职务）处分的，还应当在一个月内办理职务、工资、工作及其他有关待遇等相应变更手续；涉及撤销或者调整其党外职务的，应当建议党外组织及时撤销或者调整其党外职务。特殊情况下，经作出或者批准作出处分决定的组织批准，可以适当延长办理期限。办理期限最长不得超过六个月。"

关于宣布的范围，主要是向受处分党员所在党的基层组织中的全体党员及其本人宣布。受处分党员是领导班子成员的，还应当向所在党组织领导班子宣布。处分决定向受处分人宣布后，应要求受处分人在处分决定书上签写对处分决定的意见并签名（盖章），受处分人拒不表态、不签名（盖章）的，处分决定宣布人员应在处分决定书上注明。因受处分人失踪、死亡、出走（逃）等原因，处分决定无法向受处分人宣布的，应作出说明。同时，处分决定宣布后，应当给受处分人一份。

关于受到撤销党内职务以上（含撤销党内职务）处分党员的后续处理。根据该条和《纪律处分条例》第十一条、第十二条、第十三条规定，受到撤销党内职务以上（含撤销党内职务）处分的，若受处分人系公务员、事业单位工作人员和国有企业领导人员等的，应当在一个月内办其职务、工资、工作及其他有关待遇等相应变更手续，降低其职级待遇等。

关于办理的期限，明确规定最长不得超过 6 个月，以防止和避免出现久拖不办而又难以追责的情况。根据有关规定，宣布处分决定不得少于两人，应向受处分人告知其享有的权利，询问其对处分决定的意见并做好记录。

44. 如何报告处分决定执行情况？

《纪律处分条例》第四十二条第一款规定："执行党纪处分决定的机关或者受处分党员所在单位，应当在六个月内将处分决定的执行情况向作出或者批准处分决定的机关报告。"

这里的"六个月"是最长时限，不得延长。根据《党章》《中共中央纪律检查委员会关于处分违犯党纪的党员批准权限的具体规定》《关于修改〈中共中央纪律检查委员会关于处分违犯党纪的党员批准权限的具体规定〉的通知》等规定，党纪处分批准权与决定权有的是一致的，有的是分离的。

45. 党员对所受党纪处分不服如何申诉？

根据《党章》第四条和《中国共产党党员权利保障条例》第十三条规定，党员对于党组织给予本人的处分、鉴定、审查结论或者其他处理不服的，有权向本人所在党组织、上级党组织直至中央提出申诉。根据《中国共产党纪律检查机关控告申诉工作条例》第十四条、第十六条规定，党员对所受党纪处分不服的申诉，由批准处分的党的委员会或纪律检查委员会承办。原批准处分的党的委员会或纪律检查委员会已经撤销的，由申诉人现在的相当于原批准处分的一级党的委员会或纪律检查委员会承办。经过复议、复查，如果原结论或处理决定是正确的，应作出维持原结论或处理的决定，并报原批准的党的委员会或纪律检查委员会批准结案；需要改变原结论或处理决定的，应作出新的处理决定，并经原批准的党的委员会或纪律检查委员会批准执行。

46.《纪律处分条例》与涉及党纪处分规定的其他党内法规之间是什么关系？

《纪律处分条例》第四十三条规定："本条例总则适用于有党纪处分规定的其他党内法规，但是中共中央发布或者批准发布的其他党内法规有特别规定的除外。"

《纪律处分条例》是关于党的纪律和纪律处分方面的基本法，但不是关于党的纪律和纪律处分方面的唯一法规，其他党内法规也有关于党的纪律和纪律处分方面的规定。为解决基本法规与涉及党纪处分规定的其他党内法的关系问题，该条作出了专门规定，即本条例总则适用于有党纪处分规定的其他党内法规，但是中共中央发布或者批准发布的其他党内法规有特别规定的除外，中央纪委、中央各部门和省、自治区、直辖市党委就其职权范围内有关事项制定的其他党内法规，不得与《纪律处分条例》相抵触。

47. 什么是政治纪律？

政治纪律是党的各级组织和全体党员在政治立场、政治方向、政治原则、政治道路上必须遵守的行为规则，是维护党的团结统一的根本保证，是加强党的政治建设的重要内容。党的十八大以来，习近平总书记围绕党的政治建设作出一系列重要论述。党的十九大明确提出党的政治建设这个重大命题，强调党的政治建设是党的根本性建设，要把党的政治建设摆在首位，以党的政治建设为统领。强调保证全党服从中央，坚持党中央权威和集中统一领导，是党的政治建设的首要任务。2018 年 6 月 29 日，中共中央政治局就加强党的政治建设举行第六次集体学习，习近平总书记在主持学习时深刻阐述了党的政治建设作为党的根本性建设的重大意义，强调马克思主义政党具有崇高政治理想、高尚政治追求、纯洁政治品质、严明政治纪律。要把准政治方向，坚持党的政治领导，夯实政治根基，涵养政治生态，防范政治风险，永葆政治本色，提高政治能力，为我们党不断发展壮大、从胜利走向胜利提供重要保证。《党章》第三条关于党员必须履行的义务明确规定、“自觉遵守党的纪律，首先是党的政治纪律和政治规矩”。在党的纪律中政治纪律是最重要、最根本、最关键的纪律，是打头、管总的纪律，遵守党的政治纪律是遵守党的全部纪律的前提和基础。遵守政治纪律，必须坚持和加强党的全面领导，坚决维护习近平总书记党中央的核心、全党的核心地位，坚决维护党中央权威和集中统一领导，对党忠诚，与党中央保持高度一致，维护党的团结统一。

48.《纪律处分条例》为什么把严明政治纪律摆在首要位置？

政治纪律是最重要、最根本、最关键的纪律。党的十九大报告明确指出，要重点强化政治纪律和组织纪律，带动廉洁纪律、群众纪律、工作纪律、生活纪律严起来。此次修订《纪律处分条例》，对“政治纪律”一章的修改和变动最大。新增的 11 条条款中，关于违反政治纪律的处分规定就占到了 5 条，可见政治纪律的特殊重要性。事实上，无论违反哪项纪律，本质上都是政治问题，根源都在于政治上发生了蜕化变质。从党的十八大以来立案查处的严重违纪违法领导干部案例看，有的在重大原则问题上不同党中央保持一致，妄图攫取党和国家权力；有的各行其是，搞山头主义和宗派主义；有的落实党中央决策部署不坚决，打折扣、搞变通；有的对党不忠诚不老实，搞两面派，做两面人……这些都是违反政治纪律的典型表现，都是“四个意识”不强的问题，对党不忠诚不老实的问题，也是危害性和影响力最大的违纪行为。《纪律处分条例》针对这些现象，对新形势下管党治党中存在的突出问题作出了更有针对性的回应，对违反政治纪律的各种情形作出了明确的处分规定，为严明政治纪律提供了基本遵循。学习贯彻《条例》，最关键的就是要把严格执行政治纪律和政治规矩摆在更加突出的位置，以严明的政治纪律带动纪律建设整体水平不断提高，实现党的政治性与纪律性的有机统一和高度融合。

49. 新旧《纪律处分条例》在政治纪律方面有哪些变化？

为了确保政治纪律和政治规矩得到落实执行，新修订的《纪律处分条例》大幅增加和修改了有关政治纪律的条款。在“对违反政治纪律行为的处分”这一章总计26条内容中，与2015年相比，新增了5条，修改了12条。其中，增加了对在重大原则问题上不同党中央保持一致，对搞山头主义、制造散布传播政治谣言等破坏党的团结统一，对搞两面派、做两面人等对党不忠诚不老实，干扰巡视巡察工作或者不落实巡视巡察整改，信仰宗教等行为的处分规定；修改了对组织、利用宗教活动破坏民族团结的首要分子从严处理，将履行全面从严治党主体责任失职、不按照有关规定向组织请示报告重大事项、诬告陷害由其他纪律调整到政治纪律的规定。通过严明政治纪律和政治规矩，引导全党增强“四个意识”，推动各级党组织和党员干部始终自觉地在政治立场、政治方向、政治原则、政治道路上同党中央保持高度一致，确保全党令行禁止，确保党中央的权威。

50. 在重大原则问题上不同党中央保持一致应受到怎样的处分？

《纪律处分条例》第四十四条规定：“在重大原则问题上不同党中央保持一致且有实际言论、行为或者造成不良后果的，给予警告或者严重警告处分；情节较重的，给予撤销党内职务或者留党察看处分；情节严重的，给予开除党籍处分。”

《纪律处分条例》第四十四条是新增条款，对于在重大原则问题上不同党中央保持一致行为及其适用的处分种类和幅度进行了规定，目的是通过设定严格的处分规定，促进和保障党组织和党员牢固树立政治意识、大局意识、核心意识、看齐意识，坚决维护习近平总书记党中央的核心、全党的核心地位，坚决维护党中央权威和集中统一领导，在思想上政治上行动上同党中央保持高度一致。

何谓重大原则问题？习近平总书记在十八届中央纪律检查委员会二次全会上作过专门的说明，指出“在指导思想和路线方针政策以及关系全局的重大原则问题上，全党必须在思想上政治上行动上同党中央保持高度一致”。可见，所谓重大原则问题主要涵盖了三个方面的内容：第一，指导思想；第二，路线方针；第三，关系全局的问题。那什么又是有实际言论和行为呢？具体言论主要是指：第一，散布违背党的理论和路线方针政策的意见；第二，公开发表违背中央决定的言论；第三，泄露党和国家秘密；第四，制造、传播政治谣言和丑化党和国家形象的言论。具体的行为主要有：第一，对党中央的决策部署有抵抗、不执行、搞变通的行为；第二，参与各种非法组织和非法活动的行为。

中国特色社会主义最本质的特征是中国共产党领导，中国特色社会主义制度的最大优势是中国共产党领导，党是最高政治领导力量。坚持党的领导，首先是坚持党中央集中统一领导；维护党的权威，首先是维护党中央权威。维护党中央权威和集中统一领导，是一个成熟的马克思主义政党的基本建党原则，是我们党在带领全国人民进行革命、建设、改革过程中得出的重要经验，是每一个共产党人必须遵循的政治原则和根本政治要求。每一个党的组织、每一名党员干部，无论处在哪个领域、哪个层级、哪个部门和单位，都要服从党中央集中统一领导，确保党中央令行禁止，决不允许背着党中央另搞一套。

习近平总书记多次指出，各级党组织和广大党员要牢固树立“四个意识”，自觉同党中央保持高度一致。党的十九大报告明确指出，“党政军民学，东西南北中，党是领导一切的。必须增强政治意识、大局意识、核心意识、看齐意识，自觉维护党中央权威和集中统一领导，自觉在思想上政治上行动上同党中央保持高度一致”，“保证全党服从中央，坚持党中央权威和集中统一领导，是党的政治建设的首要任务。全党要坚定执行党的政治路线，严格遵守政治纪律和政治规矩，在政治立场、政治方向、政治原则、政治道路上同党中央保持高度一致。”

《党章》和其他党内法规对各级党组织和广大党员同党中央保持高度一致作出明确规定。党章总纲明确规定，“牢固树立政治意识、大局意识、核心意识、看齐意识，坚定维护以习近平同志为核心的党中央权威和集中统一领导，保证全党的团结统一和行动一致，保证党的决定得到迅速有效的贯彻执行”。《关于新形势下党内政治生活的若干准则》规定：“全党必须牢固树立政治意识、大局意识、核心意识、看齐意识，自觉在思想上政治上行动上同党中央保持高度一致。”《中国共产党党内监督条例》第五条把“维护党中央集中统一领导”作为党内监督的主要内容之一。

一些严重违纪的党员和党员领导干部毫无党性原则，对党中央极端不忠诚，“四个意识”个个皆无，目无规矩、肆意妄为，在重大原则问题上不同党中央保持一致，危害极其严重，必须予以严厉惩处。

51. 怎样认定公开发表坚持资产阶级自由化立场、反对四项基本原则、反对党的改革开放决策言论行为?

《纪律处分条例》第四十五条第一款规定：“通过网络、广播、电视、报刊、传单、书籍等，或者利用讲座、论坛、报告会、座谈会等方式，公开发表坚持资产阶级自由化立场、反对四项基本原则，反对党的改革开放决策的文章、演说、宣言、声明等的，给予开除党籍处分。”

违纪行为是站在资产阶级自由化立场上，从根本上反对四项基本原则，或者反对党的改革开放政策，说明其已背叛了党的事业，完全丧失了共产党员条件，应当给予其开除党籍处分。

《党章》总纲规定：“坚持社会主义道路、坚持人民民主专政、坚持中国共产党的领导、坚持马克思列宁主义毛泽东思想这四项基本原则，是我们的立国之本。在社会主义现代化建设的整个过程中，必须坚持四项基本原则，反对资产阶级自由化。”“坚持改革开放，是我们的强国之路。”《党章》第三条将“贯彻执行党的基本路线和各项方针、政策”作为党员必须履行的义务加以强调。《关于新形势下党内政治生活的若干准则》规定全党必须坚决捍卫党的基本路线，对否定党的领导、否定我国社会主义制度、否定改革开放的言行，对一切否定党的基本路线的言行，必须旗帜鲜明地反对和抵制。坚持资产阶级自由化立场、反对四项基本原则、反对党的改革开放决策的文章、演说、宣言、声明等言论，实质上是反对党的基本路线，扰乱人们的思想，必将破坏安定团结的政治局面，影响统筹推进“五位一体”总体布局和协调推进“四个全面”战略布局，应当追究纪律责任。

《纪律处分条例》第四十五条第二款规定：“发布、播出、刊登、出版前款所列文章、演说、宣言、声明等或者为上述行为提供方便条件的，对直接责任者和领导责任者，给予严重警告或者撤销党内职务处分；情节严重的，给予留党察看或者开除党籍处分。”所谓的“为上述行为提供方便条件”，主要是指为发布、播出、刊登《条例》第四十五条第一款所列言论的信息，出版刊载该款所列言论的出版物，举办发表该款所列言论的讲座、论坛、报告会、座谈会等活动提供场地、资金、宣传等方便条件。党组织有该行为的，应当追究直接责任者和领导责任者的党纪责任。

52. 如何理解公开发表有严重政治问题言论行为？

根据《纪律处分条例》第四十六条第一款的规定，公开发表有严重政治问题言论行为具体有三种表现：

一是“公开发表违背四项基本原则，违背、歪曲党的改革开放决策，或者其他有严重政治问题的文章、演说、宣言、声明等”的行为，这里的“违背”“歪曲”不同于第四十五条第一款规定的“反对”，“反对”是直接从根本上否定四项基本原则和改革开放，而“违背”“歪曲”是错误理解和认识四项基本原则和改革开放决策。因此，第四十五条第一款规定实施该行为的要直接开除党籍，而实施第四十六条第一款规定行为的，则视情节轻重给予警告直至开除党籍处分。

二是“妄议党中央大政方针，破坏党的集中统一”的规定，是违反政治纪律的突出表现，也违反了党章规定的民主集中制原则。“七个有之”问题，其中之一就是尾大不掉、妄议中央。民主集中制是党的根本组织原则，要求必须实行正确的集中，保证全党的团结统一和行动一致，保证党的决定得到迅速而有效的贯彻执行。党中央在制定重大方针政策时，通过不同的渠道和方式，充分听取有关党组织和党员的意见建议，但是有些人“当面不说、背后乱说”“会上不说、会后乱说”“台上不说、台下乱说”，实际上不仅扰乱了人们的思想，还破坏党的集中统一，妨碍中央大政方针的贯彻落实，应当受到党纪处分。

三是丑化党和国家形象，或者诋毁、诬蔑党和国家领导人、英雄模范，或者歪曲党的历史、中华人民共和国历史、人民军队历史。这是在2015年修订基础上增加了诋毁、诬蔑“英雄模范”和歪曲“中华人民共和国历史”的内容。党和国家领导人是我们党和国家的代表，诋毁、诬蔑党和国家领导人就是诋毁、诬蔑党和国家。《关于新形势下党内政治生活的若干准则》规定，“对歪曲、丑化、否定党的历史、中华人民共和国历史、人民军队历史的言行，对歪曲、丑化、否定党的领袖和英雄模范的言行，对一切违背、歪曲、否定党的基本路线的言行，必须旗帜鲜明反对和抵制”。习近平总书记指出，“一个有希望的民族不能没有英雄，一个有前途的国家不能没有先锋”。英雄烈士的事迹和精神是中华民族共同的历史记忆和宝贵的精神财富。十三届全国人大常委会第二次会议全票表决通过了我国首部英雄烈士保护法，英雄烈士的姓名、肖像、名誉、荣誉受法律保护。崇尚英雄模范，对弘扬主旋律、唱响正气歌、传播正能量，激励全体党员和全国人民为实现中华民族伟大复兴的中国梦不懈奋斗意义重大。

《纪律处分条例》落实《关于新形势下党内政治生活的若干准则》要求，坚持党纪严于国法，不仅对“英雄烈士”，还包括“英雄模范”的名誉、荣誉等给予严格保护。对我党、我军历史中的许多问题，1945年《关于若干历史问题的决议》、1981年

《关于建国以来党的若干历史问题的决议》等文件已作出历史结论。执行党的决议是党章规定的党员必须具备的基本条件。对于中华人民共和国历史，同样必须坚持历史唯物主义的正确观点，坚决反对历史虚无主义。这些都是牢固树立“四个意识”、坚定“四个自信”的必然要求。党员有丑化党和国家形象，或者诋毁、诬蔑党和国家领导人、英雄模范，或者歪曲党的历史、中华人民共和国历史、人民军队历史的行为，应当受到党纪处分。

53. 组织、参加分裂党的集团、活动的应如何处分?

《纪律处分条例》第四十八条规定：“在党内组织秘密集团或者组织其他分裂党的活动的，给予开除党籍处分。参加秘密集团或者参加其他分裂党的活动的，给予留党察看或者开除党籍处分。”

《党章》第十条规定，“党是根据自己的纲领和章程，按照民主集中制组织起来的统一整体”；第三条规定，“维护党的团结和统一”是每名党员必须履行的义务。在党内组织秘密集团，本身就是分裂党的活动。《关于新形势下党内政治生活的若干准则》规定，“党员、干部特别是高级干部不准在党内搞小山头、小圈子、小团伙”，“坚决防止野心家、阴谋家窃取党和国家权力”。《关于新形势下党内政治生活的若干准则》明确规定“在党内组织秘密集团是分裂党和颠覆党的犯罪行为。共产党员绝对不允许参加反对党的秘密组织和秘密活动。”明确禁止在党内组织秘密集团，强调各级党的组织和每个共产党员，都要从林彪、“四人帮”煽动派性，组织秘密集团，阴谋篡党夺权的反革命事件中吸取教训，提高警惕，强调共产党员绝对不允许参加反对党的秘密组织和秘密活动。“秘密集团”，一般是指由党内少数人以秘密勾结、阴谋串联的方式建立的，从事反对党的路线、方针、政策、决议和分裂党的活动的组织。处理时注意区分组织者与参加者，对组织者一律给予开除党籍处分，对参加者给予留党察看或者开除党籍处分。

54. 对搞团团伙伙、拉帮结派、捞取政治资本等行为应如何处分?

《纪律处分条例》第四十九条规定:“在党内搞团团伙伙、结党营私、拉帮结派、培植个人势力等非组织活动,或者通过搞利益交换、为自己营造声势等活动捞取政治资本的,给予严重警告或者撤销党内职务处分;导致本地区、本部门、本单位政治生态恶化的,给予留党察看或者开除党籍处分。”

《党章》规定,党员要“坚决反对一切派别组织和小集团活动”。《关于新形势下党内政治生活的若干准则》规定,“严禁在党内拉私人关系、培植个人势力、结成利益集团。对那些投机取巧、拉帮结派、搞团团伙伙的人,要严格防范,依纪依规处理”。党的十八大以来被查处的严重违纪党员干部有的奉行圈子文化、码头文化,搞“小圈子”,搞团团伙伙,培植个人势力;有的为谋求职务晋升大搞政治攀附;有的野心膨胀,公器私用,不择手段为个人造势;有的政治问题与经济腐败相互交织,大搞利益交换,形成利益集团,破坏党内政治生态,影响党的执政基础。《纪律处分条例》对《党章》和《关于新形势下党内政治生活的若干准则》要求作出细化具体化。

“在党内搞团团伙伙、结党营私、拉帮结派、培植个人势力等非组织活动”实质上针对的是背离组织,为了个人和小集团的利益,相互勾结,搞亲亲疏疏,破坏党的团结和统一的行为,并不以是否有共同的“纲领性”目标以及组织章程为必要条件。该条规定的行为,一般没有严密的组织性和明确的反党目的,主要是为了小集团在政治上的私利,相互提携、互通款曲。

该条包含两种具体情形:“在党内搞团团伙伙、结党营私、拉帮结派、培植个人势力等非组织活动”,只要有上述行为,就构成违纪。而“通过搞利益交换、为自己营造声势等活动”要以“捞取政治资本”为目的;将“导致本地区、本部门、本单位政治生态恶化”作为情节严重的具体表现,规定了更重的处分档次。从查处的典型案例看，有一些党员领导干部由于搞团团伙伙、结党营私、捞取政治资本，而带坏一方风气，导致本地区、本部门、本单位政治生态恶化，后果严重，影响恶劣。

55. 对自行其是、搞山头主义、拒不执行党中央大政方针或者落实党中央决策部署不坚决的应如何处分？

《纪律处分条例》第五十条规定："党员领导干部在本人主政的地方或者分管的部门自行其是，搞山头主义，拒不执行党中央确定的大政方针，甚至背着党中央另搞一套的，给予撤销党内职务、留党察看或者开除党籍处分。落实党中央决策部署不坚决，打折扣、搞变通，在政治上造成不良影响或者严重后果的，给予警告或者严重警告处分；情节严重的，给予撤销党内职务、留党察看或者开除党籍处分。"

《纪律处分条例》第五十条是新增加的条款，增加了对"山头主义"的党纪处分。2014 年 10 月，中央第六巡视组组长王正福在向河北省反馈巡视情况时首次提出了"抵制山头主义"的表述。"山头主义"是指党员干部拉帮结派，搞团团伙伙，结成利益集团，以达到抱团取暖、握指成拳、实现个人利益最大化的效果。

习近平总书记在十八届中央纪律检查委员会三次全会上讲话时就指出："决不能搞小山头、小圈子、小团伙那一套，决不能搞门客、门宦、门附那一套，搞这种东西总有一天会出事！"因此，明确将"山头主义"加入政治纪律，就是"两个坚决维护"对《条例》的必然要求，也是《条例》贯彻"四个意识"的重要体现。《党章》总纲规定："牢固树立政治意识、大局意识、核心意识、看齐意识，坚定维护以习近平同志为核心的党中央权威和集中统一领导，保证全党的团结统一和行动一致，保证党的决定得到迅速有效的贯彻执行。"《党章》第三条关于党员义务明确要求党员必须"贯彻执行党的基本路线和各项方针、政策"。《关于新形势下党内政治生活的若干准则》规定，"对党中央决策部署，任何党组织和任何党员都不准合意的执行、不合意的不执行，不准先斩后奏，更不准口是心非、阳奉阴违”。“决不允许自行其是、各自为政，决不允许有令不行、有禁不止，决不允许搞上有政策、下有对策”。《纪律处分条例》对《党章》和《关于新形势下党内政治生活的若干准则》的要求作出细化具体化，确保党中央政令畅通。

本条规定的违纪主体是指担任一定职务的党员领导干部。党员领导干部作为“关键少数”，在带头执行和组织落实党中央大政方针上，担负着重要使命，必须发挥表率作用。党的十八大以来，被查处的严重违纪党员领导干部有的搞山头主义，在本人主政的地方或者分管的部门自行其是，喜欢当家长式的人物，把分管领域当成“私人领地”，弄得党内生活很不正常；有的擅作主张、我行我素，背离党中央要求另搞一套；有的对党中央重大决策部署消极应付、严重失职失责，合意的执行，不合意的不执行，打折扣、做选择、搞变通，影响党中央政令畅通。党员领导干部自行其是，搞山头主义，不能做到令行禁止，严重影响党中央决策部署落到实处，危害极大，必须视情节轻重给予相应党纪处分。

需要提示的是，按程序向党组织反映实际情况与拒不执行党中央确定的大政方针是不同的。《党章》第十六条规定：“党的下级组织必须坚决执行上级组织的决定。下级组织如果认为上级组织的决定不符合本地区、本部门的实际情况，可以请求改变；如果上级组织坚持原决定，下级组织必须执行，并不得公开发表不同意见，但有权向再上一级组织报告。”党员领导干部如果认为组织决定有不妥之处，可以按照组织程序提出意见和建议，但在组织没有改变决定之前，必须毫无保留执行，不允许以任何借口阻挠和拖延组织决定的执行。同时，还应当注意把尚无明确限制的探索性试验中的失误错误，同明令禁止后依然我行我素的违纪违法行为区分开来，准确把握政策界限，对违纪违法行为必须严肃查处，确保全党令行禁止。

本条两款规定的行为严重程度不同，第一款规定的行为危害更大，性质更为恶劣，一旦存在该行为就要给予撤销党内职务以上的处分；第二款规定的，行为一旦“在政治上造成不良影响或者严重后果”，就要视情节轻重给予警告直至开除党籍处分。中国环境科学研究院原院长孟伟违反政治纪律和政治规矩、中央八项规定精神，利用职务便利大搞权钱交易，将中国环境科学研究院视为“自留地”，把科研经费当成自己的“钱袋子”，把科技项目当成“唐僧肉”，以各种方式进行利益输送，数额特别巨大，被开除党籍、开除公职。

56. 对党不忠诚不老实，阳奉阴违，搞两面派，做两面人的应如何处分？

《纪律处分条例》第五十一条规定：“对党不忠诚不老实，表里不一，阳奉阴违，欺上瞒下，搞两面派，做两面人，情节较轻的，给予警告或者严重警告处分；情节较重的，给予撤销党内职务或者留党察看处分；情节严重的，给予开除党籍处分。”

党的十九大报告强调，“坚决反对搞两面派、做两面人”。习近平总书记多次指出，全党同志要强化党的意识，始终把党放在心中最高位置，牢记自己的第一身份是共产党员，第一职责是为党工作，做到忠诚于组织，任何时候都与党同心同德。党员干部要正确对待组织，对党组织忠诚老实。在党组织面前，党员干部不能隐瞒自己，不能信口雌黄。党员干部之间也应该言行一致、表里如一，讲真话，讲实话，讲心里话。“七个有之”问题，其中之一就是自行其是、阳奉阴违。

《党章》将“维护党的团结和统一，对党忠诚老实，言行一致”“反对阳奉阴违的两面派行为和一切阴谋诡计”作为党员必须履行的义务，将“对党忠诚”写入入党誓词。《关于新形势下党内政治生活的若干准则》规定，“党的各级组织和全体党员必须对党忠诚老实、光明磊落，说老实话、办老实事、做老实人，如实向党反映和报告情况，反对搞两面派、做‘两面人’”。从执纪审查情况看，有的台上讲一套、台下做一套，当面一套、背后一套，对组织不忠诚不老实；有的在大会上说向中央看齐就要处处看齐，而自己却是说一套、做一套，在政府债务等方面弄虚作假，向中央隐瞒本地真实发展水平；有的在人前高唱理想主义，表面上装作关心群众、勤奋敬业、公道正派、倡导俭朴，在人后则推崇个人主义，严重损害群众利益、放弃职守、是非颠倒、奢靡享乐。对党不忠诚不老实，表里不一，阳奉阴违，欺上瞒下，搞两面派，做两面人的行为，违背党员义务，损害党的团结和统一，损害党和人民利益，涣散党的组织，透支党的信誉，损害党的形象，危害很大，必须视情节给予相应纪律处分。本条就是针对党的十八大以来查处的严重违纪违法党员干部典型案例中暴露出的问题作出的规定。

57. 对于制造、散布、传播政治谣言和匿名诬告、有意陷害行为应如何处分？

《纪律处分条例》第五十二条规定："制造、散布、传播政治谣言，破坏党的团结统一的，给予警告或者严重警告处分；情节较重的，给予撤销党内职务或者留党察看处分；情节严重的，给予开除党籍处分。政治品行恶劣，匿名诬告，有意陷害或者制造其他谣言，造成损害或者不良影响的，依照前款规定处理。"

《党章》第四十条规定，"严格禁止打击报复和诬告陷害"。《关于新形势下党内政治生活的若干准则》规定，"严肃追查处理诬告陷害行为"，"党员、干部反映他人的问题，应该出于党性，通过党内正常渠道实名进行，不准散布小道消息，不准散发匿名信，不准诬告陷害等"。

本条第一款强调制造、散布、传播的是"政治谣言"，危害的是党组织，给党组织造成了恶劣影响，破坏了党的团结统一。第二款针对的是"匿名诬告，有意陷害或者制造其他谣言"，违纪行为仅限于"制造"而不包含"散布、传播"，这些行为属于"政治品行恶劣"，不符合党员对党忠诚老实的要求，造成了损害或不良影响，属于违反政治纪律行为。

要把诬告陷害同举报区别开来。实行举报制度，目的是加强对党员干部的监督，在反腐败斗争中发挥重要作用。但也发现有的党员制造、散布、传播政治谣言，破坏党的团结统一；有的政治品行恶劣，出于发泄个人怨气、获得竞争优势、转移组织视线等动机，不择手段对他人进行匿名诬告、编造丑闻、编造虚假举报、散布不实消息等。这些行为，不仅使一些清白的当事人受到伤害，也对本地区本部门的正常工作造成干扰，对政治生态造成损害，危害党的团结统一。

58. 对党中央决定的重大问题擅作主张的应如何处分？

《纪律处分条例》第五十三条规定："擅自对应当由党中央决定的重大政策问题作出决定、对外发表主张的，对直接责任者和领导责任者，给予严重警告或者撤销党内职务处分；情节严重的，给予留党察看或者开除党籍处分。"

《党章》第十六条规定："有关全国性的重大政策问题，只有党中央有权作出决定，各部门、各地方的党组织可以向中央提出建议，但不得擅自作出决定和对外发表主张。"《关于新形势下党内政治生活的若干准则》规定："涉及全党全国性的重大方针政策问题，只有党中央有权作出决定和解释。各部门各地方党组织和党员领导干部可以向党中央提出建议，但不得擅自作出决定和对外发表主张。"坚决维护党中央权威、保证全党令行禁止，是党和国家前途命运所系，是全国各族人民根本利益所在，也是加强和规范党内政治生活的重要目的。坚持党的领导，首先是坚持党中央的集中统一领导。《纪律处分条例》以严格的纪律约束，保证《党章》和《关于新形势下党内政治生活的若干准则》要求的落实。这里的"重大政策问题"属于应当由党中央决定的事项，党员个人、部门或者地方的党组织未经中央批准或者授权，不得作出决定、对外发表主张，无论相关决定和主张是否与党中央一致，只要是未经党中央批准或者授权而擅自作出决定、对外发表主张的，即属于该条规定的违反政治纪律的行为，需要视情节给予严重警告直至开除党籍处分。这里的“对外发表主张”指的是对党外。这里的“党员”一般是担任一定职务的党员领导干部；对于经集体研究作出决定的，应对直接责任者和领导责任者追究责任。

59. 不按规定请示、报告重大事项行为的应如何处分?

《纪律处分条例》第五十四条规定：“不按照有关规定向组织请示、报告重大事项，情节较重的，给予警告或者严重警告处分；情节严重的，给予撤销党内职务或者留党察看处分。”

习近平总书记指出，作为干部特别是领导干部，在涉及重大问题、重要事项时按规定向组织请示报告，这是必须遵守的规矩，也是检验一名干部合格不合格的试金石。《党章》规定：“党员个人服从党的组织，少数服从多数，下级组织服从上级组织，全党各个组织和全体党员服从党的全国代表大会和中央委员会。”《关于新形势下党内政治生活的若干准则》对请示报告制度作了明确规定：“全党必须严格执行重大问题请示报告制度。全国人大常委会、国务院、全国政协，中央纪律检查委员会，最高人民法院、最高人民检察院，中央和国家机关各部门，各人民团体，各省、自治区、直辖市，其党组织要定期向党中央报告工作。研究涉及全局的重大事项或作出重大决定要及时向党中央请示报告，执行党中央重要决定的情况要专题报告。遇有突发性重大问题和工作中重大问题要及时向党中央请示报告，情况紧急必须临机处置的，要尽职尽力做好工作，并迅速报告。”“省、自治区、直辖市党委在党中央领导下开展工作，同级各个组织中的党组织和领导干部要自觉接受同级党委领导、向同级党委负责，重大事项和重要情况及时向同级党委请示报告。”“领导干部必须强化组织观念，工作中重大问题和个人有关事项必须按规定按程序向组织请示报告，离开岗位或工作所在地要事先向组织请示报告。对无正当理由不按时报告、不如实报告或隐瞒不报的，要严肃处理。”

党的十八大以来，被查处的严重违纪党员，有的对于按规定应当向组织请示报告的重大事项想报告就报告、不想报告就不报告，遮遮掩掩、语焉不详；有的毫无组织观念、程序观念，我行我素，感到对自己不利的重大事项就千方百计隐瞒不报，把请示报告制度当成软约束，危害很大。领导干部要有组织观念、程序观念，该请示的必须请示，该报告的必须报告，决不能我行我素，决不能遮遮掩掩甚至隐瞒不报。

《纪律处分条例》以严格的纪律约束，保证党章和《关于新形势下党内政治生活的若干准则》及其他党内法规关于请示报告制度和要求的落实，促使广大党员和党员领导干部严格执行党章规定的“四个服从”，切实增强政治意识，强化组织观念，严格执行请示报告制度。这里的“不按照有关规定”，主要是指违反了党中央以及省部级党委制定的有关规定。

60. 对于干扰巡视巡察工作、不落实巡视巡察整改要求的应给予怎样的处分？

《纪律处分条例》第五十五条规定：“干扰巡视巡察工作或者不落实巡视巡察整改要求，情节较轻的，给予警告或者严重警告处分；情节较重的，给予撤销党内职务或者留党察看处分；情节严重的，给予开除党籍处分。”

习近平总书记高度重视巡视巡察工作，亲自听取巡视工作情况汇报并多次发表重要讲话，提出明确要求强调巡视是党章赋予的重要职责，是加强党的建设的重要举措，是全面从严治党、维护党纪的重要手段，是加强党内监督的重要形式，要用好巡视这把反腐“利剑”。要切实运用好巡视成果，把解决问题的担子压给被巡视地区部门单位党委（党组），明确责任，限期整改，加强督察督办，推动解决问题，巩固巡视成果，因巡视成果运用不到位又发生重大问题的，必须严肃追究责任，确保巡视成果落到实处。

《党章》对巡视巡察工作作出专门规定。《中国共产党党内监督条例》对开展巡视巡察和整改作出具体规定。《中国共产党巡视工作条例》第三十七条详细规定了干扰巡视和不落实巡视整改要求的六种具体情形：隐瞒不报或者故意向巡视组提供虚假情况的；拒绝或者不按照要求向巡视组提供相关文件材料的；指使、强令有关单位或者人员干扰、阻挠巡视工作，或者诬告、陷害他人的；无正当理由拒不纠正存在的问题或者不按照要求整改的；对反映问题的干部群众进行打击、报复、陷害的；其他干扰巡视工作的情形。并规定有上述情形之一的，视情节轻重，对该地区（单位）领导班子主要负责人或者其他有关责任人员，给予批评教育、组织处理或者纪律处分；涉嫌犯罪的，移送司法机关依法处理。

本条是新《纪律处分条例》增加的条文。从巡视巡察发现的问题看，一些被巡视巡察地区（单位）工作人员为了防止自己的腐败行为或者失职渎职行为被发现，想方设法干扰、阻挠巡视巡察工作顺利开展，有的对巡视巡察组要求提供的有关情况，千方百计隐瞒不报或者故意向巡视巡察组提供虚假情况；有的对巡视巡察组要求提供的有关文件、档案、会议记录等文件材料，编造理由不提供，或者推诿、扯皮、拖延提供，或者避重就轻不提供关键、核心材料，甚至拒不提供；有的堵截干部群众到巡视巡察组上访，或者组织非正常集体访，或者制造突发事件，或者对巡视干部进行诬告、恐吓等。一些被巡视巡察地区（单位）拒不纠正存在问题或者不按要求进行整改，有的责任担当不够、对整改工作敷衍应付走过场；有的不敢较真碰硬，对巡视巡察反馈的问题和移交的线索久拖不办、轻易查否；有的工作标准不高，避重就轻，整改不到位等。《纪律处分条例》贯彻落实习近平新时代中国特色社会主义思想，以严格的纪律约束，保证党章及其他党内法规关于巡视巡察制度和要求的落实，发挥巡视利剑作用。

61. 对抗组织审查的行为应如何处分?

《纪律处分条例》第五十六条规定:“对抗组织审查,有下列行为之一的,给予警告或者严重警告处分;情节较重的,给予撤销党内职务或者留党察看处分;情节严重的,给予开除党籍处分:串供或者伪造、销毁、转移、隐匿证据的;阻止他人揭发检举、提供证据材料的;包庇同案人员的;向组织提供虚假情况,掩盖事实的;有其他对抗组织审查行为的。”

党章将“对党忠诚老实”作为党员必须履行的义务,将“对党忠诚”写入入党誓词。《关于新形势下党内政治生活的若干准则》规定,“党的各级组织和全体党员必须对党忠诚老实、光明磊落,说老实话、办老实事、做老实人,如实向党反映和报告情况”。每一名党员在任何时候都必须对党忠诚老实,尤其是在党组织审查处理其违纪行为期间,更应该对自己犯的错误认真反省检讨,积极主动地向组织如实坦白,积极协助组织及时查清违纪事实,决不允许有串供、伪造证据、隐匿证据、阻止他人揭发检举、包庇同案人员、提供虚假情况、掩盖事实等对抗组织审查行为,这既是党员的义务,也是党员必须遵守的一项政治纪律。对于严重违纪甚至涉嫌违法,执迷不悟、拒绝挽救,对抗欺瞒组织、负隅顽抗到底的,必须坚决依纪依法严肃处理。

62. 组织、参加反党集会、游行、示威、宣讲活动的,支持上述行为以及未经批准参加上述活动的应如何处分?

《纪律处分条例》第五十七条规定:“组织、参加反对党的基本理论、基本路线、基本方略或者重大方针政策的集会、游行、示威等活动的,或者以组织讲座、论坛、报告会、座谈会等方式,反对党的基本理论、基本路线、基本方略或者重大方针政策,造成严重不良影响的,对策划者、组织者和骨干分子,给予开除党籍处分。

对其他参加人员或者以提供信息、资料、财物、场地等方式支持上述活动者，情节较轻的，给予警告或者严重警告处分；情节较重的，给予撤销党内职务或者留党察看处分；情节严重的，给予开除党籍处分。

对不明真相被裹挟参加，经批评教育后确有悔改表现的，可以免予处分或者不予处分。

未经组织批准参加其他集会、游行、示威等活动，情节较轻的，给予警告或者严重警告处分；情节较重的，给予撤销党内职务或者留党察看处分；情节严重的，给予开除党籍处分。”

该条分四款。第一款规定的是关于“组织、参加反对党的基本理论、基本路线、基本方略或者重大方针政策的集会、游行、示威等活动”的行为，以及“以组织讲座、论坛、报告会、座谈会等方式，反对党的基本理论、基本路线、基本方略或者重大方针政策，造成严重不良影响”的行为，对其中的策划者、组织者和骨干分子给予开除党籍处分。对于反对党的“三个基本”或者重大方针政策的“集会、游行、示威等活动”，无论是组织还是参加，对策划者、组织者和骨干分子都要给予开除党籍处分。而采取组织“讲座、论坛、报告会、座谈会等方式”的，达到造成严重不良影响的后果，对策划者、组织者和骨干分子给予开除党籍处分。对于参加讲座、论坛、报告会、座谈会并在该场合公开发表反对四项基本原则等言论的，则根据《纪律处分条例》第四十五条规定给予开除党籍处分。

第二款是关于对策划者、组织者和骨干分子之外的其他参加人员，以及为反党集会、游行、示威、宣讲活动提供支持行为者的处分规定。与第一款只有开除党籍一个处分层次不同，第二款规定对此类行为视情节轻重给予警告直至开除党籍的处分。

第三款规定对不明真相被裹挟参加，经批评教育后确有悔改表现的，可以免予处分或者不予处分。因不明真相被裹挟参加的人，主观上并不具有反对党的“三个基本”或者重大方针政策的目的，而是属于思想认识错误和觉悟水平低的问题，应当通过批评教育，提高他们的思想觉悟和认识水平。经过批评教育后确有悔改表现的，可以免予处分或者不予处分，以教育团结大多数打击极少数。

第四款规定对未经组织批准参加其他集会、游行示威等活动的，视情节轻重给予警告直至开除党籍处分。

63. 对组织、参加反党、反社会主义、敌视政府组织的应如何处分？

《纪律处分条例》第五十八条规定："组织、参加旨在反对党的领导、反对社会主义制度或者敌视政府等组织的，对策划者、组织者和骨干分子，给予开除党籍处分。对其他参加人员，情节较轻的，给予警告或者严重警告处分；情节较重的，给予撤销党内职务或者留党察看处分；情节严重的，给予开除党籍处分。"

该条分两款。第一款规定的是对组织、参加反党、反社会主义、敌视政府组织的策划者、组织者和骨干分子，给予开除党籍处分。第二款规定的是对策划者、组织者和骨干分子之外的其他参加人员，视情节轻重给予警告直至开除党籍处分。要区分策划者、组织者、骨干分子与一般成员的界限。"策划者、组织者"，主要是指筹备、谋划、安排、发动、指挥领导旨在反对党的领导、反对社会主义制度或者敌视政府等组织的人。"骨干分子"，一般是指虽不是旨在反对党的领导、反对社会主义制度或者敌视政府等组织的策划者、组织者，但在组织中态度很坚决，活动很积极，行为很激进，起了中坚、骨干作用的人。对"策划者、组织者和骨干分子"，应当给予开除党籍处分。对其他参加人员，应当情节轻重给予党纪处分。

64. 对组织、参加会道门或者邪教组织的策划者、组织者和骨干分子应如何处分？

《纪律处分条例》第五十九条规定："组织、参加会道门或者邪教组织的，对策划者、组织者和骨干分子，给予开除党籍处分。

对其他参加人员，情节较轻的，给予警告或者严重警告处分；情节较重的，给予撤销党内职务或者留党察看处分；情节严重的，给予开除党籍处分。

对不明真相的参加人员，经批评教育后确有悔改表现的，可以免予处分或者不予处分。”

“会道门”，主要是指具有封建迷信性质的会门、道门等秘密结社组织。“邪教组织”，主要是指冒用宗教气功或者其他名义建立，神化首要分子，利用制造、散布迷信邪说等手段蛊惑、蒙骗他人，发展、控制成员，危害社会的组织。组织和利用邪教组织聚众围攻、冲击国家机关，扰乱国家机关工作秩序等行为属于违法犯罪行为，需要追究相关人员党纪责任的，应当适用总则中纪法衔接条款处理。

65. 对挑拨民族关系、参加民族分裂活动行为，应当如何处分？

《纪律处分条例》第六十条规定：“从事、参与挑拨破坏民族关系制造事端或者参加民族分裂活动的，对策划者、组织者和骨干分子，给予开除党籍处分。

对其他参加人员，情节较轻的，给予警告或者严重警告处分；情节较重的，给予撤销党内职务或者留党察看处分；情节严重的，给予开除党籍处分。

对不明真相被裹挟参加，经批评教育后确有悔改表现的，可以免予处分或者不予处分。

有其他违反党和国家民族政策的行为，情节较轻的，给予警告或者严重警告处分；情节较重的，给予撤销党内职务或者留党察看处分；情节严重的，给予开除党籍处分。”

该条分四款。第一款规定的是对从事、参与挑拨破坏民族关系制造事端或者参加民族分裂活动的策划者、组织者和骨干分子，给予开除党籍处分。第二款规定的是对策划者、组织者和骨干分子之外的其他参加人员，视情节轻重给予警告直至开除党籍处分。第三款规定的是对不明真相被裹挟参加，经批评教育后确有悔改表现的，可以免予处分或者不予处分。第四款规定的是从事、参与挑拨破坏民族关系制造事端或者参加民族分裂活动以外的其他违反党和国家民族政策的行为，视情节轻重给予警告直至开除党籍处分。这里的“党和国家民族政策”主要包括坚持民族平等、加强民族团结、实行民族区域自治等政策。

要区分组织者、策划者、骨干分子与其他参加者、不明真相被裹挟参加者的界限，体现我们党一贯的严惩极少数、团结大多数的政策，尤其是对不明真相被裹挟参加的党员，更要以教育挽救为主，经批评教育后确有悔改表现的，可以免予处分或者不予处分。对于有煽动民族仇恨、民族歧视，侵犯少数民族风俗习惯等违法犯罪行为，需要追究相关人员党纪责任的，应当适用总则中纪法衔接条款处理。

66. 对组织、参加、利用宗教活动反党、破坏民族团结行为，以及违反宗教政策的行为应如何处分?

《纪律处分条例》第六十一条规定：“组织、利用宗教活动反对党的路线、方针、政策和决议，破坏民族团结的，对策划者、组织者和骨干分子，给予开除党籍处分。

对其他参加人员，给予撤销党内职务或者留党察看处分；情节严重的，给予开除党籍处分。

对不明真相被裹挟参加，经批评教育后确有悔改表现的，可以免予处分或者不予处分。

有其他违反党和国家宗教政策的行为，情节较轻的，给予警告或者严重警告处分；情节较重的，给予销党内职务或者留党察看处分；情节严重的，给予开除党籍处分。”

本条是关于组织、参加、利用宗教活动反党、破坏民族团结行为，以及违反宗教政策行为及其适用的处分种类和幅度的规定。

《党章》总纲规定：“全面贯彻党的宗教工作基本方针，团结信教群众为经济社会发展作贡献。”《关于新形势下党内政治生活的若干准则》规定，“不准纵容和支持宗教极端势力、民族分裂势力、暴力恐怖势力及其活动”。组织、利用宗教活动反对党的路线、方针、政策和决议，破坏民族团结，是一种严重的违纪行为，必须严肃追究党纪责任。

本条分四款。第一款规定的是对组织、利用宗教活动反对党的路线、方针、政策和决议、破坏民族团结的策划者、组织者和骨干分子，给予开除党籍处分。这里的“组织”主要是指策划、指挥宗教活动，反对党的路线、方针、政策和决议的行为。这里的“利用”，主要是指利用宗教活动进行招摇撞骗，蛊惑群众，反对党的路线、方针政策和决议的行为。第二款规定的是对策划者、组织者和骨干分子以外的其他参加人员，给予撤销党内职务或者留党察看处分；情节严重的，给予开除党籍处分。第三款规定的是对不明真相被裹挟参加，经批评教育后确有悔改表现的，可以免予处分或者不予处分。第四款规定的是有除组织、利用宗教活动反对党的领导、破坏民族团结以外的其他违反党和国家宗教政策的行为，如干涉他人宗教信仰自由，或者干涉宗教团体的正当教务活动，视情节轻重给予警告直至开除党籍处分。这样规定，有利于全面惩处违反党和国家宗教政策的各种具体的违纪行为。要区分策划者、组织者、骨干分子与其他参加者、不明真相被裹挟参加者的界限，体现我们党一贯的严惩极少数、团结大多数的政策，尤其是对不明真相被裹挟参加的党员，更要以教育挽救为主，经批评教育后确有悔改表现的，可以免予处分或者不予处分。

2003 年《纪律处分条例》规定了相关内容；2015 年修订时删除了“煽动骚乱闹事，破坏国家统一”的文字表述，以体现纪法分开原则；此次修订，对策划者、组织者和骨干分子的处分档次由“留党察看或者开除党籍”修改为“开除党籍”，对其他参加人员的处分档次，由警告直至开除党籍修改为撤销党内职务直至开除党籍。

67. 对信仰宗教的党员应如何处分?

《纪律处分条例》第六十二条规定:“对信仰宗教的党员,应当加强思想教育,经党组织帮助教育仍没有转变的,应当劝其退党;劝而不退的,予以除名;参与利用宗教搞煽动活动的,给予开除党籍处分。”

《党章》第三条规定党员必须履行的义务,包括“认真学习马克思列宁主义、毛泽东思想、邓小平理论、‘三个代表’重要思想、科学发展观、习近平新时代中国特色社会主义思想”。《党章》第三十二条规定党的基层组织的基本任务之一是对党员进行教育、管理、监督和服务,提高党员素质,坚定理想信念。《关于新形势下党内政治生活的若干准则》将一些党员干部理想信念不坚定列为党内政治生活中出现的突出问题之一,明确规定党员“不准信仰宗教”。

共产党员信仰宗教,已经不符合共产党员条件,根据《党章》第九条规定,党员不符合党员条件,党组织应当对他进行教育,要求他限期改正;经教育仍无转变的,应当劝他退党;如被劝告退党的党员坚持不退,应当决定把他除名。而参与利用宗教搞煽动活动的党员,危害十分严重,影响非常恶劣,表明其已背叛了党的事业,丧失了共产党员条件,应当给予开除党籍处分。

《纪律处分条例》对《党章》和《关于新形势下党内政治生活的若干准则》要求作出细化具体化,把一贯的政策要求在条例中固定下来,对保证党员坚定理想信念,保持和发展党的先进性和纯洁性提供纪律保证。

68. 对于申请政治避难、外逃、在国外公开发表反党、反政府言论的应如何处分?

《纪律处分条例》第六十五条规定:“在国(境)外、外国驻华使(领)馆申请政治避难,或者违纪后逃往国(境)外、外国驻华使(领)馆的,给予开除党籍处分。

在国(境)外公开发表反对党和政府的文章、演说、宣言、声明等的，依照前款规定处理。

故意为上述行为提供方便条件的，给予留党察看或者开除党籍处分。”

所谓“申请政治避难”，一般是指党员以所谓的“政治原因”为借口，逃往国（境）外或者外国驻华使（领）馆，申请取得居留权并居住在国（境）外或者外国驻华使（领）馆的行为。

所谓“违纪后逃往国（境）外、外国驻华使（领）馆”，一般是指党员违纪之后，为逃避纪律处分，逃往国（境）外或者外国驻华使（领）馆的行为。无论是向外国申请政治避难，还是违纪后逃往国（境）外，表明该党员已彻底背叛了党的事业，完全丧失了共产党员条件，应当给予开除党籍处分。

所谓“提供方便条件”，主要是指为上述行为人提供有助于其申请政治避难、外逃或者在国（境）外公开发表反党、反政府言论得以实现的各种有利条件，如为其开具证明、代办护照签证、帮助购买车船机票、提供经济资助、提供落脚点、协助其偷渡、为其提供信息提供发表反动言论的平台，等等。

69. 在涉外活动中损害党和国家尊严、利益的应如何处分?

《纪律处分条例》第六十六条规定：“在涉外活动中，其言行在政治上造成恶劣影响，损害党和国家尊严、利益的，给予撤销党内职务或者留党察看处分；情节严重的，给予开除党籍处分。”

涉外活动是为国家最高利益服务的，直接关系到党和国家的尊严和荣誉，具有很强的政治性。不管在什么时候，作为一名党员，在涉外活动中都应该注意维护党和国家的尊严、利益，绝不能做任何损害党和国家尊严、利益的事情，否则就要受到严肃的惩处。该条规定的违纪行为主要包括两个条件：一是该言行发生在涉外活动中；二是该言行在政治上造成恶劣影响，损害党和国家的尊严、利益。

70. 履行全面从严治党主体责任、监督责任失职的应如何处分？

《纪律处分条例》第六十七条规定："不履行全面从严治党主体责任、监督责任或者履行全面从严治党主体责任、监督责任不力，给党组织造成严重损害或者严重不良影响的，对直接责任者和领导责任者，给予警告或者严重警告处分；情节严重的，给予撤销党内职务或者留党察看处分。"

习近平总书记指出，各级党组织要把全面从严治党政治责任担负起来，守土有责，守土负责，守土尽责。党章总纲规定："强化管党治党主体责任和监督责任，加强对党的领导机关和党员领导干部特别是主要领导干部的监督，不断完善党内监督体系。"《关于新形势下党内政治生活的若干准则》规定："落实党委主体责任和纪委监督责任，强化责任追究。党委（党组）主要负责人要认真履行第一责任人责任。"《中国共产党党内监督条例》规定："党委（党组）在党内监督中负主体责任，书记是第一责任人，党委常委会委员（党组成员）和党委委员在职责范围内履行监督职责。""党的各级纪律检查委员会是党内监督的专责机关，履行监督执纪问责职责"。《中国共产党问责条例》将"全面从严治党不力，主体责任、监督责任落实不到位"列为应当问责的失职失责情形之一。

从近年来查处的严重违纪违法案件看，有的曾主政一方的党员领导干部自身腐败，抓队伍腰杆不硬，奉行好人主义，带坏了队伍，败坏了风气；有的管辖范围内明知存在严重违纪违法行为却视而不见，对违纪违干部纵容默许；有的重业务、轻党建，管党治党严重失职失责，监督管理不力，对有关违纪违法问题的发生负有领导责任等，危害不容忽视。《纪律处分条例》对《党章》和《关于新形势下党内政治生活的若干准则》要求作出细化具体化，并与其他党内法规相衔接，以严格的纪律处分规定，保障全面从严治党政治责任落实。

71. 对放任违反政治纪律、政治规矩的应当如何处分?

《纪律处分条例》第六十八条规定:“党员领导干部对违反政治纪律和政治规矩等错误思想和行为不报告、不抵制、不斗争,放任不管,搞无原则一团和气,造成不良影响的,给予警告或者严重警告处分;情节严重的,给予撤销党内职务或者留党察看处分。”

党员领导干部讲团结不是要搞一团和气,讲和谐不是要“和稀泥”,在大是大非问题上,要有正确立场和鲜明态度,敢于站出来说话,敢于表明自己的态度。《党章》总纲规定:“党在自己的政治生活中正确地开展批评和自我批评,在原则问题上进行思想斗争,坚持真理修正错误。”《党章》第三条将“切实开展批评和自我批评,勇于揭露和纠正违反党的原则的言行和工作中的缺点错误,坚决同消极腐败现象作斗争”列为党员必须履行的义务之一。第三十二条将“教育党员和群众自觉抵制不良倾向,坚决同各种违纪违法行为作斗争”列为党的一项基本任务。第三十六条在党的各级领导干部必须具备的基本条件中专门强调“坚持原则”。《关于新形势下党内政治生活的若干准则》规定:“对在大是大非问题上没有立场、没有态度、无动于衷、置身事外,在错误言行面前不抵制、不斗争,明哲保身、当老好人等政治不合格的坚决不用,已在领导岗位的要坚决调整,情节严重的要严肃处理。”“党的各级组织必须担负起执行和维护政治纪律和政治规矩的责任,对违反政治纪律的行为要坚决批评制止,不能听之任之。”

一些党员领导干部忘记自己的职责,怕得罪人,当老好人,当太平官,对违反政治纪律和政治规矩等错误思想和行为不斗争,睁一只眼闭一只眼,得过且过,甚至该报告不报告,该批评不批评,该纠正不纠正,该查处不查处,丧失了党性原则和立场,破坏政治生态和政治环境,给党造成严重损害。《纪律处分条例》规定对违反政治纪律和政治规矩等错误思想和行为不报告、不抵制、不斗争，放任不管，搞无原则一团和气，造成不良影响的，给予纪律处分，为营造良好的政治生态和政治氛围提供保障。

该条规定的主体是党员领导干部，而且是造成了不良影响，才追究党纪责任，如果情节较轻，没有造成不良影响，可以对行为人给予批评教育或者组织处理。

72. 如何把握违反党的规矩行为及其适用处分种类和幅度？

《纪律处分条例》第六十九条规定："违反党的优良传统和工作惯例等党的规矩，在政治上造成不良影响的，给予警告或者严重警告处分；情节较重的，给予撤销党内职务或者留党察看处分；情节严重的，给予开除党籍处分。"

党的规矩主要是指党的各级组织和全体党员必须遵守的行为规范和规则，是《党章》、纪律、法律的规范要求和党的优良传统、工作惯例等的总和，既包括成文的党纪法规，也包括传统、习惯等不成文的规矩。《党章》等党内规章制度、党的纪律和国家法律，这些是成文的规矩，党在长期实践中形成的优良传统、工作惯例等未明文列入纪律的规矩，是不成文的纪律。我们党在长期实践中形成的优良传统和工作惯例等党内规矩，经过实践检验，约定俗成、行之有效，需要全党长期坚持并自觉遵循。违反了这些优良传统和工作惯例，在政治上造成了不良影响，应当受到党纪惩处。

该条规定对违反党的规矩的行为，在政治上造成不良影响的要视情节给予党纪处分。所谓"在政治上造成不良影响"，主要是指损害党的政治形象，破坏党同人民群众的关系，破坏党的团结统一等。还应当区分该违纪行为与其他反政治纪律行为。《纪律处分条例》聚焦当前党内存在的破坏规矩的突出问题，已经把一些违反党的优良传统、工作惯例等原来未明文列入纪律的规矩明确规定为纪律，设定了相应的处分条款，违反了这些规矩就要适用相应的处分条款。该条是违反党的政治规矩的概括性条款，在其他条文不能涵盖的时候，才予以适用，以高标准、严要求严明党的政治纪律和政治规矩，进而带动其他纪律严起来。还要注意该条不是违反政治纪律行为的兜底性条款，考虑到政治纪律的严肃性，《纪律处分条例》没有对违反政治纪律的行为设定兜底条款。

73. 怎样理解对违反民主集中制原则行为及其适用的处分种类和幅度的规定？

民主集中制是党的根本组织原则，是党内政治生活正常开展的重要制度保障。党章规定，“党是根据自己的纲领和章程，按照民主集中制组织起来的统一整体”，并规定了民主集中制的六项基本原则。《关于新形势下党内政治生活的若干准则》也明确规定，“坚决反对和防止独断专行或各自为政，坚决反对和防止议而不决、决而不行、行而不实，坚决反对和防止以党委集体决策名义集体违规”等。完善和落实民主集中制的各项制度，坚持民主基础上的集中和集中指导下的民主相结合，既充分发扬民主，又善于集中统一。坚持集体领导制度，实行集体领导和个人分工负责相结合，是民主集中制的重要组成部分，必须始终坚持。明确对这些问题进行纪律责任追究，有利于促使各级领导干部特别是主要领导干部带头执行民主集中制，把个人服从组织、少数服从多数、下级组织服从上级组织、全党各个组织和全体党员服从党的全国代表大会和中央委员会的原则落到实处。因此，《纪律处分条例》第七十条规定：“违反民主集中制原则，有下列行为之一的，给予警告或者严重警告处分；情节严重的，给予撤销党内职务或者留党察看处分：（一）拒不执行或者擅自改变党组织作出的重大决定的；（二）违反议事规则，个人或者少数人决定重大问题的；（三）故意规避集体决策，决定重大事项、重要干部任免、重要项目安排和大额资金使用的；（四）借集体决策名义集体违规的。”

第一项规定中所谓“重大决定”，主要是指党组织按照议事规则和决策程序作出的有关工作任务部署，干部任免、调整和处理等决定，对党组织成员具有约束力，必须服从和执行。因此，不论是拒不执行，还是擅自改变党组织作出的重大决定，均构成违纪。第二项规定中的“违反议事规则”，主要指违反党章第十条“凡属重大问题都要按照集体领导、民主集中、个别酝酿、会议决定的原则，由党的委员会集体讨论，作出决定”的规定以及各级党组织制定的具体议事规则和决策程序。第三项规定中的“故意规避集体决策”，主要是指个人或少数人故意违反有关议事规则和决策程序，不以集体讨论、会议决定的形式对职责权限内的“三重一大”事项作出决策，或者紧急情况下由个人或少数人临时决定的，事后未及时向班子报告等。“三重一大”事项，主要是指重大事项、重要干部任免、重要项目安排和大额资金使用。第四项规定的借集体决策名义集体违规的违纪行为，虽然这种行为符合集体议事规则和决策程序，但有集体违规决策的事实，集体决策程序成为掩饰集体违规目的的方法和手段。有以上四种行为之一的，给予警告或者严重警告处分；情节严重的，给予撤销党内职务或者留党察看处分。

实践中，有的党组织一把手只讲集中不讲民主，习惯于逢事先定调，重大问题不经班子成员充分酝酿和讨论就拍板，甚至对多数人的意见也置之不理。有的存在拒不执行和改变上级党组织的决定，落实上级党组织决策搞变通，在单位重大问题决策方面搞名为集体领导、实际上个人或少数人说了算，名为集体负责、实际上无人负责，或者借集体决策名义搞集体违规等典型问题等，都是应当受到《纪律处分条例》处分的行为。

74. 对下级党组织拒不执行或者擅自改变上级党组织决定的行为，应当如何处分？

习近平总书记指出：“党章规定的‘四个服从’，既是党内最基本的组织原则，也是最基本的组织纪律。”《党章》第十条规定

“下级组织服从上级组织”，第十六条规定“党的下级组织必须坚决执行上级组织的决定”，是民主集中制的重要内容，也是贯彻党的路线方针政策和增强党内生活政治性、原则性、战斗性必须遵守的组织纪律要求，要不折不扣贯彻执行。因此，《纪律处分条例》第七十一条规定：“下级党组织拒不执行或者擅自改变上级党组织决定的，对直接责任者和领导责任者，给予警告或者严重警告处分；情节严重的，给予撤销党内职务或者留党察看处分。”针对上述下级党组织违反民主集中制原则具体情形的规定，如果是党员个人有这种行为，应依据《纪律处分条例》第七十条、第七十二条的规定，追究纪律责任。下级党组织对上级党组织的决定，如果认为不符合本地区、本部门的实际情况，可以请求改变；如果上级党组织坚持原决定，下级党组织必须执行，并不得公开发表不同意见，但有权向再上一级党组织报告。

75. 对拒不执行组织人事安排等决定的行为，应当如何处分?

习近平总书记指出：“全党同志要强化组织意识，时刻想到自己是党的人，是组织的一员，时刻不忘自己应尽的义务和责任，相信组织、依靠组织、服从组织，自觉接受组织安排和纪律约束，自觉维护党的团结统一。”《党章》第三条规定，“执行党的决定，服从组织分配，积极完成党的任务”是党员的义务。《关于新形势下党内政治生活的若干准则》明确规定，“领导干部要自觉服从组织分工安排，任何人都不能向组织讨价还价、不服从组织安排”，“坚决禁止向党组织讨价还价、不服从组织决定的行为”。一些党员干部个人主义、自由主义严重，目无组织纪律，向组织讨价还价，不服从组织人事安排、工作分工、任务分配等决定，导致决而不行，破坏了民主集中制原则，损害了党组织威信，对这种行为如不严格纪律约束，党就会失去战斗力凝聚力和向心力，成为一盘散沙。因此，《纪律处分条例》第七十二条规定：“拒不执行党组织的分配、调动、交流等决定的，给予警告、严重警告或者撤销党内职务处分。在特殊时期或者紧急状况下，拒不执行党组织决定的，给予留党察看或者开除党籍处分。”

第一款规定的事项不仅包括分配调动、交流等人事安排决定，也包括党组织的其他决定。对于上述行为，应当给予警告、严重警告或者撤销党内职务处分。第二款规定中所谓“特殊时期或者紧急状况”，主要是指造成或者可能造成严重社会危害，需要采取紧急处置措施予以应对的自然灾害、事故灾难、公共卫生事件和社会安全事件等情况。特殊时期或者紧急状况下，拒不执行党组织决定，可能带来不可挽回的严重后果，给人民群众利益造成更加严重的损害，给党和国家带来更加严重的不良影响，应当给予留党察看或者开除党籍处分。

76. 怎样理解关于不如实报告个人有关事项、不如实说明问题、不如实填报档案等行为的处分种类和幅度规定?

习近平总书记指出：“党员、干部要正确对待组织，对党组织忠诚老实。在党组织面前，党员、干部不能隐瞒自己，不能信口雌黄。党员、干部应该言行一致、表里如一，讲真话、讲实话、讲心里话。”因此，《纪律处分条例》第七十三条规定：“有下列行为之一，情节较重的，给予警告或者严重警告处分：（一）违反个人有关事项报告规定，隐瞒不报的；（二）在组织进行谈话、函询时，不如实向组织说明问题的；（三）不按要求报告或者不如实报告个人去向的；（四）不如实填报个人档案资料的。篡改、伪造个人档案资料的，给予严重警告处分；情节严重的，给予撤销党内职务或者留党察看处分。隐瞒入党前严重错误的，一般应当予以除名；对入党后表现尚好的，给予严重警告、撤销党内职务或者留党察看处分。”

第一款第一项规定中的“个人有关事项报告规定”，主要是指中共中央办公厅、国务院办公厅2017年印发的《领导干部报告个人有关事项规定》和《领导干部个人有关事项报告查核结果处理办法》，应当报告的事项都是与领导干部权力行使关联紧密的家事、家产情况。各级领导干部应当对党忠诚老实，按规定如实报告个人有关事项，自觉接受组织监督。领导干部违反规定隐瞒不报，情节较重的给予纪律处分。对于无正当理由不按时报告、漏报少报等的，党组织可以根据情节轻重，给予批评教育、组织调整或者组织处理。第二项规定的中的“谈话、函询”包括两种情况：一是指问题线索处置方式中的谈话函询；二是指组织人事部门根据相关规定进行的函询，以及党委（党组）作出的函询。此项重在强调没有如实向组织说明问题的行为。对于为逃避惩处而故意向组织提供虚假情况，掩盖事实的，可以适用本条例第五十六条对抗组织审查行为的规定处理。第三项规定是落实习近平总书记关于党员干部“游必有方”的要求，防止出现“独来独往、天马行空”等目无组织、不向组织报告个人去向的情形。第四项规定的不如实填报个人档案资料的行为，主要包括不如实填报身份、年龄、工龄、党龄、学历、经历等方面的档案资料信息。

第二款规定的党员干部篡改、伪造个人档案资料，严重违背对党忠诚老实的基本义务。因此，只要实施了该行为，无论情节轻重，党组织都应当给予纪律处分。第一款第四项“不如实填报个人档案资料”行为与第二款“篡改、伪造个人档案资料”行为的界限是，前者重在强调“不如实填报的”是原始的、首次登记填报的个人档案资料；后者重在强调“篡改、伪造”的是现有的、已经存在的个人档案资料。

第三款根据有关规定，党员向党组织隐瞒的入党前的错误行为，如属重大问题，一般应对该党员予以党内除名；对于入党多年且一贯表现良好或在工作中做出了突出贡献的，可留在党内，以向党组织隐瞒严重错误量纪，酌情给予党纪处分。党员向党组织隐瞒的入党前的错误如属一般问题，可不予追究，但要对该党员进行批评教育。

77. 对于违规组织、参加乡友会行为的处分种类和幅度是如何规定的?

在社会上,一些领导干部通过参加自发成立的老乡会、校友会、战友会等组织,或者频繁参加老乡、校友、战友之间的各种联谊类活动,编织"关系网",拉"小圈子",搞非组织活动,在干部群众中产生了不良影响,有必要对这类行为予以制止。因此,《纪律处分条例》第七十四条规定:"党员领导干部违反有关规定组织、参加自发成立的老乡会、校友会、战友会等,情节严重的,给予警告、严重警告或者撤销党内职务处分。"

这里的"违反有关规定"主要是指,违反2002年中央纪委、中央组织部、解放军总政治部印发的《关于领导干部不得参加自发成立的"老乡会""校友会""战友会"组织的通知》等规定。根据通知,领导干部不得参加自发成立(未经民政部门登记注册)的老乡、校友、战友之间的各种联谊会之类的组织,不得担当这类联谊会的发起人和组织者,不得在这类联谊会中担任相应职务。领导干部参加老乡、校友、战友之间的各种联谊类活动,不得借机编织"关系网",搞亲亲疏疏,团团伙伙,更不得有"结盟""金兰结义"等行为。党员领导干部违反上述规定行为的,党组织要及时进行批评教育,促其改正;对违背组织原则,情节严重的,要给予党纪处分。党员领导干部参加正常范围内的老乡、校友、战友聚会,进行健康文明、积极向上的人际交往,并不违反党的纪律。

78. 对于搞拉票助选等非组织活动行为适用的处分种类和幅度是如何规定的?

习近平总书记反复强调的"七个有之"问题,其中之一就是搞收买人心、拉动选票。拉票贿选直接冲击中国特色社会主义政治制度,动摇党的干部工作根基,危害党的政治生态,损害党和国家形象。《关于新形势下党内政治生活的若干准则》明确规定:"党的任何组织和个人不得以任何方式妨碍选举人依照规定自主行使选举权，坚决反对和防止侵犯党员选举权和被选举权的现象，坚决防止和查处拉票贿选等行为”，“坚决禁止跑官要官、买官卖官、拉票贿选等行为”。

《纪律处分条例》第七十五条规定：“有下列行为之一的，给予警告或者严重警告处分；情节较重的，给予撤销党内职务或者留党察看处分；情节严重的，给予开除党籍处分：（一）在民主推荐、民主测评、组织考察和党内选举中搞拉票、助选等非组织活动的；（二）在法律规定的投票、选举活动中违背组织原则搞非组织活动，组织、怂恿、诱使他人投票、表决的；（三）在选举中进行其他违反党章、其他党内法规和有关章程活动的。搞有组织的拉票贿选，或者用公款拉票贿选的，从重或者加重处分。”

第一款中第一项规定的是在民主推荐、民主测评、组织考察和党内选举中搞拉票、助选等非组织活动。第二项规定主要是指，在法律规定的投票选举活动中，不贯彻组织意图，违背组织意图，组织、怂恿、诱使他人投票、表决。这种行为严重阻碍了党组织意图的实现，对于使党的主张通过法定程序成为国家意志，对于使党组织推荐的人选通过法定程序成为国家机关的领导人具有极大的破坏力。第三项规定的主要是指，伪造选举文件、篡改选举结果或者虚报选举票数等活动。党员只要有上述行为即应给予纪律处分，体现了党组织对这类行为的“零容忍”态度。

第二款规定的是搞有组织的拉票贿选，或者用公款拉票贿选的行为。此类行为比一般的拉票、助选、干扰选举等活动对党的纪律和党员权利的破坏更为严重，对政治生态影响更为恶劣。因此，条例规定对这两种拉票贿选行为依据第一款规定从重或者加重处分。

党的十八大以来，我们党严肃查处湖南衡阳破坏选举案、四川南充拉票贿选案、辽宁拉票贿选案等破坏党内选举制度和人大选举制度的重大案件，充分体现了坚持全面从严治党、坚决惩治腐败的鲜明态度，有力维护了党纪国法的权威和尊严，得到了广大党员干部和人民群众衷心拥护和支持。

79. 关于违规选任干部和用人失察失误行为适用处分种类和幅度是如何规定的?

吏治腐败是最大的腐败，用人腐败必然导致用权腐败。从严治党，必先从严治吏，要抓住管权治吏的要害，从严查处用人腐败。《关于新形势下党内政治生活的若干准则》规定，“坚持正确选人用人导向，是严肃党内政治生活的组织保证”，“党的各级组织必须自觉防范和纠正用人上的不正之风和种种偏向。坚决禁止跑官要官、买官卖官、拉票贿选等行为”，“领导干部要带头执行党的干部政策，不准任人唯亲、搞亲亲疏疏，不准封官许愿、跑风漏气、收买人心，不准个人为干部提拔任用打招呼、递条子。……”还规定“加强选人用人监督问责，对用人失察失误的严肃追究责任”。因此，《纪律处分条例》第七十六条规定：“在干部选拔任用工作中，有任人唯亲、排斥异己、封官许愿、说情干预、跑官要官、突击提拔或者调整干部等违反干部选拔任用规定行为，对直接责任者和领导责任者，情节较轻的，给予警告或者严重警告处分；情节较重的，给予撤销党内职务或者留党察看处分；情节严重的，给予开除党籍处分。用人失察失误造成严重后果的，对直接责任者和领导责任者，依照前款规定处理。”

第一款中规定的所谓“违反干部选拔任用规定”，主要是指违反中共中央印发的《党政领导干部选拔任用工作条例》《干部选拔任用工作监督检查和责任追究办法》等法规，《党政领导干部选拔任用工作条例》第六十一条明确规定了干部选任工作十个方面的纪律要求，例如，不准私自泄露动议、民主推荐、民主测评、考察、酝酿、讨论决定干部等有关情况；不准在干部考察工作中隐瞒或者歪曲事实真相；不准利用职务便利私自干预下级或者原任职地区、单位干部选拔任用工作；不准在工作调动、机构变动时，突击提拔、调整干部；不准在干部选拔任用工作中封官许愿，任人唯亲，营私舞弊；等等。党员干部有上述行为的，党组织可以依据本款规定给予纪律处分。买官卖官行为是典型的行贿受贿行为，根据最高人民法院、最高人民检察院《关于办理贪污贿赂刑事案件适用法律若干问题的解释》第七条规定，“通过行贿谋取职务提拔、调整的”，收送一万元即可构成受贿罪和行贿罪，党组织应当适用总则中纪法衔接条款处理。

第二款的规定重在强调用人失察失误造成严重后果的行为，即不认真履行职责，选拔任用了不符合选拔、任用条件的干部，给党、国家和人民利益造成了严重损失或者给党的声誉造成恶劣影响等情况，才给予纪律处分；对没有造成严重后果的，党组织可以给予批评教育、组织调整或者组织处理等。

80. 对于违规谋取人事利益行为适用处分种类和幅度是如何规定的？

习近平总书记指出，要严明组织人事纪律，对违反组织人事纪律的坚决不放过。《关于新形势下党内政治生活的若干准则》明确规定：“凡因弄虚作假、隐瞒实情给党和人民事业造成重大损失的，凡因弄虚作假、隐瞒实情骗取荣誉、地位、奖励或其他利益的，凡因纵容、唆使、暗示或强迫下级弄虚作假、隐瞒实情的，都要依纪依规严肃问责追责。”因此，《纪律处分条例》第七十七条规定：“在干部、职工的录用、考核、职务晋升、职称评定和征兵、安置复转军人等工作中，隐瞒、歪曲事实真相，或者利用职权或者职务上的影响违反有关规定为本人或者其他人谋取利益的，给予警告或者严重警告处分；情节较重的，给予撤销党内职务或者留党察看处分；情节严重的，给予开除党籍处分。弄虚作假，骗取职务、职级、职称、待遇、资格、学历、学位、荣誉或者其他利益的，依照前款规定处理。”

第一款规定的是隐瞒、歪曲事实真相或者利用职权或职务上的影响违规谋取人事利益的行为。这里的“违反有关规定”，主要是指违反党的有关干部、劳动、人事工作方面的法规制度，如《党政领导干部选拔任用工作条例》《地方党政领导班子和领导干部综合考核评价办法（试行）》《党政工作部门领导班子和领导干部综合考核评价办法（试行）》《党政领导干部考核工作案例》等法规。党员干部利用职权或者职务上的影响违反规定为他人谋取人事利益的，如果收受他人财物，则属于受贿行为，应当适用本条例总则中纪法衔接条款处理。

第二款规定的是弄虚作假，骗取职务、职级、职称、待遇、资格、学历、学位、荣誉或者其他利益的行为。“弄虚作假”，一般是指以虚构、谎报、隐瞒、伪造事实的手段，欺骗组织，取得上述人事利益的行为。对实施本款规定的行为所获得的职务、职级、职称、待遇、资格、学历、学位、荣誉或者其他利益，依据本条例第四十条规定，应当由承办案件的纪检机关或者由其上级纪检机关建议有关组织、部门、单位按照规定予以纠正。

81. 对于侵犯党员表决权、选举权和被选举权行为适用处分种类和幅度是如何规定的?

党章第四条规定“行使表决权、选举权，有被选举权”是党员的基本权利之一，并且明确规定“党的任何一级组织直至中央都无权剥夺党员的上述权利”。《关于新形势下党内政治生活的若干准则》规定，“必须尊重党员主体地位、保障党员民主权利，落实党员知情权、参与权、选举权、监督权，保障全体党员平等享有党章规定的党员权利、履行党章规定的党员义务”，“党内选举必须体现选举人意志，规范和完善选举制度规则。党的任何组织和个人不得以任何方式妨碍选举人依照规定自主行使选举权，坚决反对和防止侵犯党员选举权和被选举权的现象，坚决防止和查处拉票贿选等行为”。因此，《纪律处分条例》第七十八条规定：“侵犯党员的表决权、选举权和被选举权，情节较重的，给予警告或者严重警告处分；情节严重的，给予撤销党内职务处分。以强迫、威胁、欺骗、拉拢等手段，妨害党员自主行使表决权、选举权和被选举权的，给予撤销党内职务、留党察看或者开除党籍处分。”

第一款规定的是侵犯党员表决权、选举权和被选举权的违纪行为。“表决权”，主要是指党员在党组织讨论决定问题时按照规定参加表决，并可以表示赞成、不赞成或者弃权的权利。“选举权”，主要是指参加选举的党员了解候选人情况、要求改变候选人、选或不选任何一个候选人和另选他人的权利。“被选举权”，主要是指党员享有的经过规定程序成为候选人和当选的权利。

与第一款相比，第二款是特殊条款，主要强调以强迫、威胁、欺骗、拉拢等手段，妨害党员自主行使表决权、选举权和被选举权的，无论情节轻重，应当给予撤销党内职务以上重处分。而对于以其他方式侵犯党员表决权、选举权和被选举权的行为，比如，故意不通知有选举权、被选举权的党员参加选举，或者故意不通知有表决权的党员参加党的重要会议等，则需要达到情节较重的，才给予警告直至撤销党内职务处分。

《中华人民共和国刑法》规定的破坏选举罪，是指在选举各级人民代表大会代表和国家机关领导人员时，以暴力、威胁、欺骗、贿赂、伪造选举文件、虚报选举票数等手段破坏选举或者妨害选民和代表自由行使选举权和被选举权，情节严重的行为。两者最大的区别在于侵犯的对象不同，破坏选举罪侵犯的是公民选举各级人民代表大会代表和国家机关领导人员的权利；本条规定的违纪行为侵犯的是党员在党内的表决权、选举权和被选举权。如果党员涉嫌触犯破坏选举罪的，应当适用本条例总则中纪法衔接条款处理。

82. 对于侵犯党员权利行为适用处分种类和幅度是如何规定的?

《党章》第四条规定:“党员享有下列权利:(一)参加党的有关会议，阅读党的有关文件，接受党的教育和培训。(二)在党的会议上和党报党刊上，参加关于党的政策问题的讨论。(三)对党的工作提出建议和倡议。(四)在党的会议上有根据地批评党的任何组织和任何党员，向党负责地揭发、检举党的任何组织和任何党员违法乱纪的事实，要求处分违法乱纪的党员，要求罢免或撤换不称职的干部。（五）行使表决权、选举权，有被选举权。（六）在党组织讨论决定对党员的党纪处分或作出鉴定时，本人有权参加和进行申辩，其他党员可以为他作证和辩护。（七）对党的决议和政策如有不同意见，在坚决执行的前提下，可以声明保留，并且可以把自己的意见向党的上级组织直至中央提出。（八）向党的上级组织直至中央提出请求、申诉和控告，并要求有关组织给予负责的答复。党的任何一级组织直至中央都无权剥夺党员的上述权利。”《关于新形势下党内政治生活的若干准则》规定，“必须尊重党员主体地位、保障党员民主权利，落实党员知情权、参与权、选举权、监督权，保障全体党员平等享有党章规定的党员权利、履行党章规定的党员义务”。

任何侵犯党员权利的行为都应当受到党纪处分，因此，《纪律处分条例》第七十九条规定：“有下列行为之一的，给予警告或者严重警告处分；情节较重的，给予撤销党内职务或者留党察看处分；情节严重的，给予开除党籍处分：（一）对批评、检举、控告进行阻挠、压制，或者将批评、检举、控告材料私自扣压、销毁，或者故意将其泄露给他人的；（二）对党员的申辩、辩护、作证等进行压制，造成不良后果的；（三）压制党员申诉，造成不良后果的，或者不按照有关规定处理党员申诉的；（四）有其他侵犯党员权利行为，造成不良后果的。对批评人、检举人、控告人、证人及其他人员打击报复的，从重或者加重处分。党组织有上述行为的，对直接责任者和领导责任者，依照第一款规定处理。”

第一款分四项，第一项规定的是对党员批评、检举、控告进行阻挠、压制，或者将批评、检举、控告材料私自扣压、销毁，或者故意将其泄露给他人的违纪行为。“批评”，主要是指党员依照相关规定，对党的组织或其他党员提出要求其克服改正的意见的活动。“检举”，主要是指党员依照相关规定，对党的组织、党员的违纪违法行为进行检举揭发，要求有关部门予以追究的活动。“控告”，主要是指党员在自己合法权益受到侵害时，依照规定向有关党组织进行告诉，要求维护自身权益并追究有关单位、人员的责任的权利。第二项规定的是对党员的申辩、辩护、作证等进行压制，造成不良后果的行为。“申辩”主要是指在党组织讨论决定对党员的党纪处分或者作出鉴定时，党员本人所作的申明和辩解。“辩护”，主要是指在党组织讨论决定对党员的党纪处分或者作出鉴定时，其他党员所作的对被讨论的党员有利的证言和辩解。“作证”，主要是指党员就自己所了解的某种情况，向党组织提供证言、作出证明。本项规定的行为需要达到“造成严重后果的”，才给予纪律处分。第三项规定的是压制党员申诉，造成不良后果的，或者不按照有关规定处理党员申诉的行为。“申诉”，主要是指党员对所受的处分或者处理不服时，向原处理机关或者上级机关提出要求予以公正处理的意见。第四项规定的是有其他侵犯党员权利，造成不良后果的行为。如禁止党员对党的工作提出建议等行为。

第二款规定的是对批评人、检举人、控告人、证人及其他人员打击报复的行为，主要包括两种情形：一是利用职权直接或者间接损害批评人、检举人、控告人、证人及其他人员的人身权利、民主权利及其他合法权益；二是没有利用职权而是出于打击报复的目的，对批评人、检举人、控告人、证人及其他人员采用恐吓、行凶、伤害等手段进行报复。党员有上述行为的，依照第一款规定从重或者加重处分。《中华人民共和国刑法》第二百五十四条规定了报复陷害罪，党员有第二款规定的行为，如同时涉嫌报复陷害犯罪的，则应适用总则中纪法衔接条款处理。

第三款规定的是对党组织侵犯党员权利行为的处理，即对直接责任者和领导责任者，依照第一款规定给予相应纪律处分。

83. 对于违规发展党员行为和为非党员出具党员身份证明行为适用处分种类和幅度是如何规定的?

党员是党的肌体细胞和党的活动主体，发展党员工作是党的建设一项经常性重要工作。党章第五条规定，发展党员，必须把政治标准放在首位，经过党的支部，坚持个别吸收的原则。申请入党的人，要经过支部大会通过和上级党组织批准，并且经过预备期的考察，才能成为正式党员。党的支部委员会对申请入党的人，要注意征求党内外有关群众的意见，进行严格的审查，认为合格后再提交支部大会讨论。第七条规定，预备党员转为正式党员，或延长预备期，或取消预备党员资格，都应当经支部大会讨论通过和上级党组织批准。《中国共产党发展党员工作细则》对发展党员的条件和程序作出更为明确的规定。违反规定和程序发展党员的行为，危害党的肌体，破坏党的先进性和纯洁性，给党的自身建设带来严重隐患，必须给予纪律处分。因此，《纪律处分条例》第八十条规定："违反党章和其他党内法规的规定，采取弄虚作假或者其他手段把不符合党员条件的人发展为党员，或者为非党员出具党员身份证明的，对直接责任者和领导责任者，给予警告或者严重警告处分；情节严重的，给予撤销党内职务处分。违反有关规定程序发展党员的，对直接责任者和领导责任者，依照前款规定处理。"

第一款规定的是违反党章和其他党内法规的规定，采取弄虚作假或者其他手段把不符合党员条件的人发展为党员，或者为非党员出具党员身份证明的行为。"采取弄虚作假或者其他手段"，主要是指向党组织隐瞒申请人不符合党员条件的真实情况，或者帮助申请人篡改伪造申请资料使申请人符合党员条件等情形。要区分本款与本条例第七十三条第三款因入党人员向党组织隐瞒自己入党前严重错误而发展为党员行为的界限。对于因欺骗组织、隐瞒错误获取党员身份的违规入党人员，应当依据第七十三条规定对其进行处理。如果党组织中的有关人员没有失职失责，不存在应当发现违规入党人员的欺骗、隐瞒行为而未发现的情况，则不宜追究其纪律责任。

第二款规定的是违反有关规定程序发展党员的行为。"违反有关规定程序"，主要是指违反党章和《中国共产党发展党员工作细则》等规定，在确定和培养教育入党积极分子、确定和考察发展对象、接收预备党员、教育考察和转正预备党员等环节违反相应程序发展党员。

84. 对于违规取得外国国籍、国（境）外居留资格行为适用的处分种类和幅度是如何规定的?

一些党员干部存在违规取得外国国籍或国（境）外永久居留资格、长期居留许可的情况，这既是隐瞒个人有关事项，对党组织不忠诚不老实的表现，也为个别违纪违法党员干部外逃国（境）外创造了便利条件。因此，有必要对违反有关规定取得外国国籍或者获取国（境）外永久居留资格、长期居留许可的行为作出纪律处分。《纪律处分条例》第八十一条规定："违反有关规定取得外国国籍或者获取国（境）外永久居留资格、长期居留许可的，给予撤销党内职务、留党察看或者开除党籍处分。"这里的"违反有关规定"，主要是指违反2004年12月中央纪委、中央组织部、外交部、公安部、国家安全部、监察部、人事部、商务部印发的《关于进一步加强党员干部出国（境）管理的通知》等规定。根据有关规定，党员领导干部要在辞去现职或者办理离（退）休手续，并经过规定的年限后，方可提出申请移居国（境）外。违反有关规定获取国（境）外永久居留资格、长期居留许可的，应当给予撤销党内职务以上重处分。

85. 对于违规办理出国（境）证件行为和违规出入国（边）境行为适用的处分种类和幅度是如何规定的?

有的党员干部违规办理因私出国（境）证件，有的违反因私出国（境）证件管理规定，未经批准出入国（边）境，这些行为都是违反组织纪律的表现，必须加以纪律约束。《纪律处分条例》第八十二条规定："违反有关规定办理因私出国（境）证件、前往港澳通行证，或者未经批准出入国（边）境，情节较轻的，给予警告或者严重警告处分；情节较重的，给予撤销党内职务处分；情节严重的，给予留党察看处分。"这里所称"违反有关规定”，主要是指违反2003年1月中央组织部、公安部、人事部《关于加强国家工作人员因私事出国（境）管理的暂行规定》，2004年12月中央纪委、中央组织部、外交部、公安部、国家安全部、监察部、人事部、商务部《关于进一步加强党员干部出国（境）管理的通知》等规定。“因私出国（境）证件”，主要包括因私普通护照、内地居民往来港澳通行证、大陆居民往来台湾通行证等。“前往港澳通行证”，俗称“单程证”，一般是指由国家移民管理部门向申请前往港澳地区定居的内地公民签发的证件。党员干部经过批准，履行相关程序申请办理因私出国（境）证件过程中和办妥相关证件后，按照报告个人有关事项规定应当报告而未按规定报告的，应依据本条例第七十三条规定处理。

86. 对于在国（境）外擅自脱离组织行为和违规联系，国（境）外机构、人员行为适用的处分种类和幅度是如何规定的？

《纪律处分条例》第八十三条规定：“驻外机构或者临时出国（境）团（组）中的党员擅自脱离组织，或者从事外事、机要、军事等工作的党员违反有关规定同国（境）外机构、人员联系和交往的，给予警告、严重警告或者撤销党内职务处分。”这里所称“擅自脱离组织”，主要是指事前不向驻外机构或者临时出国（境）团（组）的党组织或者负责人请示报告，未经批准独自外出，单独行动，组织不知道其去向和所作所为。本条规定的行为主体是特殊主体，即“驻外机构或者临时出国（境）团（组）中的党员”和“从事外事、机要、军事等工作的党员”。本条没有情节要求，只要有相应行为即给予党纪处分。

87. 对于在国（境）外出走和故意为他人脱离组织出走提供方便条件行为适用的处分种类和幅度是如何规定的？

《纪律处分条例》第八十四条规定：“驻外机构或者临时出国

（境）团（组）中的党员，脱离组织出走时间不满六个月又自动回归的，给予撤销党内职务或者留党察看处分；脱离组织出走时间超过六个月的，按照自行脱党处理，党内予以除名。故意为他人脱离组织出走提供方便条件的，给予警告、严重警告或者撤销党内职务处分。”

第一款规定的是在国（境）外出走的违纪行为。“脱离组织”，主要是指脱离驻外机构或者临时出国、出境的团（组）。“出走”，主要是指未经组织批准，私自外出不归或者超过规定期限滞留国外、境外不归的行为。本款规定的行为人是驻外机构或者临时出国（境）团（组）中的党员。如果不是驻外机构或者临时出国（境）团（组）中的党员，但有本条规定的行为，构成其他违纪行为的按其他违纪行为予以处分。党员在脱离组织出走期间实施了其他违纪行为的，应当依照《条例》相关规定，与本款行为合并处理。

第二款规定的是帮助他人在国（境）外出走的违纪行为。“提供方便条件”，主要是指故意为脱离组织出走人员提供达到出走目的所需要的各种有利条件和帮助，例如，为其开具证明、代办护照、签证，帮助购买车船机票，提供经济帮助，提供落脚点，协助其出走，为其提供信息等。

88. 对于亲属、特定关系人收受财物行为适用的处分种类和幅度是如何规定的？

习近平总书记指出，领导干部要对亲属子女严格教育、严格管理、严格监督，引导他们力戒特权思想和享乐思想，不行不义之举，不谋不义之财。从执纪审查情况看，一些党员干部利用职权或者职务上的影响为他人谋利，党员干部的亲属和特定关系人收受对方财物，党员干部本人否认知情而无法认定受贿。按照党纪严于国法的要求，有必要在纪律范围内对此类行为作出限制性规定，以促使党员干部保持清正廉洁，加强对亲属和特定关系人的教育、约束和管理。因此，《纪律处分条例》

第八十五条规定："党员干部必须正确行使人民赋予的权力，清正廉洁，反对任何滥用职权、谋求私利的行为。利用职权或者职务上的影响为他人谋取利益，本人的配偶、子女及其配偶等亲属和其他特定关系人收受对方财物，情节较重的，给予警告或者严重警告处分；情节严重的，给予撤销党内职务、留党察看或者开除党籍处分。"

第一款对党员干部廉洁履职提出了总体要求，规定党员干部必须正确行使人民赋予的权力，清正廉洁，反对任何滥用职权、谋求私利的行为。一方面，与《中国共产党廉洁自律准则》相呼应，党员干部应当作廉洁从政、廉洁用权、廉洁修身、廉洁齐家的模范；另一方面，条例中很多条款都是针对党员干部提出的要求，这里是对党员干部提出概括性要求。

第二款规定了利用职权或者职务上的影响为他人谋取利益，本人的配偶、子女及其配偶等亲属和其他特定关系人收受对方财物的行为。本条以党员干部不知道亲属和其他特定关系人收受财物为前提。如果党员干部利用职权或者职务上的影响为他人谋利，且对其亲属和其他特定关系人收受对方财物行为知情，应当按照受贿论处，适用总则中纪法衔接条款处理。党员干部有本条规定的行为，情节较重的，依据本条规定给予党纪处分；情节较轻的，党组织可以给予批评教育、诫勉或者组织处理等。

这里的"利用职权"，主要是指利用本人职务上主管、负责、承办某项公共事务的职权，也包括利用职务上有隶属、制约关系的其他人员的职权。"利用职务上的影响"，主要是指行为人与被其利用的人员之间在职务上虽然没有隶属、制约关系，但是行为人利用了本人职权或者地位产生的影响和一定的工作联系，如单位内不同部门的人员之间，上下级单位没有职务上隶属、制约关系的人员之间，有工作联系的不同单位的人员之间等。根据2007年中央纪委印发的《关于严格禁止利用职务上的便利谋取不正当利益的若干规定》，"特定关系人"，主要是指与本人有近亲属、情妇（夫）以及其他共同利益关系的人。

89. 对于权权交易行为适用的处分种类和幅度是如何规定的?

权为民所用，利为民所谋。党员干部应当公正用权、廉洁用权，决不能以权谋私。规定本条的目的是防止党员干部相互利用手中的权力谋取私利。因此，《纪律处分条例》第八十六条规定："相互利用职权或者职务上的影响为对方及其配偶、子女及其配偶等亲属、身边工作人员和其他特定关系人谋取利益搞权权交易的，给予警告或者严重警告处分；情节较重的，给予撤销党内职务或者留党察看处分；情节严重的，给予开除党籍处分。"

这里重点强调权力交易，即相互利用权力为对方谋取利益，表现为：党员干部利用职权或者职务上的影响为对方或者对方的配偶、子女及其配偶等亲属、身边工作人员和其他特定关系人谋取利益，对方又利用自己的职权或职务上的影响为党员干部本人或者党员干部的配偶、子女及其配偶等亲属、身边工作人员和其他特定关系人谋取了利益，形成利益交换。

这里强调双方均为故意，达成某种共识或者默契。主要包括两种情形：第一种情形是党员干部本人认识到并希望或者放任进行利益交换，为对方谋利后一般期待或者需求被谋利方利用职权或者职务上的影响为自己或者自己的亲属、身边工作人员和其他特定关系人谋取利益，对方与党员本人达成共识或者默契，同意为党员干部谋利；第二种情形是党员干部为他人谋取利益后，以此为理由进行利益交换，要求对方为自己及亲属、身边工作人员和其他特定关系人谋取利益。双方互相谋利的行为实质是通过各自权力的行使，达成一种利益交换。即使这种利益交换还没有完全发生，但只要是党员干部相互之间达成了共识和默契，也可依据本条处理。

90. 对于纵容、默许亲属、身边工作人员和其他特定关系人谋取私利行为适用的处分种类和幅度是如何规定的?

习近平总书记指出，我们的党员干部不仅要自身过得硬，还要管好亲属和身边工作人员，决不允许他们擅权干政、谋取私利，不得默许他们利用特殊身份谋取非法利益。因此，总结党的十八大以来查处的违纪违法典型案例，《纪律处分条例》第八十七条从严规定："纵容、默许配偶、子女及其配偶等亲属、身边工作人员和其他特定关系人利用党员干部本人职权或者职务上的影响谋取私利，情节较轻的，给予警告或者严重警告处分；情节较重的，给予撤销党内职务或者留党察看处分；情节严重的，给予开除党籍处分。党员干部的配偶、子女及其配偶等亲属和其他特定关系人不实际工作而获取薪酬或者虽实际工作但领取明显超出同职级标准薪酬，党员干部知情未予纠正的，依照前款规定处理。"

第一款规定的是纵容、默许亲属、身边工作人员和其他特定关系人利用党员干部本人职权或者职务上的影响谋取私利的行为。"纵容"，主要是指党员干部对其亲属、身边工作人员和其他特定关系人利用本人职权或者职务上的影响谋取私利的行为放任不管，不加制止，任其发展的行为。"默许"，主要是指党员干部已经了解到亲属、身边工作人员和其他特定关系人在利用本人职权或者职务上的影响谋取私利，虽然没有明明白白地表示同意，但是暗示已经许可的行为。

第二款规定的是党员干部的亲属和其他特定关系人不实际工作而获取薪酬或者虽实际工作但领取明显超出同职级标准薪酬，党员干部知情但未予纠正的行为。这也属于纵容、默许亲属和其他特定关系人谋取私利的行为。

91. 对于违规受礼行为适用的处分种类和幅度是如何规定的？

《纪律处分条例》第八十八条规定："收受可能影响公正执行公务的礼品、礼金、消费卡和有价证券、股权、其他金融产品等财物，情节较轻的，给予警告或者严重警告处分；情节较重的，给予撤销党内职务或者留党察看处分；情节严重的，给予开除党籍处分。收受其他明显超出正常礼尚往来的财物的，依照前款规定处理。”

第一款规定的是收受可能影响公正执行公务的礼品、礼金、消费卡和有价证券、股权、其他金融产品等财物的行为。这里“可能影响公正执行公务”，主要是指与执行公务相关联、与公正执行公务相冲突，既包括管理和服务对象所赠，也包括主管范围内的下属单位和个人所赠，还包括其工作业务范围内外商、私营企业主所赠，以及其他与行使职权有关系的单位和个人所赠。例如，下级向上级、工作对象向主管部门工作人员、办理公务过程中向工作人员、向领导干部家属赠送等。“财物”，主要包括货币、物品和财产性利益。财产性利益包括可以折算为货币的物质利益，如房屋装修、债务免除等，以及需要支付货币的其他利益，如会员服务、旅游等。这里所说的“可能”，主要是指预防性，即具有影响公正执行公务的可能性，就应当禁止，而不能等到已经产生了影响公正执行公务的后果才去处理。至于是否可能影响公正执行公务，要根据实际情况由党组织认定，不能依据当事人的判断。

这里第一款的规定区分与受贿罪的界限。根据 2016 年 4 月 18 日最高人民法院、最高人民检察院《关于办理贪污贿赂刑事案件适用法律若干问题的解释》第十三条第二款规定，“国家工作人员索取、收受具有上下级关系的下属或者具有行政管理关系的被管理人员的财物价值三万元以上，可能影响职权行使的，视为承诺为他人谋取利益”，即如果收受的具有上下级关系的下属或者具有行政管理关系的被管理人员的财物价值达到 3 万元，则可能认定为受贿，适用本条例总则中纪法衔接条款处理。

第二款规定的是收受其他明显超出正常礼尚往来的财物的行为，即虽然与公正执行公务无关，但明显超出正常礼尚往来。这里规定的“明显超出正常礼尚往来”，主要是指明显超出当地经济发展、生活水平、风俗习惯、个人经济能力以及一般的、正常的礼节性的有来有往。

92. 对于违规送礼行为及其适用的处分种类和幅度是如何规定的?

没有“送”就没有“收”。一些人之所以向公务人员赠送礼品、礼金、消费卡和有价证券、股权、其他金融产品等财物，必然是有所求、有所图，即使不是立即要求回报也有可能为满足日后某种需求，即存在影响公正执行公务的可能性。因此，有必要对送礼的行为进行约束。《纪律处分条例》第八十九条规定：“向从事公务的人员及其配偶、子女及其配偶等亲属和其他特定关系人赠送明显超出正常礼尚往来的礼品、礼金、消费卡和有价证券、股权、其他金融产品等财物，情节较重的，给予警告或者严重警告处分；情节严重的，给予撤销党内职务或者留党察看处分。”

这条规定也是为了与第八十八条保持一致，相互呼应，一个是送礼条款，另一个是受礼条款，并且适用于全体党员，表现为党员主动向从事公务的人员及其配偶、子女及其配偶等亲属和其他特定关系人赠送明显超出正常礼尚往来的礼品、礼金、消费卡和有价证券、股权、其他金融产品等财物的行为。规定明确列举的是“礼品、礼金、消费卡和有价证券、股权、其他金融产品等财物”，具体形式不限于列举出的上述内容，列举上达内容是因为这些较为普遍、突出，用“财物”进行概括即包括货币、物品和财产性利益。本条不以谋取利益为必要条件，即不管受礼方是否为送礼方谋取利益，只要进行了送礼行为，且超出正常礼尚往来，就有可能构成本行为。对于处分档次，党员有本条规定的行为，达到情节较重以上的，依据本条给予党纪处分；情节较轻的，党组组可以给予批评教育、诫勉或者组织处理等。

93. 对于违规借款物行为和违规借贷行为适用的处分种类和幅度是如何规定的?

《纪律处分条例》第九十条规定：“借用管理和服务对象的钱款、住房、车辆等，影响公正执行公务，情节较重的，给予警告或者严重警告处分；情节严重的，给予撤销党内职务、留党察看或者开除党籍处分。通过民间借贷等金融活动获取大额回报，影响公正执行公务的，依照前款规定处理。”

第一款规定的是党员借用管理和服务对象的钱款、住房、车辆等，影响公正执行公务的行为。本款以“借用”为前提，有归还的本意，并没有占有的故意。本行为达到情节较重的，给予党纪处分；对于情节较轻的，应当给予批评教育、诫勉或者组织处理等。

第二款规定的是党员通过民间借贷等金融活动获取大额回报，可能影响公正执行公务的行为。本行为实质是以借贷等金融活动方式从事营利性活动，强调已经获取大额回报，并存在影响公正执行公务的可能。要结合是否有获利的目的、获利数额大小、持续时间长短，是否可能影响公正执行公务等因素综合考虑。如果获取了大额回报，并确定影响了公正执行公务，利用职权或者职务上的影响为相关人员谋利，则可能认定为受贿，应当适用总则中纪法衔接条款处理。要结合出借目的是否属于利用职权或者职务上的影响获取利益，借款利率是否确实高于当地当时群众对外借款的一般利率，借用人当时有没有明显的借款需求，借用人是出于对党员职务、身份方面的考虑而借贷，还是为谋求或感谢党员的帮助而同意其要求等综合判断。

94. 对于违规操办婚丧喜庆事宜行为适用的处分种类和幅度是如何规定的？

《纪律处分条例》第九十一条规定：“利用职权或者职务上的影响操办婚丧喜庆事宜，在社会上造成不良影响的，给予警告或者严重警告处分；情节严重的，给予撤销党内职务处分；借机敛财或者有其他侵犯国家、集体和人民利益行为的，从重或者加重处分，直至开除党籍。”

此项规定必须以利用职权或者职务上的影响为前提，表现为党员操办婚丧喜庆事宜在社会上造成不良影响，或者有借机敛财的行为，或者侵犯国家、集体和人民利益的行为。“婚丧喜庆事宜”，主要是指生儿育女、结婚嫁娶、悼亡发丧、落成开业、庆祝生日、升学庆贺、乔迁新居、庆典贺礼等各类喜事、丧事。“在社会上造成不良影响的”，需要参照当地经济发展、人民生活水平、风俗习惯、当时当地情况条件、群众反映和社会影响等许多因素综合分析判断。“借机敛财”，是一个定性问题，不是定量问题，不是必须达到多少金额才是“借机敛财”。借机敛财行为主观目的是敛取钱财，将操办婚丧喜庆事宜作为一种手段。只要是利用职权或者职务上的影响借操办婚丧喜庆事宜之机敛到钱财，不论多少都是违纪。“其他侵犯国家、集体和人民利益行为”，一般是指在操办婚丧喜庆事宜中损公肥私、因私害公，比如，动用公款、公车、公物、公共场地，因操办婚丧喜庆事宜损害公共利益或他人合法权益等。

党员给孩子过生日、给父母祝寿摆酒席等，没有利用职务或者职务上的影响的，不宜认定为本条规定的行为；如果场面特别宏大，大操大办、讲排场、比阔气、招摇过市、拼奢华、铺张浪费，造成不良影响的，可以用违反生活纪律相关条款处理。

95. 对于接受、提供可能影响公务的活动行为适用的处分种类和幅度是如何规定的?

《纪律处分条例》第九十二条规定：“接受、提供可能影响公正执行公务的宴请或者旅游、健身、娱乐等活动安排，情节较重的，给予警告或者严重警告处分；情节严重的，给予撤销党内职务或者留党察看处分。”

此项规定的是接受对方安排的可能影响公正执行公务的宴请或者旅游、健身、娱乐等各种活动安排的行为，或者是为他人提供了可能影响公正执行公务的宴请或者旅游、健身、娱乐等各种活动安排的行为。本条强调的是可能影响公正执行公务，破坏的是职务行为的廉洁性。“宴请”，包括在公务交往中的宴请和非公务交往中的宴请。“可能影响公正执行公务的宴请或者旅游、健身、娱乐等活动安排”，主要是指与执行公务相关联、与公正执行公务相冲突的宴请以及旅游、健身、娱乐等活动安排。接受这些活动安排，就有可能影响公正执行公务。这种“可能”，不以接受安排者的主观意愿为依据，而应由党组织根据客观情况分析判断。例如，下级有求于上级时对上级的宴请，接受私营企业主、下属等管理和服务对象的宴请，工作对象对有关部门人员提供的旅游，受监督管理的一方对实施监督管理的一方提供的健身活动，下级单位为了获取政治、经济利益对上级领导部门工作人员提供的娱乐等活动，无论是什么标准，无论花费的是否是公款，只要是可能影响公正执行公务的活动安排，就一概不能接受。

96. 对于违规取得、持有、使用消费卡和违规出入私人会所行为适用的处分种类和幅度是如何规定的?

《纪律处分条例》第九十三条规定：“违反有关规定取得、持有、实际使用运动健身卡、会所和俱乐部会员卡、高尔夫球卡等各种消费卡，或者违反有关规定出入私人会所，情节较重的，给予警告或者严重警告处分；情节严重的，给予撤销党内职务或者留党察看处分。”

这里所称“违反有关规定”，主要是指违反《关于在党的群众路线教育实践活动中严肃整治“会所中的歪风”的通知》《关于进一步整治“会所中的歪风”的通知》等中央和省级党委制定的相关制度规定。“消费卡”，主要是指能够消费的各种形式的购物卡、消费券、礼券等代币卡。要注意本条与第八十八条的区分，第八十八条规定收受消费卡行为包括可能影响公正执行公务的消费卡，或者虽不影响公正执行公务但明显超出正常礼尚往来的财物中的消费卡。如果有规定要求不能取得、持有，即使是正常礼尚往来收到的消费卡，也属于违反本条规定行为。党员干部有本条规定的行为，情节较重的，给予党纪处分；情节较轻的，党组织可以给予批评教育、诫勉或者组织处理等。

97. 对于违规从事营利活动，利用决策、审批过程中掌握的未公开信息买卖股票，利用职权或者职务上的影响通过购买信托产品、基金等方式非正常获利，违规兼职、兼职取酬行为及其适用的处分种类和幅度是如何规定的？

《纪律处分条例》第九十四条规定："违反有关规定从事营利活动，有下列行为之一，情节较轻的，给予警告或者严重警告处分；情节较重的，给予撤销党内职务或者留党察看处分；情节严重的，给予开除党籍处分：（一）经商办企业的；（二）拥有非上市公司（企业）的股份或者证券的；（三）买卖股票或者进行其他证券投资的；（四）从事有偿中介活动的；（五）在国（境）外注册公司或者投资入股的；（六）有其他违反有关规定从事营利活动的。利用参与企业重组改制、定向增发、兼并投资、土地使用权出让等决策、审批过程中掌握的信息买卖股票，利用职权或者职务上的影响通过购买信托产品、基金等方式非正常获利的，依照前款规定处理。违反有关规定在经济组织、社会组织等单位中兼职，或者经批准兼职但获取薪酬、奖金、津贴等额外利益的，依照第一款规定处理。"

第一款规定的是违反规定从事营利活动的行为，具体分为六项。针对的是依照规定不允许个人从事营利活动的具有特定身份的党员，不同身份党员限制不同。例如，公务员中的党员根据《公务员法》的规定一律不允许经商办企业，但是国有企业中的领导人员，则不得违反《国有企业领导人员廉洁从业若干规定》的相关具体规定。

第一款第一项规定的是违反有关规定经商办企业的行为。所谓"经商办企业"，主要是指经营商业、兴办企业，其形式主要有：个人独资经商办企业，与他人合资、合股、合作、合伙经商办企业，私自以承包、租赁、受聘等方式经商办企业等。经商办企业的主观目的是获取经济利益或者利润，而不论经商办企业的客观结果是否营利。关于经商办企业，中央发布了一系列规定：1986 年 2 月中共中央、国务院《关于进一步制止党政机关和党政干部经商、办企业的规定》、1988 年 10 月中共中央办公厅、国务院办公厅《关于县以上党和国家机关退（离）休干部经商办企业问题的若干规定》、1992 年 6 月中共中央办公厅、国务院办公厅《关于党政机关兴办经济实体和党政机关干部从事经营活动问题的通知》等。

第一款第二项规定的是违反有关规定拥有非上市公司（企业）的股份或者证券的行为。拥有非上市公司（企业）的股份或者证券，一般来说，本质上属于经商办企业。

第一款第三项规定的是违反有关规定买卖股票或者进行其他证券投资的行为。关于买卖股票问题，2001 年 4 月，中共中央办公厅、国务院办公厅印发了《关于党政机关工作人员个人证券投资行为若干规定》。该规定第三条规定："党政机关工作人员个人可以买卖股票和证券投资基金。在买卖股票和证券投资基金时，应当遵守有关法律法规的规定，严禁下列行为：（一）利用职权、职务上的影响或者采取其他不正当手段，索取或者强行买卖股票、索取或者倒卖认股权证；（二）利用内幕信息直接或者间接买卖股票和证券投资基金，或者向他人提出买卖股票和证券投资基金的建议；（三）买卖或者借他人名义持有、买卖其直接业务管辖范围内的上市公司的股票；（四）借用本单位的公款，或者借用管理和服务对象的资金，或者借用主管范围内的下属单位和个人的资金，或者借用其他与其行使职权有关系的单位和个人的资金，购买股票和证券投资基金；（五）以单位名义集资买卖股票和证券投资基金；（六）利用工作时间、办公设施买卖股票和证券投资基金；（七）其他违反《中华人民共和国证券法》和相关法律、法规的行为。"同时还规定了几类人员不得买卖股票：（1）上市公司的主管部门以及上市公司的国有控股单位的主管部门中掌握内幕信息的人员及其父母、配偶、子女及其配偶，不准买卖上述主管部门所管理的上市公司的股票。（2）国务院证券监督管理机构及其派出机构、证券交易所和期货交易所的工作人员及其父母、配偶、子女及其配偶，不准买卖股票。(3) 本人的父母、配偶、子女及其配偶在证券公司、基金管理公司任职的，或者在由国务院证券监督管理机构授予证券期货从业资格的会计（审计）师事务所、律师事务所、投资咨询机构、资产评估机构、资信评估机构任职的，该党政机关工作人员不得买卖与上述机构有业务关系的上市公司的股票。(4) 掌握内幕信息的党政机关工作人员，在离开岗位3个月内，继续受本规定的约束。由于新任职务而掌握内幕信息的党政机关工作人员，在任职前已持有的股票和证券投资基金必须在任职后1个月内作出处理，不得继续持有。

第一款第四项规定的是违反有关规定从事有偿中介活动的行为。有的党员干部虽未直接经商办企业，但利用职权和工作之便，从事有偿中介活动，居间牟利。这会扰乱市场经济秩序，影响党员干部秉公办事、秉公执法，诱发以权谋私、权钱交易，应当予以党纪责任追究。

第一款第五项规定的是违反有关规定在国（境）外注册公司或者投资入股的行为。“在国（境）外注册公司或者投资入股”，主要是指在国（境）外经办商业或者其他企业、从事商业或者其他经营活动等。这里所称“在国（境）外投资入股”，一般是指在国（境）外以个人入股的形式经办企业、从事商业或者其他经营活动等。某些掌握一定职权的党员领导干部，为了规避党和国家关于禁止党员领导干部经商办企业的规定，到国外去注册公司或者投资入股，以获取个人利益，对此必须予以党纪责任追究。

第一款第六项规定的是有其他违反有关规定从事营利活动的行为，这是违反规定从事营利活动的兜底条款。

第二款规定的是党员利用参与企业重组改制、定向增发、兼并投资、土地使用权出让等决策过程中或者参与上述环节审批过程中掌握的信息买卖股票的行为，或者党员利用职权或职务上的影响通过购买信托产品、基金等方式非正常获利的行为。这是针对新问题、新情况作出的新规定，是从党的十八大以来查处的典型违纪案例中总结出来的。例如，有的长期利用职权和职务上的影响进行经商营利活动；有的长期“亦官亦商”，大肆攫取巨额经济利益，违规从事投资经营等活动，特别是利用自己在管理、审批过程中掌握的大量信息（管理信息），买卖股票。如果构成刑法规定的内幕交易罪、利用未公开信息交易罪的，适用本条例总则中纪法衔接条款处理。

第三款规定的是党员有违反有关规定在经济组织、社会组织等单位中兼职，或者经批准兼职但获取薪酬、奖金、津贴等额外利益的行为。党员违反规定兼职，使其可能利用职权或者工作之便，通过兼职化公为私、损公肥私、以权谋私、权钱交易，导致腐败现象的发生。同时，党员违反规定兼职，参与经营活动，也导致经济组织间的不平等竞争，扰乱经济秩序，妨碍改革和经济建设。因此，党中央、国务院多年来三令五申禁止党政干部在经济组织中兼职或兼职取酬，多次发文重申或进一步明确：党政机关干部不准在各类经济组织中兼职（包括名誉职务）；个别经批准兼职的，不得领取任何报酬。1989 年 2 月中共中央办公厅、国务院办公厅印发的《关于清理党和国家机关干部在公司（企业）兼职有关问题的通知》明确要求对国家机关干部在企业兼职的行为进行清理。1998 年 7 月中共中央办公厅、国务院办公厅印发的《关于党政机关领导干部不兼任社会团体领导职务的通知》，2008 年 4 月中央纪委、中央组织部印发的《关于退出现职、接近或者达到退休年龄的党政领导干部在企业兼职、任职有关问题的意见》等规定对党政领导干部在社会团体和企业兼职问题作了明确规定。这里所称的“经济组织”和“社会组织”，包括各种类型的企业（公司）、事业单位、行业组织、中介机构、社会团体等。本行为中所称的“兼职，或者经批准兼职但获取薪酬、奖金、津贴等额外利益”，主要是指党员未经批准在各类经济组织、社会组织中兼职（包括名誉职务）的，以及经批准兼职但违反规定领取报酬的。这里所说的“额外利益”，一般包括顾问费、咨询费等各种名目的酬金。

98. 对于为亲属、特定关系人在审批监管、资源开发等方面谋利行为，为亲属、特定关系人吸收存款等提供帮助谋利行为应当适用的处分种类和幅度是如何规定的?

《纪律处分条例》第九十五条规定："利用职权或者职务上的影响，为配偶、子女及其配偶等亲属和其他特定关系人在审批监管、资源开发、金融信贷、大宗采购、土地使用权出让、房地产开发、工程招投标以及公共财政支出等方面谋取利益，情节较轻的，给予警告或者严重警告处分；情节较重的，给予撤销党内职务或者留党察看处分；情节严重的，给予开除党籍处分。利用职权或者职务上的影响，为配偶、子女及其配偶等亲属和其他特定关系人吸收存款、推销金融产品等提供帮助谋取利益的，依照前款规定处理。"

第一款规定的是利用职权或者职务上的影响，为配偶、子女及其配偶等亲属和其他特定关系人在审批监管、资源开发、金融信贷、大宗采购、土地使用权出让、房地产开发、工程招投标以及公共财政支出等方面谋取利益的行为。由于党和国家禁止党政干部经商办企业，有的党政干部就搞"下有对策"，由其亲属和特定关系人出面经商办企业，党员干部利用手中的职权，为其配偶、子女及其配偶等亲属和其他特定关系人在场所、设备、营业执照、资金、资源、货源、销路、广告、税收、招投标等方面提供各种便利条件，以谋取私利，与他人共同进行非法经营；有的把自己掌管的国家财物，变相转让给其亲属倒卖，牟取暴利，导致国有资产流失；有的帮助家人获取特许经营权，违规经商办企业；有的利用职权为其子女经营活动提供帮助；有的利用职务上的便利为亲属经营活动谋取利益。这些行为扰乱了社会主义市场经济秩序，也侵害了党员干部职务行为的廉洁性。

第二款规定的是利用职权或者职务上的影响，为配偶、子女及其配偶等亲属和其他特定关系人吸收存款、推销金融产品等提供帮助谋取利益的行为。巡视巡察发现，有的领导干部“一家两制”、利益输送出现新的表现形式，手段隐蔽。一些银行为了提高业绩，争相招收干部亲属，特别是领导干部的配偶、子女到银行工作，借助这些“资源户”的关系，拉到尽可能多的存款。为使亲属获取高额奖励，有的领导干部便将管辖地区或部门的公共资金存储到亲属所在的银行，借此实现利益输送。因此，有必要对类似行为作出明确处分规定。

99. 对于离岗后违规从业行为适用的处分种类和幅度是如何规定的?

党员领导干部离职或者退（离）休后，利用其在职期间的职权影响和所掌握的公共资源，谋取非法利益的情况并不鲜见，有的甚至比较严重。党员领导干部离职或者退（离）休后，其原有的职权还会在一定范围、一定时期内产生影响或者发挥作用，因此，从防止利益冲突的角度，有必要对其离职或者退（离）休后的从业行为作出限制。《纪律处分条例》第九十六条规定:“党员领导干部离职或者退（离）休后违反有关规定接受原任职务管辖的地区和业务范围内的企业和中介机构的聘任，或者个人从事与原任职务管辖业务相关的营利活动，情节较轻的，给予警告或者严重警告处分；情节较重的，给予撤销党内职务处分；情节严重的，给予留党察看处分。党员领导干部离职或者退（离）休后违反有关规定担任上市公司、基金管理公司独立董事、独立监事等职务，情节较轻的，给予警告或者严重警告处分；情节较重的，给予撤销党内职务处分；情节严重的，给予留党察看处分。”

这里所称“违反有关规定”，主要是指违反2008年中央纪委、中央组织部印发的《关于退出现职、接近或者达到退休年龄的党政领导干部在企业兼职、任职有关问题的意见》《关于规范中管干部辞去公职或者退（离）休后担任上市公司、基金管理公司独立董事、独立监事的通知》，以及2017年《关于规范公务员辞去公职后从业行为的意见》等规定。

第一款规定的企业和中介机构，包括国有企业、民营企业、外商投资企业等所有企业在内。“离职”，既包括调离，也包括辞职。离职或者退（离）休后从业或者营利活动的禁止范围是“原任职务管辖的地区和业务范围内的企业和中介机构”。依据《关于规范公务员辞去公职后从业行为的意见》等规定，公务员离职或者退（离）休后，在一定年限内不得在有关禁止范围内从业或者进行营利活动。

100. 对于不纠正亲属违规从业行为适用的处分种类和幅度是如何规定的？

《关于新形势下党内政治生活的若干准则》明确要求进一步规范领导干部配偶子女从业行为。《中国共产党党内监督条例》第十四条明确规定，严格要求配偶、子女及其配偶不得违规经商办企业，不得违规任职、兼职取酬。2016 年开始，上海、北京、重庆、广东、新疆五省（自治区、直辖市）出台了进一步规范领导干部配偶、子女及其配偶经商办企业行为的制度，提出更为严格的要求。《纪律处分条例》第九十七条也作出规定：“党员领导干部的配偶、子女及其配偶，违反有关规定在该党员领导干部管辖的地区和业务范围内从事可能影响其公正执行公务的经营活动，或者在该党员领导干部管辖的地区和业务范围内的外商独资企业、中外合资企业中担任由外方委派、聘任的高级职务或者违规任职、兼职取酬的，该党员领导干部应当按照规定予以纠正；拒不纠正的，其本人应当辞去现任职务或者由组织予以调整职务；不辞去现任职务或者不服从组织调整职务的，给予撤销党内职务处分。”

党员领导干部的配偶、子女及其配偶有上述规定的行为，应当先由该党员领导干部按照规定予以纠正，包括责令其配偶、子女及其配偶不再从事违反有关规定的经营活动或者辞去其在外商独资企业、中外合资企业中担任的高级职务及其他违规任职、兼职。如果该党员领导干部拒不纠正的，其本人应当辞去现任职务或者由组织调整其现任职务。对于拒不纠正配偶、子女及其配偶违规从业行为，党员领导干部本人又不辞去现任职务或者不服从组织调整职务的，应当给予其撤销党内职务处分。

本条规定中所称“在该党员领导干部管辖的地区和业务范围内从事可能影响其公正执行公务的经营活动”，主要是指在该党员领导干部管辖的地区和业务范围内个人从事可能与公共利益发生冲突的经商办企业等经营活动。具体包括：（1）主管行业的部门和行政机构的领导干部，党委、政府领导班子成员中分管上述部门和行政机构的领导干部，其配偶、子女在该领导干部管辖的业务范围内，从事与该领导干部管辖的行业业务相同的经商办企业活动；与该领导干部管辖的部门、行政机构、行业内的机关、社会团体、国有企业、事业单位直接发生商品、劳务、经济担保等经济关系。（2）主管教育、文化、体育、卫生、民政等事业的部门和行政机构的领导干部，党委、政府领导班子成员中分管上述部门和行政机构的领导干部，其配偶、子女在该领导干部管辖的业务范围内，从事属于该领导干部管辖的部门和行政机构管理的经营性活动；与该领导干部管辖的部门和行政机构及其所属的机关、社会团体、事业单位直接发生商品、劳务、经济担保等经济关系。（3）除第一项、第二项以外的其他党政机关的领导干部，其配偶、子女从事向该领导干部管辖的业务范围内的党政机关、社会团体提供商品、劳务等经营活动；在该领导干部管辖的业务范围内从事由政府投资或审批的项目的投标、承包等活动。（4）领导干部的配偶、子女在该领导干部任职单位管辖的地区内从事营业性酒店、饭店、娱乐、商城、洗浴等行业的经营活动。（5）单位领导班子中的领导干部，其配偶、子女为该单位直接管辖的案件和具体事项提供有偿社会中介和法律服务活动；单位内设机构的领导干部，其配偶、子女为该内设机构直接管辖的案件和具体事项提供有偿社会中介和法律服务活动。（6）上市公司的行业主管部门、上市公司的国有控股单位的主管部门、证券监督管理机构的领导干部，其配偶、子女从事上述部门、机构所管理的公司的证券交易活动，以及从事其他可能与公共利益发生冲突的经商办企业活动。

101. 对于机关违规经商办企业行为适用的处分种类和幅度是如何规定的?

党和国家机关经商办企业，超越了职责范围，影响党和国家机关的正常工作，削弱党和国家机关对国家和公共事务的领导和管理，破坏正常的市场经济秩序。因此，《纪律处分条例》第九十八条规定："党和国家机关违反有关规定经商办企业的，对直接责任者和领导责任者，给予警告或者严重警告处分；情节严重的，给予撤销党内职务处分。"这里所称"违反有关规定"，主要是指违反1993年中共中央办公厅、国务院办公厅转发国家经贸委《关于党政机关与所办经济实体脱钩的规定》，1998年中共中央办公厅、国务院办公厅印发的《关于中央党政机关与所办经济实体和管理的直属企业脱钩有关问题的通知》等规定。党和国家机关有本规定行为的，应当追究直接责任者和领导责任者的责任。

102. 对于违规谋求特殊待遇行为适用的处分种类和幅度是如何规定的?

党和国家对党员领导干部的生活待遇标准是有明确规定的，党员领导干部已经享有一定的待遇保障，应当保持清正廉洁的政治本色，不搞特殊化。党的十八届三中全会要求"规范并严格执行领导干部工作生活保障制度"。《关于新形势下党内政治生活的若干准则》明确要求禁止违反规定提高干部待遇标准。为落实中央八项规定精神和厉行勤俭节约、廉洁自律要求，《纪律处分条例》第九十九条规定："党员领导干部违反工作、生活保障制度，在交通、医疗、警卫等方面为本人、配偶、子女及其配偶等亲属和其他特定关系人谋求特殊待遇，情节较重的，给予警告或者严重警告处分；情节严重的，给予撤销党内职务或者留党察看处分。”

这里所称“工作、生活保障制度”，主要是指党员领导干部待遇方面的法规制度，包括党员领导干部住房、办公用房、用车、工作人员配备、医疗、休假休息、交通、安全警卫等方面的法规制度及相关具体规定。“谋求”一般是指党员领导干部利用职权或者职务上的影响主动要求并获得。“特殊待遇”，主要是指按照规定不应享受的待遇，或者超过规定标准的待遇。

党员领导干部工作生活保障制度涉及多个条款，有违反住房保障制度方面规定行为的，依照本条例第一百条规定处理；有违反公务用车管理规定行为的，依照本条例第一百零七条规定处理；有违反办公用房管理规定行为的，依照本条例第一百零九条的规定处理；除了以上方面，在交通、医疗、警卫等方面为本人、配偶、子女及其配偶等亲属和其他特定关系人谋求特殊待遇，应当依照本条处理。关于处分档次，党员领导干部有本条规定的行为，情节较重的，给予党纪处分；情节较轻的，应当给予批评教育、诫勉或者组织处理等。同时还应当责令纠正违纪行为，退出违规享受的特殊待遇，并为已经享受的待遇支付相应费用。

103. 对于分配、购买住房侵犯国家、集体利益行为及其适用的处分种类和幅度是如何规定的?

《纪律处分条例》第一百条规定：“在分配、购买住房中侵犯国家、集体利益，情节较轻的，给予警告或者严重警告处分；情节较重的，给予撤销党内职务或者留党察看处分；情节严重的，给予开除党籍处分。”这里所称“分配、购买住房中侵犯国家、集体利益”主要是指党员违反国家住房分配、购买有关规定，借房改之机多占住房、重复享受福利分房政策多买房改房、违反规定买卖经济适用房、廉租住房等保障性住房侵犯国家、集体利益，依照规定应当受到党纪责任追究的行为。这里的“多占住房”，主要是指超过现职级面积标准之意，如虽有两处以上住房，但总面积未超标不宜视为多占。“经济适用房”，主要是指政府提供政策优惠，限定套型面积和销售价格，按照合理标准建设，面向符合条件的家庭供应，具有保障性质的政策性住房。“廉租住房”，主要是指政府以租金补贴或者实物配租的方式，向符合条件的城市低收入住房困难家庭提供的社会保障性质的住房。对于违反规定低价购买住房，重复享受福利分房政策超标准多买住房等，均属违纪行为，应当依照本条规定给予党纪处分。

104. 对于侵占公私财物、利益行为适用的处分种类和幅度是如何规定的？

《纪律处分条例》第一百零一条规定：“利用职权或者职务上的影响，侵占非本人经管的公私财物，或者以象征性地支付钱款等方式侵占公私财物，或者无偿、象征性地支付报酬接受服务、使用劳务，情节较轻的，给予警告或者严重警告处分；情节较重的，给予撤销党内职务或者留党察看处分；情节严重的，给予开除党籍处分。利用职权或者职务上的影响，将本人、配偶、子女及其配偶等亲属应当由个人支付的费用，由下属单位、其他单位或者他人支付、报销的，依照前款规定处理。”

第一款规定的是党员利用职权或者职务上的影响侵占非本人经管的公私财物的行为，或者以象征性地支付钱款等方式侵占公私财物的行为，或者无偿、象征性地支付报酬接受服务、使用劳务的行为。此处规定行为与贪污行为的界限是，本行为中党员侵占的是非本人经管的公私财物，而贪污行为的行为人占有的是本人主管和经手的公共财物。

这里的“象征性地支付钱款”主要是指购买物品时，以明显低于同类同等物品当时当地市场零售价的价格付款的行为。如果同等同类物品在当时当地市场上的零售价高低不一，则以国家定价或者比较适中的价格为准。“象征性地支付报酬接受服务、使用劳务”，主要是指行为人在接受服务、使用劳务后所支付的费用，明显低于实际发生的应当支付的服务费、劳务费。应付钱款减去已付钱款，即为违规占有的数额。

105. 对于违规占用公物、占用公物营利、将公物借给他人营利行为适用的处分种类和幅度是如何规定的？

《纪律处分条例》第一百零二条规定：“利用职权或者职务上的影响，违反有关规定占用公物归个人使用，时间超过六个月，情节较重的，给予警告或者严重警告处分；情节严重的，给予撤销党内职务处分。占用公物进行营利活动的，给予警告或者严重警告处分；情节较重的，给予撤销党内职务或者留党察看处分；情节严重的，给予开除党籍处分。将公物借给他人进行营利活动的，依照前款规定处理。”

这里所称“违反有关规定”，主要是指违反关于公物管理和使用方面的规定，如2013年11月中共中央、国务院印发的《党政机关厉行节约反对浪费条例》等。“归个人使用”，包括供自己使用和供家人或者朋友等个人使用。“公物”，包括动产和不动产。要区分本条行为与第一百零一条侵占公私财物行为的界限。侵占公私财物行为是以占有为目的，而本条行为只是占用，侵犯的是公物的使用权，公物的所有权并未改变。如果行为人占用公物不退还，包括按规定应当退还而不退还，经公家催要而不退还的，或者使用价值已尽或者将尽而无法退还的，那么性质就变成侵占，应当依照本条例第一百零一条处理。

与第一款规定相比，第二款规定的占用公物进行营利活动行为和第三款规定的将公物借给他人进行营利活动行为，违纪性质更为严重。因此，只要有该行为即给予处分，且处分档次最高至“开除党籍”。

106. 对于违规组织、参加公款消费和违规公款赠送、发放礼品行为适用的处分种类和幅度是如何规定的？

党中央历来强调不得违规进行公款消费。习近平总书记指出，公款姓公，一分一厘都不能乱花；公权为民，一丝一毫都不能私用。从党的十八大以来查处的典型案例看，违反中央八项规定精神行为存在隐形变异的现象。例如，通过项目资金等专项工作经费支付吃喝费用；假借研究交流工作为名吃喝；将大额消费拆分为小额发票报销或长期挂账；在内部食堂、培训中心吃喝；虚列开支公款购买高档酒水；以办公用品、会议费等虚假名义报销餐费；将违规吃喝费用混入食堂正常开支；转移到农家乐或相邻地区吃喝；在高档小区或写字楼内的隐蔽“一桌餐”吃喝等。对于上述新表现，如果所用为公款，都属于违反有关规定组织、参加用公款支付的宴请等活动。因此，《纪律处分条例》第一百零三条规定：“违反有关规定组织、参加用公款支付的宴请、高消费娱乐、健身活动，或者用公款购买赠送或者发放礼品、消费卡（券）等，对直接责任者和领导责任者，情节较轻的，给予警告或者严重警告处分；情节较重的，给予撤销党内职务或者留党察看处分；情节严重的，给予开除党籍处分。”

上述规定的目的，就是要通过严格的纪律约束，切实加强公款管理和使用。严防“四风”反弹回潮。要区分“违反有关规定组织、参加用公款支付的宴请、高消费娱乐、健身活动”与本条例第九十二条“接受、提供可能影响公正执行公务的宴请或者旅游、健身、娱乐等活动安排”的界限。这里强调的是对公共财物的管理和使用，第九十二条强调的是“可能影响公正执行公务”。如果接受的是可能影响公正执行公务的公款宴请等活动安排，则一个行为既违反本条规定也违反第九十二条规定，应当按照本条例总则第二十四条规定的规则，适用本条规定处理。

107. 对于违规自定薪酬和违规发放财物行为及其适用的处分种类和幅度是如何规定的？

清理规范津贴、补贴、奖金，既是改革工资制度和规范收入分配秩序的一项重要措施，也是促进党风廉政建设、从源头预防和治理腐败的必然要求。近年来，党中央不断规范津贴、补贴，违规发放津贴、补贴或福利问题得到一定遏制，但问题仍较为突出，例如，通过巧立名目滥发钱物，以值班费、工作表彰为名发放普惠性质的补助或奖励，以办公用品、会议费等名义虚列开支套取费用滥发钱物，通过私设“小金库”滥发钱物，擅自扩大发放范围、提高发放标准等。针对诸如此类的变异问题，为了不断减存量，遏增量，《纪律处分条例》第一百零四条规定：“违反有关规定自定薪酬或者滥发津贴、补贴、奖金等，对直接责任者和领导责任者，情节较轻的，给予警告或者严重警告处分；情节较重的，给予撤销党内职务或者留党察看处分；情节严重的，给予开除党籍处分。”这里规定的违规自定薪酬的主体或者滥发津贴、补贴、奖金的主体一般不是个人，现实中往往是由党组织集体决定。进行责任认定时，对于以集体会议研究决定的方式进行集体决策的都属于责任人员。在决策过程中明确表明反对意见的人不受追究。

108. 对于公款旅游行为适用的处分种类和幅度是如何规定的?

《纪律处分条例》第一百零五条规定：“有下列行为之一，对直接责任者和领导责任者，情节较轻的，给予警告或者严重警告处分；情节较重的，给予撤销党内职务或者留党察看处分；情节严重的，给予开除党籍处分：（一）公款旅游或者以学习培训、考察调研、职工疗养等为名变相公款旅游的；（二）改变公务行程，借机旅游的；（三）参加所管理企业、下属单位组织的考察活动，借机旅游的。以考察、学习、培训、研讨、招商、参展等名义变相用公款出国（境）旅游的，依照前款规定处理。”

《党政机关厉行节约反对浪费条例》分章对国内差旅和因公临时出国（境）、公务接待、公务用车、会议活动、办公用房进行了规定，本条例按照《党政机关厉行节约反对浪费条例》的规定对上述行为作出规定。

党的十八大以来，落实中央八项规定精神，公款国内旅游问题得到有效遏制，但隐形变异趋势明显。有的打着单位集体活动、职工疗养休养等幌子公款旅游；有的擅自变更行程、绕道绕远借公务之机游山玩水；有的以学习培训、考察调研为名公款旅游；有的参加所管理企业、下属单位组织的考察活动，借机旅游等。公款出国（境）旅游问题也存在新的表现，比如，借延长公务行程出境旅游，通过虚报住宿天数和费用方式报销，参加论坛活动主办方安排的以文化交流为名的出境旅游等。对此，要有针对性地加大查处力度。党员有本条规定的行为，除视情节轻重给予党纪处分外，对于违规支付的旅游费用以及由此产生的其他费用应由受处分党员个人负担。

109. 对于违规接待、大吃大喝行为适用的处分种类和幅度是如何规定的？

挥霍浪费不仅侵害国家和集体的财务管理制度，更严重的是背离党的艰苦奋斗的优良传统和“两个务必”的作风，损害党同人民群众的密切联系。违规接待、大吃大喝行为是挥霍浪费国家、集体财物的一种表现形式。因此，《纪律处分条例》第一百零六条规定：“违反公务接待管理规定，超标准、超范围接待或者借机大吃大喝，对直接责任者和领导责任者，情节较重的，给予警告或者严重警告处分；情节严重的，给予撤销党内职务处分。”这里所称“公务接待管理规定”，主要是指《党政机关厉行节约反对浪费条例》《党政机关国内公务接待管理规定》《关于厉行节约反对食品浪费的意见》及其他关于公务接待的规定。“超标准、超范围接待或者借机大吃大喝”，主要是指公务接待安排的迎送方式、陪同人数、活动场所、活动项目和活动方式、住宿、用餐以及出行活动的标准和范围超过了《党政机关国内公务接待管理规定》和当地公务活动接待的规定标准，或者在公务接待活动中，接待单位在安排用餐时多次宴请，或者陪餐人数过多，或者超过用餐标准，提供高档菜肴或者野生保护动物制作的菜肴，提供香烟和高档酒水，或者使用私人会所、高消费餐饮场所接待等奢侈浪费行为。这里的“规定标准”，主要是指各级党政机关公务接待管理部门按照中央精神，结合当地或本单位实际，制定的国内公务接待标准。在规定标准范围之内的接待是允许的，这也是工作需要。超出这个范围的，都属于违纪行为。所谓的“情节较重”和“情节严重”，应当综合考虑违规接待超标准、超范围的程度，造成的浪费程度以及造成社会不良影响的程度予以确定。有本条规定的行为，情节较重的，对直接责任者和领导责任者给予党纪处分；情节较轻的，应当给予批评教育、诫勉或者组织处理等。

110. 对于违反公务交通工具管理规定行为适用的处分种类和幅度是如何规定的?

《纪律处分条例》第一百零七条规定：“违反有关规定配备、购买、更换、装饰、使用公务交通工具或者有其他违反公务交通工具管理规定的行为，对直接责任者和领导责任者，情节较重的，给予警告或者严重警告处分；情节严重的，给予撤销党内职务或者留党察看处分。”这里所称“违反有关规定”，主要是指违反《党政机关公务用车管理办法》《党政机关厉行节约反对浪费条例》《关于全面推进公务用车制度改革的指导意见》等有关规定。上述规定明确要求，党政机关领导干部和国有企业、事业单位领导干部不准购买和更换超过规定标准的小轿车，党政机关不得以特殊用途等理由变相超编制、超标准配备公务用车，不得以任何方式换用、借用、占用下属单位或其他单位和个人的车辆，不得接受企事业单位和个人赠送的车辆，不得以任何理由违反用途使用或固定给个人使用执法执勤、机要通信等公务用车，不得以公务交通补贴名义变相发放福利，等等。“交通工具”，包括汽车、船、火车、飞机等。对于违反规定豪华装修船只，乘坐火车、飞机违反规定用公款超标准购买座位、舱位等，属于本条规定的违纪行为，情节较重的，对直接责任者和领导责任者给予党纪处分；情节较轻的，应当给予批评教育、诫勉或者组织处理等。

111. 对于违规到景区开会，违规举办节会、庆典，违规举办评比达标表彰活动行为适用的处分种类和幅度是如何规定的？

中国共产党历来倡导勤俭节约反对浪费，但是有的地方和单位热衷于造节办节，节庆泛滥成灾，动辄花费几百万元、几千万元，劳民伤财，铺张浪费，严重背离了党的一贯作风。因此，《纪律处分条例》第一百零八条规定："违反会议活动管理规定，有下列行为之一，对直接责任者和领导责任者，情节较重的，给予警告或者严重警告处分；情节严重的，给予撤销党内职务处分：（一）到禁止召开会议的风景名胜区开会的；（二）决定或者批准举办各类节会、庆典活动的。擅自举办评比达标表彰活动或者借评比达标表彰活动收取费用的，依照前款规定处理。"

第一款第一项规定的是违反会议活动管理规定，到禁止召开会议的风景名胜区开会的行为。"会议活动管理规定"，主要是指《党政机关厉行节约反对浪费条例》《关于严禁党政机关到风景名胜区开会的通知》《中央和国家机关会议费管理办法》等关于会议活动的具体规定。"禁止召开会议的风景名胜区"，主要是指中央在厉行节约反对浪费方面出台的严禁党政机关到风景名胜区开会制度中，明令禁止作为开会地点的风景名胜区。1998 年中共中央办公厅、国务院办公厅下发通知，规定各级党政机关禁止到 12 个风景名胜区开会。2014 年，中共中央办公厅、国务院办公厅下发的《关于严禁党政机关到风景名胜区开会的通知》规定："各级党政机关一律不得到八达岭——十三陵、承德避暑山庄外八庙、五台山、太湖、普陀山、黄山、九华山、武夷山、庐山、泰山、嵩山、武当山、武陵源（张家界）、白云山、桂林漓江、三亚热带海滨、峨眉山——乐山大佛、九寨沟——黄龙、黄果树、西双版纳、华山 21 个风景名胜区召开会议，禁止召开会议的区域范围以风景名胜区总体规划确定的核心景区地域范围为准。"第二项规定的是违反规定决定或者批准举办各类节会、庆典活动的行为。所谓“违规举办各类节会、庆典活动”，主要是指违反中共中央办公厅、国务院办公厅2012年颁布的《节庆活动管理办法（试行）》及实施细则的规定，未按规定的审批权限、原则和程序，决定或者批准举办节会、庆典活动的行为。

第二款规定的是擅自举办评比达标表彰活动或者借评比达标表彰活动收取费用的行为。关于评比达标表彰活动，应当依据中共中央办公厅、国务院办公厅2010年颁布的评比达标表彰活动管理办法（试行）》及实施细则的规定执行。未按规定的审批权限、原则和程序批准而举办的评比达标表彰活动，均应当视作擅自举办评比达标表彰活动。根据《评比达标表彰活动管理办法（试行）》规定：“举办单位承担评比达标表彰项目全部费用，不得以任何形式向参评单位和个人收取费用。”无论评比达标表彰活动的举办是否经批准同意，任何借评比达标表彰活动之机，向参评单位和个人收取费用的行为均构成本违纪行为。

有上述规定的行为，情节较重的，对直接责任者和领导责任者给予处分；情节较轻的，应当给予批评教育、诫勉或者组织处理等。

112. 对于违规兴建、装修、配备、使用办公用房、违规用公款租用房屋、场所行为适用的处分种类和幅度是如何规定的？

从党的十八大以来查处的典型案例看，个别地方修建豪华气派的办公大楼，铺张浪费，甚至占地上百亩、耗资几个亿，富丽堂皇，吃喝玩乐一应俱全。这种大建楼堂馆所的行为不但浪费公共资财，也严重损害党在人民群众中的形象，必须坚决反对。因此，《纪律处分条例》第一百零九条规定：“违反办公用房管理等规定，有下列行为之一，对直接责任者和领导责任者，情节较重的，给予警告或者严重警告处分；情节严重的，给予撤销党内职务处分：（一）决定或者批准兴建、装修办公楼、培训中心等楼堂馆所的；（二）超标准配备、使用办公用房的；（三）用公款包租、占用客房或者其他场所供个人使用的。”

第一项规定的是违规建设楼堂馆所，主要是指违反规定决定或者批准新建、改建、扩建装修办公楼、培训中心等楼堂馆所。

第二项规定的是违反规定超标准配备、使用办公用房的行为。“超标准配备、使用办公用房”，主要是指违反规定，配备使用超过规定面积、装修标准的办公用房。“超标准”，主要是指超过国家发展改革委、住房城乡建设部发布的《党政机关办公用房建设标准》及相关具体规定所规定的办公用房建筑面积、装饰装修、建筑设备等标准。“配备”，既包括单位向具体使用人配置办公用房，也包括以新建、改建、扩建、购置、置换、维修改造、租赁等方式向单位配给办公用房行为。

第三项规定的是违反规定用公款包租、占用客房或者其他场所供个人使用的行为。“用公款包租”，主要是指用公款将宾馆、饭店、私人会所或是其他场所的一个或者多个房间租下来，无论是否使用，该房间或者场所的使用权都归某特定人。“占用”，一般是指无偿或者支付明显低于市场价格的费用，占有和使用宾馆、饭店、私人会所或者其他场所的房间供个人使用的行为。“供个人使用”既包括供个人办公使用，也包括供个人住宿使用、堆放杂物等。

如果以单位名义或者以集体会议研究的方式决定、批准违规建设楼堂馆所，超标准配备、使用办公用房，用公款包租、占用客房或者其他场所供个人使用的，应当追究直接责任者和领导责任者中党员的党纪责任。这里的“直接责任者”，主要是指违规建设楼堂馆所，超标准配备、使用办公用房，用公款包租、占用客房或者其他场所的决定人、批准人和使用人。直接责任者既包括决定者、批准者，也包括使用上述办公用房、客房或者其他场所的人。“领导责任者”，主要是指对上述行为负有领导责任的党员领导干部。“情节较重”和“情节严重”，应当根据违纪行为涉及公款浪费的金额、造成的社会影响等因素，结合案件具体情况认定。有本条规定的行为，情节较重的，对直接责任者和领导责任者给予党纪处分；情节较轻的，应当给予批评教育、诫勉或者组织处理等。

113. 对于权色交易、钱色交易行为适用的处分种类和幅度是如何规定的？

权色交易、钱色交易往往具有利用职权或者职务上的影响为对方谋利而与之交易的情节，侵犯了党员干部职务行为的廉洁性。《纪律处分条例》第一百一十条规定："搞权色交易或者给予财物搞钱色交易的，给予警告或者严重警告处分；情节较重的，给予撤销党内职务或者留党察看处分；情节严重的，给予开除党籍处分。"

权色交易、钱色交易强调的是利益交换，如果双方是基于感情而发生不正当性关系，没有给予、获得不正当利益，应当适用本条例第一百三十五条的规定予以处理。要区分本条规定的权色交易、钱色交易行为与嫖娼行为的界限。嫖娼行为是发生在不特定主体之间的违法行为，属于违反《中华人民共和国治安管理处罚法》的行为，应当适用本条例总则中纪法衔接条款处理；权色交易、钱色交易行为是发生在特定的主体之间的，为谋取一定的利益而进行的交易行为。

114. 对于侵害群众利益行为适用的处分种类和幅度是如何规定的？

党的宗旨是全心全意为人民服务。习近平总书记指出，要以人民群众利益为重、以人民群众期盼为念，真心倾听群众的呼声，真实反映群众愿望，真情关心群众疾苦。党的十八大以来坚决整治和查处了一批侵害群众利益不正之风和腐败问题，这些问题的实质是党员不能正确对待手中的权力，把公共权力异化为管理者的私权，将服务群众的义务当作管理群众的特权，其后果是严重损害党和政府的形象，损害党群、干群关系，必须予以禁止。因此，《纪律处分条例》第一百一十二条规定："有下列行为之一，对直接责任者和领导责任者，情节较轻的，给予警告或者严重警告处分；情节较重的，给予撤销党内职务或者留党察看处分；情节严重的，给予开除党籍处分：（一）超标准、超范围向群众筹资筹劳、摊派费用，加重群众负担的；（二）违反有关规定扣留、收缴群众款物或者处罚群众的；（三）克扣群众财物，或者违反有关规定拖欠群众钱款的；（四）在管理、服务活动中违反有关规定收取费用的；（五）在办理涉及群众事务时刁难群众、吃拿卡要的；（六）有其他侵害群众利益行为的。在扶贫领域有上述行为的，从重或者加重处分。”

由于我国仍处于社会主义初级阶段，有些领域不能完全做到全部由政府投资，利用符合规定的筹资筹劳方式，发挥群众的集体力量进行公益事业建设是允许的。筹资筹劳应遵循村民自愿、直接受益、量力而行、民主决策、合理限额的原则。在实施过程中必须做到群众满意就办，不满意就不办。如果党员实施的“扣留、收缴群众款物或者处罚群众”，“克扣群众财物、拖欠群众钱款”，“不按照规定收取费用”等行为违反了国家法律法规的规定，则属于涉嫌违法的行为，需要追究党纪责任的，应当适用总则中纪法衔接条款处理。“吃拿卡要”的财物一般数额较小，如果索要财物数额较大，则同时也违反了廉洁纪律，甚至涉嫌受贿犯罪。

为强化对扶贫领域侵害群众利益行为的打击力度，确保扶贫资金、脱贫项目等真正惠及贫困人口，第二款明确规定在扶贫领域有第一款规定行为的，从重或者加重处分。党的十九大报告指出坚决打赢脱贫攻坚战，确保到二〇二〇年我国现行标准下农村贫困人口实现脱贫，贫困县全部摘帽，解决区域性整体贫困，做到脱真贫、真脱贫。为加强扶贫资金管理使用，对挪用乃至贪污扶贫款项的行为必须坚决纠正、严肃处理。

115. 对于干涉生产经营自主权行为及其适用的处分种类和幅度是如何规定的？

《农村基层干部廉洁履行职责若干规定（试行）》等有关规定，对干涉群众所拥有的支配使用自己的人力、物力、财力，自行组织生产经营权利的行为作出了明确规定。《纪律处分条例》

对遏制上述种种行为的发生作了进一步的纪律要求。《纪律处分条例》第一百一十三条规定："干涉生产经营权，致使群众财产遭受较大损失的，对直接责任者和领导责任者，给予警告或者严重警告处分；情节严重的，给予撤销党内职务或者留党察看处分。"

根据我国农业发展政策规定，地方政府在开展农业生产规划、示范田建设、特殊农业种植、推广农业技术等工作时，应当遵循经济规律，以市场需求导向，尊重农民意愿和经营自主权，充分调动农民的生产积极性，不得搞强迫命令和行政瞎指挥，不得搞"一刀切"和"大跃进"，否则，应当依据上述规定追究相关人员的党纪责任。如果干涉生产经营自主权，违反了相关法律法的规定，应当适用总则中纪法衔接条款处理。例如，根《中华人民共和国农业技术推广法》的规定，向农业劳动者、农业生产经营组织推广未经试验证明具有先进性、适用性或者安全性的农业技术，造成损失的，应当承担赔偿责任。这种情况下，需要追究党纪责任的，应当适用总则中纪法衔接条款处理。《纪律处分条例》第一百一十三条的规定既适用于广大党员，也适用于党组织。

116. 对于民生保障显失公平行为适用的处分种类和幅度是如何规定的?

《农村基层干部廉洁履行职责若干规定（试行）》规定，乡镇领导班子成员和基层站所负责人不准在社会保障、政策扶持、救灾救济款物分配等事项中违规办事、显失公平；村党组织领导班子成员和村民委员会成员不准在政府拨付和接受社会捐赠的各类救灾救助、补贴补助资金、物资以及退耕还林退牧还草款物、征地补偿费使用分配发放等方面违规操作、挪用、侵占，或者弄虚作假、优亲厚友。结合扶贫脱贫领域中遇到的新情况新问题，《纪律处分条例》也作出相应规定。《纪律处分条例》第一百一十四条规定："在社会保障、政策扶持、扶贫脱贫、救灾救济款物分配等事项中优亲厚友、明显有失公平的，给予警告或者严重警告处分；情节较重的，给予撤销党内职务或者留党察看处分；情节严重的，给予开除党籍处分。”

社会保障、政策扶持、扶贫脱贫、救灾救济款物分配等事项是解决民生问题的重要内容，涉及广大群众切身利益，理应按照民主决策程序执行。但是，在相关政策具体执行过程中，一些从事社会保障、政策扶持、扶贫脱贫救灾救济款物等事项分配的党员在执行公务过程中，不按照民主决策程序办理，不能正确处理亲属、朋友与群众的关系，厚此薄彼，侵害群众利益；不按照规定标准执行，使不该享受的人员享受了相关的待遇，应该享受的人员享受不到或者比规定的标准享受得低，明显不公平、不公正。这些行为不但损害了广大群众的利益，也破坏党群、干群关系，应当按照《纪律处分条例》第一百一十四条的规定给予相应处理。如果借机对群众吃拿卡要，则同时违反了《纪律处分条例》第一百一十二条第一款第五项，应当合并处理，其中有在扶贫领域借机对群众吃拿卡要的，还要从重或者加重处分。如果存在收受或者索取他人财物的情形，涉嫌受贿的，应当适用总则中纪法衔接款处理。

117. 对于利用宗族或者黑恶势力等欺压群众，或者纵容涉黑涉恶活动、为黑恶势力充当“保护伞”行为适用的处分种类和幅度是如何规定的？

中共中央、国务院《关于开展扫黑除恶专项斗争的通知》强调，“把扫黑除恶与反腐败斗争和基层‘拍蝇’结合起来，深挖黑恶势力保护伞”，“对黑社会性质组织犯罪组织者、领导者、骨干成员及其‘保护伞’要依法从严惩处”。从查处的基层腐败案件看，很多都和黑恶势力相关。例如，有的不仅不依法履行职责、打击黑恶势力、反而与黑社会性质组织头目长期交往、收受贿赂，纵容黑社会性质组织在街道辖区内从事违法犯罪活动；有的与不法企业主违规合伙采矿，存在直接利益关系，对企业主涉嫌妨害公务、敲诈勒索等犯罪行为疏于履行职责，致使企业主组织、领导的黑社会性质组织得以做大，造成严重的社会危害和恶劣的社会影响。扫黑除恶专项斗争事关社会大局稳定和国家长治久安，事关人心向背和基层政权巩固，事关进行伟大斗争、建设伟大工程、推进伟大事业、实现伟大梦想。当前，基层干部队伍主流是好的，但在一些地方、部门、单位，基层干部不正之风和腐败问题还易发多发，量大面广。有的执法不公，甚至成为家族势力、黑恶势力的代言人，横行乡里、欺压百姓。这些行为损害的是老百姓切身利益，啃食的是群众获得感，挥霍的是基层群众对党的信任。要依法打击村霸黑恶势力，认真纠正和严肃查处基层贪腐以及执法不公等问题，推动全面从严治党向基层延伸，维护群众切身利益，不断增强人民群众的获得感、幸福感、安全感。因此，《纪律处分条例》第一百一十五条规定："利用宗族或者黑恶势力等欺压群众，或者纵容涉黑涉恶活动、为黑恶势力充当'保护伞'的，给予撤销党内职务或者留党察看处分；情节严重的，给予开除党籍处分。"上述规定立足于"利用""纵容"和充当"保护伞"的行为，如果党员直接参与黑恶势力或者有其他与黑恶势力有关的行为涉嫌违法犯罪的，应当适用总则中纪法衔接条款处理。

118. 对于不作为、乱作为等漠视、损害群众利益行为适用的处分种类和幅度是如何规定的?

我们党的最大政治优势是密切联系群众，党执政后最大的危险是脱离群众。不作为、乱作为，漠视、损害群众利益，不践行全心全意为人民服务的宗旨，必然会引发人民群众不满，影响党群、干群关系。因此，《纪律处分条例》第一百一十六条规定："有下列行为之一，对直接责任者和领导责任者，情节较重的，给予警告或者严重警告处分；情节严重的，给予撤销党内职务或者留党察看处分：（一）对涉及群众生产、生活等切身利益的问题依照政策或者有关规定能解决而不及时解决，慵懒无为、效率低下，造成不良影响的；（二）对符合政策的群众诉求消极应付、推诿扯皮，损害党群、干群关系的；（三）对待群众态度恶劣、简单粗暴，造成不良影响的；（四）弄虚作假，欺上瞒下，损害群众利益的；（五）有其他不作为、乱作为等损害群众利益行为的。”

第一项规定中的“涉及群众生产、生活等切身利益的问题”主要包括：企业改制、土地征用、城镇拆迁、食品药品质量、安全生产、环境保护等群体性问题。《关于新形势下党内政治生活的若干准则》指出，一些党员、干部包括高级干部中，“理想信念不坚定、对党不忠诚、纪律松弛、脱离群众、独断专行、弄虚作假、慵懒无为”。本条例将“慵懒无为、效率低下”与“对涉及群众生产、生活等切身利益的问题依照政策或者有关规定能解决而不及时解决”放在一起，使规定更加明确、易于理解。第一项规定的行为是客观存在依照政策或者有关规定能解决而不解决的情形。现实中，涉及群众生产、生活等切身利益的问题有的是缺乏政策依据，或者是政策规定不允许，如果属于此类问题而没有解决的，不以违纪行为论处。

第二项规定是针对符合政策的群众诉求消极应付、推诿扯皮，损害党群、干群关系的行为。《关于新形势下党内政治生活的若干准则》强调：“反对官僚主义，重在解决脱离实际、脱离群众，消极应付、推诿扯皮，作风霸道、迷恋特权等问题。”中共中央《关于在全党深入开展党的群众路线教育实践活动的意见》强调：“在反对官僚主义方面，对各级党政机关特别是领导干部的勤政情况进行监督检查，坚决整治推诿扯皮、办事效率低下问题，专项治理消极应付、不作为、乱作为，门难进、脸难看、事难办以及侵害群众利益的问题。”本条例对此种行为也作了纪律规定。

第三项是针对待群众态度恶劣、简单粗暴，造成不良影响的行为，这是结合新情况新问题作出的规定。

第四项是弄虚作假，欺上瞒下，损害群众利益的行为。根据党的十八大以来群众路线教育实践活动的工作要求，乡镇、街道领导班子和领导干部重点解决不关心群众冷暖，责任心不强，落实惠民政策缩水走样，工作方式简单粗暴，弄虚作假等问题。中共中央《关于加强和改进党的作风建设的决定》强调，正确认识和评价干部政绩，建立和完善科学的考核标准，坚决刹住弄虚作假、欺上瞒下、追名逐利的歪风。落实上述要求，本条例也作了纪律要求。

第五项是规定其他不作为、乱作为等损害群众利益的行为。考虑到现实中损害群众利益行为的表现形式多种多样，除上述四种典型行为外，还可能存在其他行为，因此作出这一兜底规定。

119. 对于盲目建设，搞“形象工程”“政绩工程”行为适用的处分种类和幅度是如何规定的?

“树立正确政绩观”是党章对党的各级领导干部提出的具体要求。《关于新形势下党内政治生活的若干准则》规定：“对一切搞劳民伤财的‘形象工程’和‘政绩工程’的行为，要严肃问责追责，依纪依法处理。”中共中央、国务院《关于实施乡村振兴战略的意见》要求，“规范地方政府举债融资行为，不得借乡村振兴之名违法违规变相举债”。

当前，一些地方热衷于打造领导“可视范围”内的项目工程，而不考虑客观实际，“不怕群众不满意，就怕领导不注意”。领导干部要求真务实、真抓实干，做工作自觉从人民利益出发，决不能为了树立个人形象，搞华而不实、劳民伤财的“形象工程”“政绩工程”。搞“形象工程”不同于塑造良好形象。优美的形象犹如一张名片，能够提升城乡环境，吸引投资，产生良好的经济、社会、人文等效益。但是，“形象工程”往往不顾群众需要和当地实际，超越当地发展阶段，严重浪费资源，老百姓普遍不认可。搞“政绩工程”不等于追求政绩，“政绩”是为官一任，造福一方，为党和人民工作的实际成效，而搞“政绩工程”往往急功近利、贪图虚名，为个人捞取政治资本，主要是由错误的政绩观导致的。因此，《纪律处分条例》第一百一十七条规定："盲目举债、铺摊子、上项目，搞劳民伤财的'形象工程''政绩工程'，致使国家、集体或者群众财产和利益遭受较大损失的，对直接责任者和领导责任者，给予警告或者严重警告处分；情节严重的，给予撤销党内职务、留党察看或者开除党籍处分。"上述规定既适用于党员，也适用于党组织。如果同时出现滥用职权、玩忽职守等行为，致使公共财产、国家和人民群众利益遭受重大损失，涉嫌违法犯罪的，应当适用总则中纪法衔接条款处理。

120. 对于国家财产和群众生命财产遇到危险能救不救行为适用的处分种类和幅度是如何规定的？

《党章》第三条规定了党员的义务，其中第八项规定："发扬社会主义新风尚，带头实践社会主义核心价值观和社会主义荣辱观，提倡共产主义道德，弘扬中华民族传统美德，为了保护国家和人民的利益，在一切困难和危险的时刻挺身而出，英勇斗争，不怕牺牲。"第六条入党誓词规定了"随时准备为党和人民牺牲一切"的内容。

为保障上述义务和要求的实现，《纪律处分条例》第一百一十八条规定："遇到国家财产和群众生命财产受到严重威胁时，能救而不救，情节较重的，给予警告、严重警告或者撤销党内职务处分；情节严重的，给予留党察看或者开除党籍处分。"违反上述规定的行为主要表现为消极的不作为，既适用于党员，也适用于党组织。如果党员具有特定身份、特定职责、特定义务，在履行职责过程中能救而不救，涉嫌违反有关法律规定的，构成失职、渎职，应当适用本条例总则中纪法衔接条款处理。违反本条规定的行为必须具备确实存在国家财产和群众生命财产受到严重威胁的情况，必须属于能救而不救的情况。如何确定党员是否具备施救或者提供帮助的能力和条件，要结合当时所处的实际情况综合判断。

121. 对于侵犯群众知情权行为适用的处分种类和幅度是如何规定的？

“接受党内外群众的监督”，是党章对党员提出的具体要求。党的十九大报告指出，“发展社会主义民主政治就是要体现人民意志、保障人民权益、激发人民创造活力，用制度体系保证人民当家做主”，“巩固基层政权，完善基层民主制度，保障人民知情权、参与权、表达权、监督权”。

实行党务、政务、厂务、村（居）务等事务公开，把权力放在阳光之下，置于群众监督之中，使人们了解权力运行的规定，看清权力运行的程序和结果，切实保障人民群众的知情权、参与权、表达权、监督权，对于推进基层民主建设，密切党群、干群关系，巩固党的执政基础和执政地位，具有重要的意义。《中国共产党党务公开条例（试行）》《关于全面推进政务公开工作的意见》《关于在国有企业、集体企业及其控股企业深入实行厂务公开制度的通知》《中共中央办公厅、国务院办公厅关于健全和完善村务公开和民主管理制度的意见》等党内法规和规范性文件等，对党务、政务、厂务、村（居）务等事务公开的内容、公开范围、程序等事项进行了规范，各级党组织和广大党员干部应当严格按照规定实行公开，保障群众知情权，接受群众监督。否则，要受到党纪的处分。因此，《纪律处分条例》第一百一十九条规定：“不按照规定公开党务、政务、厂务、村（居）务等，侵犯群众知情权，对直接责任者和领导责任者，情节较重的，给予警告或者严重警告处分；情节严重的，给予撤销党内职务或者留党察看处分。”

上述规定既适用于党组织，也适用于党员。除了党务、政务、厂务、材（居）务外，还存在学校校务公开、医院医务公开等事务公开制度，均有相应的规范性文件对其内容、形式进行规范。如果不按规定公开，均属于侵犯群众知情权，需要追究党纪责任的，可以依照本条规定追究党纪责任。违反本条规定的行为，情节较重的，给予党纪处分。按照注重抓早抓小的要求，对于情节轻微的行为，各级党组织应当正确把握和运用监督执纪“四种形态”，坚持惩前毖后、治病救人的原则，可以运用批评教育、诫勉谈话、组织处理等方式进行处理。

122. 对于工作失职行为适用的处分种类和幅度是如何规定的?

党组织必须严格执行和维护党的纪律。各级党委要履行党章赋予的职责，在思想认识、责任担当、方法措施上跟上中央部署，真正把纪律严起来、执行到位。《纪律处分条例》第一百二十一条规定：“工作中不负责任或者疏于管理，贯彻执行、检查督促落实上级决策部署不力，给党、国家和人民利益以及公共财产造成较大损失的，对直接责任者和领导责任者，给予警告或者严重警告处分；造成重大损失的，给予撤销党内职务、留党察看或者开除党籍处分。贯彻创新、协调、绿色、开放、共享的发展理念不力，对职责范围内的问题失察失责，造成较大损失或者重大损失的，从重或者加重处分。”

第一款针对的是党组织负责人。这里的负责人不仅是指党组织的主要负责人，也包括其他负责人。根据领导班子内部的工作职责分工，党组织负责人分别承担直接责任、主要领导责任或者重要领导责任。具体表现为在工作中不负责任或者疏于管理，贯彻执行、检查督促落实上级决策部署不力，给党、国家和人民利益以及公共财产造成较大损失的行为。本行为是由于工作中的不负责任或者疏于管理导致的后果，是党组织负责人失职失责，用形式主义、官僚主义态度对待党的工作，不负责任，使“两个维护”流于形式，得不到具体落实，本身就是不讲政治不作为的表现，是没有自觉与党中央保持一致的表现。

第二款是党组织负责人贯彻创新、协调、绿色、开放、共享的发展理念不力，对职责范围内的问题失察失责，且造成较大损失或者重大损失的行为。党的十九大报告指出，必须坚定不移贯彻创新、协调、绿色、开放、共享的新发展理念，并强调坚持新发展理念是新时代坚持和发展中国特色社会主义的基本方略之一。发展理念是发展行动的先导，是发展思路、发展方向、发展着力点的集中体现。以习近平同志为核心的党中央提出的创新、协调、绿色、开放、共享的新发展理念，是在深刻总结国内外发展经验教训基础上提出的，是对中国特色社会主义发展规律的新认识新概括，是致力于破解发展难题、增强发展动力、厚植发展优势的治本之策，是实现更高质量、更有效率、更加公平、更可持续发展的必由之路。对于贯彻新发展理念不力，对职责范围内的问题失察失责，造成较大损失或者重大损失的行为，不但要给予处分，还要从重或者加重处分。

123. 怎样理解对形式主义、官僚主义行为的处分种类和幅度的规定？

形式主义、官僚主义同我们党的性质宗旨和优良作风格格不入，是我们党的大敌、人民的大敌。从某种意义上讲，形式主义和官僚主义的危害更甚于享乐主义和奢靡之风，它们就像一堵无形的墙，把我们党同人民群众分隔开。党的十八大以来，党中央严格抓八项规定落实，全党上下纠正“四风”取得重大成效。但形式主义、官僚主义积习难改，新的隐形变异问题时有发生。形式主义、官僚主义看似新表现，实则老问题，表明“四风”问题具有顽固性、反复性，纠正“四风”不能止步，作风建设永远在路上。为从严查处规避组织监督、隐形变异的不正之风，坚决防止“四风”反弹回潮，不仅要从思想上、作风上坚决反对形式主义、官僚主义，而且要从制度上坚决反对形式主义、官僚主义，扫除形式主义、官僚主义滋生蔓延的土壤。修订后的《纪律处分条例》增加了对形式主义、官僚主义行为的处分条文。

《纪律处分条例》第一百二十二条规定：“有下列行为之一，造成严重不良影响，对直接责任者和领导责任者，情节较轻的，给予警告或者严重警告处分；情节较重的，给予撤销党内职务或者留党察看处分；情节严重的，给予开除党籍处分：（一）贯彻党中央决策部署只表态不落实的；（二）热衷于搞舆论造势、浮在表面的；（三）单纯以会议贯彻会议、以文件落实文件，在实际工作中不见诸行动的；（四）工作中有其他形式主义、官僚主义行为的。”

现实中，第一项的突出表现，往往是第一时间表态调门高，但没有具体实际行动落实。有的知行不一、不求实效，贪图虚名、弄虚作假；有的不认真学习党的理论和做好工作所需要的知识，学了也是为应付场面，蜻蜓点水，浅尝辄止，不求甚解，停留在口头表态，无心也无力在实际中认真运用；有的对贯彻党中央精神“说起来重要、喊起来响亮、做起来挂空挡”等。第二项突出表现为，有的造声势、出风头，把安排领导出场讲话、组织发新闻上电视作为头等大事，最后工作却不了了之；调查研究搞浮光掠影、人到心不到的“蜻蜓点水”式调研，或者走马观花，下去就是为了出镜头、露露脸，坐在车上转，隔着玻璃看，只看“门面”和“窗口”，不看“后院”和“角落”等。第三项的主要表现为，有的热衷于文山会海、花拳绣腿；有的抓工作不讲实效，不下功夫解决存在的矛盾和问题，难以给领导留下印象的事不做，形不成多大影响的事不做，工作汇报或年终总结看上去不漂亮的事不做，仪式一场接着一场，总结一份接着一份，评奖一个接着一个，最后都是“客里空”等。第四项为兜底项，即为其他形式主义、官僚主义的行为。对于以上行为根据情节轻重给予不同程度的处分。

124. 对于执行党纪失职行为适用的处分种类和幅度是如何规定的？

全面从严治党必须加强党的纪律建设，严肃执纪，在执行纪律上敢于较真，把纪律挺在前面，立起来、严起来、执行到位，而不能怕得罪人，对监督畏首畏尾，得过且过，监督缺位。根据纪律审查实践和党纪处分决定及申诉复查决定执行中存在的问题，从严要求、从严约束，《纪律处分条例》第一百二十三条规定："党组织有下列行为之一，对直接责任者和领导责任者，情节较重的，给予警告或者严重警告处分；情节严重的，给予撤销党内职务或者留党察看处分：（一）党员被依法判处刑罚后，不按照规定给予党纪处分，或者对违反国家法律法规的行为，应当给予党纪处分而不处分的；（二）党纪处分决定或者申诉复查决定作出后，不按照规定落实决定中关于被处分人党籍、职务、职级、待遇等事项的；（三）党员受到党纪处分后，不按照干部管理权限和组织关系对受处分党员开展日常教育、管理和监督工作的。"

第一项规定的违纪行为包括两种情况：一种是党员免予起诉、有罪但免予刑事处罚和被依法判处刑罚后，有关党组织不按照规定给予党纪处分，即违反本条例第三十一条和第三十二条的规定；另一种是党组织在纪律审查过程中发现党员有违反国家法律法规的行为，应当给予党纪处分而不处分的，即违反本条例第二十七条和第二十八条的规定。

第二项规定的违纪行为的责任主体除党委、纪委外，还涉及组织人事部门、后勤保障部门和受处分人所在单位等。党纪处分决定和申诉复查决定作出后，只要生效了就必须严格执行和落实，这样才能真正发挥党纪处分的威力。如果不服处分，可以根据规定申诉，但不影响已经生效的处分决定的执行。该项行为包括两种情况：第一种情况是不落实党纪处分决定。党纪处分决定作出后，应当在一个月内向受处分党员所在党的基层组织中的全体党员及其本人宣布，是领导班子成员的还应当向所在党组织领导班子宣布。应当将处分决定抄送有关组织、人事部门及相关单位、部门。需要办理职务、级别、工资等相应变更手续的，要督促有关部门及时办理。对在处分决定执行工作中推诿扯皮、不抓不管、阳奉阴违、顶着不办或拒绝不执行的，要对有关单位及其领导进行通报、批评，直至追究纪律责任。现实中，有的党组织或者领导干部做老好人，不做得罪人的事，不落实处分决定。要针对处分决定执行工作涉及部门和工作环节众多、情况复杂、政策性强的特点，加强与组织、人事等部门和受处分人所在单位的沟通协调，明确各自在处分决定执行各个环节中的职责和分工，杜绝推诿扯皮。第二种情况是不落实申诉复查决定。要加强申诉复查决定的执行落实，特别是变更、撤销处分后相关待遇的落实。对那些维持原处分决定不变的，要耐心宣讲法规政策，做好解释说服工作；对变更和撤销原处分决定的，要积极协调有关部门，稳妥地做好善后处理工作；对个别无理缠诉的，要加强教育，严肃批评。上级纪检机关要加大对申诉复查决定，尤其是变更和撤销原处分决定案件的督办力度。这里涉及《纪律处分条例》第四十一条、第四十二条有关党纪处分执行的规定；《中国共产党纪律检查机关控告申诉工作条例》《关于受党纪处分的党政机关工作人员年度考核有关问题的意见》《关于受党纪处分公务员年度考核有关问题的答复意见》等有关规定。

第三项规定的是党员受到党纪处分后，党组织应当按照干部管理权限和组织关系对受处分党员开展日常教育、管理和监督工作，不能对受处分党员放任不管，使其处于脱管状态。特别是对受到留党察看处分的党员，其在留党察看期间的表现是“有悔改表现”，还是“坚持不改”，甚至“又发现其他违纪行为”，直接关系到期满后如何处理，党组织要要求其定期上交思想汇报、派专人与其谈心交流，切实负担起教育、管理和监督的职责，否则应当受到党纪处分。

125. 由于工作失职致使所管理人员叛逃、出走行为适用处分种类和幅度是如何规定的?

《纪律处分条例》第一百二十四条规定：“因工作不负责任致使所管理的人员叛逃的，对直接责任者和领导责任者，给予警告或者严重警告处分；情节严重的，给予撤销党内职务处分。因工作不负责任致使所管理的人员出走，对直接责任者和领导责任者，情节较重的，给予警告或者严重警告处分；情节严重的，给予撤销党内职务处分。”

上述规定针对的是，担负一定领导职务、有管理的下属人员的党员领导干部，强调的是党员领导干部不知道自己所管理的人员打算叛逃，但因为工作不负责任，为其叛逃提供了客观条件。这种失职行为与所属人员的叛逃有直接的因果关系。例如，对要求出国的人员未按有关规定进行审查或者未认真审查；对不应当派遣出国的人员却派遣出国；应当及时收回所管理的人员所持护照而未及时收回；因被欺骗或者疏忽为打算叛逃的人员开具证明；率团（组）出国时对团（组）人员管理不严；应当及时从国外召回不可靠人员而未予及时召回；等等。“叛逃”，不仅包括本条例第六十五条第一款和第二款定的“在国（境）外、外国驻华使（领）馆申请政治避难，或者违纪后逃往国（境）外、外国驻华使（领）馆”和“在国（境）外公开发表反对党和政府的文章、演说、宣言、声明等”行为，还包括因触犯我国刑律，为逃避制裁，逃往国（境）外的行为。这里强调的是，一经发现党员领导干部因工作不负责任致使所管理的人员叛逃的，即给予其警告或者严重警告处分。

第二款规定的是因党员领导干部自己工作不负责任致使自己所管理的人员发生出走的行为。这里所称的“出走”，主要是指本条例第八十四条规定的“驻外机构或者临时出国（境）团（组）中的党员，脱离组织出走时间不满六个月又自动回归”行为。这里要明确本行为与第一款不同，不是一经发现就给予处分，而是达到情节较重的程度，才给予处分；对于情节较轻的，应当给予批评教育或者组织处理。

126. 关于不报告、不如实报告工作情况以及强迫下级说假话行为及其适用的处分种类和幅度是如何规定的？

《关于新形势下党内政治生活的若干准则》明确要求，领导机关和领导干部不准以任何理由和名义纵容、唆使、暗示或强迫下级说假话，凡因纵容、唆使、暗示或强迫下级弄虚作假、隐瞒实情的，都要依纪依规严肃问责追责。因此，《纪律处分条例》第一百二十五条规定；“在上级检查、视察工作或者向上级汇报、报告工作时对应当报告的事项不报告或者不如实报告，造成严重损害或者严重不良影响的，对直接责任者和领导责任者，给予警告或者严重警告处分；情节严重的，给予撤销党内职务或者留党察看处分。在上级检查、视察工作或者向上级汇报、报告工作时纵容、唆使、暗示、强迫下级说假话、报假情况的，从重或者加重处分。”

第一款强调的是，党员或党组织明明掌握有关情况而隐瞒不报，或者明知道提供的情况、材料、数据不实而予以提供，目的是掩饰发生的问题、粉饰太平，隐瞒真实情况，或者为了谋取上级的肯定和赞许，上报假情况、假数字、假典型，或者为了应付检查，采取无中生有、移花接木、指鹿为马等手法，看似在表格上完成了考核指标，实际上并没有完成任务，等等。这里的“上级”，既包括上级党委、政府等，也包括党委工作部门和政府部门等，不仅仅局限于上一级。“应当报告的事项”要根据实际情况予以界定，有的是上级单位明确要求报告的事项，有的是上级单位没有明确要求，但根据自身的工作职责应当报告的事项。违反本条规定的行为，造成严重损害或者严重不良影响的，要对相关责任人给予处分。

第二款针对的是，有纵容、唆使、暗示、强迫下级说假话、报假情的行为。本行为比第一款规定的行为更加严重，即明知情况不实，明知有问题，不但不制止、不纠正、不如实报告，还纵容、唆使、暗示、强迫下属说假话、报假情，以达到共同掩盖问题、隐瞒实情的目的，因此要从重或者加重处分。

127. 关于违规干预和插手市场经济活动行为适用的处分种类和幅度是如何规定的?

市场经济是法治经济、竞争经济、信用经济，改革的一个重要目标，就是实现政企分开、政资分开、政事分开、政府与市场中介组织分开，不断完善社会主义市场经济体制，使市场在资源配置中的决定性作用充分发挥出来。党员领导干部违反规定干预和插手市场经济活动，不仅会扰乱市场经济秩序、破坏公平竞争原则、影响经济社会发展，而且会滋生大量腐败行为。根据这些年查办案件的情况看，相当一部分违纪违法案件，特别是大案要案都与领导干部利用职权违规干预、插手市场经济活动有关，领导干部干预、插手微观经济活动成为滋生腐败的一个重要原因。将干预和插手市场经济活动行为规定为违纪行为，并给予纪律处分，有利于防范公共权力与市场经济活动发生不正常联系，有利于维护社会主义市场经济秩序。通过严格执行本条规定，切实解决领导干部违反规定干预和插手市场经济活动问题，同时通过深化改革和完善制度，加快政府职能转变，进一步减少和规范行政审批事项，割断行政权力和微观经济活动的利益关系，减少权力“寻租”的机会。因此，《纪律处分条例》第一百二十六条规定：“党员领导干部违反有关规定干预和插手市场经济活动，有下列行为之一，造成不良影响的，给予警告或者严重警告处分；情节较重的，给予撤销党内职务或者留党察看处分；情节严重的，给予开除党籍处分：（一）干预和插手建设工程项目承发包、土地使用权出让、政府采购、房地产开发与经营、矿产资源开发利用、中介机构服务等活动的；（二）干预和插手国有企业重组改制、兼并、破产、产权交易、清产核资、资产评估、资产转让、重大项目投资以及其他重大经营活动等事项的；（三）干预和插手批办各类行政许可和资金借贷等事项的；（四）干预和插手经济纠纷的；（五）干预和插手集体资金、资产和资源的使用、分配、承包、租赁等事项的。”

值得注意的是，要将上述规定的违纪行为与政府、政府部门及有关党员领导干部领导、参与、协调经济活动的正常工作行为相区别。党和国家机关、党员领导干部的很多工作都涉及、围绕或者服务于经济建设，不能将党员领导干部领导、参与、协调经济活动的正常工作行为视作干预和插手市场经济活动。本条针对的是党员领导干部，强调的主要是非谋私和腐败的不当使用公权干预市场经济的行为，相当于监察法所针对的职务违法、滥用公权，破坏的是市场经济正常秩序和机制，如果不当使用公权干预市场经济而背后又有谋私、腐败等其他因素，则适用廉洁纪律或廉洁与工作纪律并违论处。涉嫌犯罪的，依照刑法有关规定处理。

128. 对于违规干预和插手司法、执纪活动和公共管理活动行为适用的处分种类和幅度是如何规定的？

党的十八届四中全会《关于全面推进依法治国若干重大问题的决定》提出，加强执法监督，坚决排除对执法活动的干预，防止和克服地方和部门保护主义，惩治执法腐败现象。建立领导干部干预司法活动、插手具体案件处理的记录、通报和责任追究制度。任何党政机关和领导干部都不得让司法机关做违反法定职责、有碍司法公正的事情，任何司法机关都不得执行党政机关和领导干部违法干预司法活动的要求。对干预司法机关办案的，给予党纪政务处分；造成冤假错案或者其他严重后果的，依法追究刑事责任。司法机关内部人员不得违反规定干预其他人员正在办理的案件，建立司法机关内部人员过问案件的记录制度和责任追究制度。

党的十八大以来，执纪和巡视工作中发现些党员领导干部出于个人利益，打招呼、批条子、递材料，以明示、暗示方式插手干预个案，甚至让执纪执法和司法机关做违反法定职责的事。因此，《纪律处分条例》第一百二十七条规定："党员领导干部违反有关规定干预和插手司法活动、执纪执法活动，向有关地方或者部门打听案情、打招呼、说情，或者以其他方式对司法活动、执纪执法活动施加影响，情节较轻的，给予严重警告处分；情节较重的，给予撤销党内职务或者留党察看处分；情节严重的，给予开除党籍处分。党员领导干部违反有关规定干预和插手公共财政资金分配、项目立项评审、政府奖励表彰等活动，造成重大损失或者不良影响的，依照前款规定处理。”

第一款规定的是党员领导干部违反有关规定干预和插手司法、执纪执法活动，向有关地方或者部门打听案情、打招呼、说情，或者以其他方式对司法活动、执纪执法活动施加影响的行为。这里的“违反有关规定”，包括违反《领导干部干预司法活动、插手具体案件处理的记录、通报和责任追究规定》《司法机关内部人员过问案件的记录和责任追究规定》《人民法院落实〈领导干部干预司法活动、插手具体案件处理的记录、通报和责任追究规定〉的实施办法》《最高人民检察院关于检察机关贯彻执行〈领导干部干预司法活动、插手具体案件处理的记录、通报和责任追究规定〉》和《关于落实〈司法机关内部人员过问案件的记录和责任追究规定〉的实施办法（试行）》等。党员领导干部干预插手司法活动、执纪执法活动主要有两种情况：一是该司法活动、执纪执法活动与党员领导干部本身有直接关系，他们与涉案人员形成了一个紧密的利益共同体，如果这些亲属和工作人员被查处，势必拔出萝卜带出泥致使自身难保，而竭力干预、插手，甚至干扰、阻碍；二是该司法活动、执纪执法活动与这些党员领导干部并没有直接关系，或涉及其亲友或受人请托而出于私情，置党纪国法于不顾，进行干预、插手。这些干预、插手行为有的严重影响司法公正和执纪执法活动的公正性，人为地增添了执纪执法和司法工作的难度，甚至使一些违纪违法分子逍遥法外，得不到应有的惩罚，破坏了党纪国法的权威性，损害了党同人民群众的血肉联系。

第二款规定的是党员领导干部违反有关规定干预和插手公共财政资金分配、项目立项评审、政府奖励表彰等公共管理活动的行为。违反本款规定的行为，造成重大损失或者不良影响的，依照第一款规定给予党纪处分。具体表现主要有：一是违反财政资金分配方面的相关制度规定干预和插手公共财政资金分配行为。加强公共财政资金监管，是构建我国公共财政体制的需要，也是从源头上预防和遏制腐败的客观要求。党员领导干部不得干预、插手公共财政资金分配，要构筑有效防范财政资金流失的“防火墙”，保证财政资金规范化运行。二是违反项目立项评审方面的相关制度规定干预和插手项目立项评审的行为。例如，2014 年国务院发布了《关于改进加强中央财政科研项目和资金管理的若干意见》，其中对进一步加强科研项目管理问题作了全面规范。要求进一步建立健全信息公开制度，向社会公开项目立项、验收、成果和资金安排的信息，强化对项目审批权及管理权的社会监督。三是违反有关规定干预和插手政府奖励表彰的行为。政府奖励表彰的有效实施，树立了一大批先进典型，弘扬了正气，引导了社会良好风尚的形成，促进了各项工作的发展。但目前政府奖励表彰工作也存在一些问题，如奖励表彰机制不够明晰，部分地区和部门对表彰奖励工作的管理还不够规范等，导致有些党员领导干部干预和插手其中。

129. 对于泄露、扩散、打探、窃取党组织秘密行为和私自留存党组织相关资料行为适用的处分种类和幅度是如何规定的？

《党政领导干部选拔任用工作条例》第六十一条明确规定，选拔任用党政领导干部，“不准私自泄露动议、民主推荐、民主测评、考察、酝酝、讨论决定干部等有关情况”。对干部选拔任用中的违规违纪行为，要果断处理、严肃追究责任，用铁的纪律保证选人用人风清气正。纪检机关监督执纪工作相关规定明确要求，对纪检干部私藏线索、跑风漏气、违反安全保密规定等违纪行为要严肃处理。做好纪律审查工作，是党章赋予纪律检查机关的神圣职责，打铁必须自身硬，执纪者更要守纪。十九届中央纪委二次全会强调，强化自我监督，健全内控机制，把权力关进制度笼子，坚决防止发生以案谋私、跑风漏气、执纪违纪问题。《中国共产党巡视工作条例》第三十五条明确规定，巡视工作人员“泄露巡视工作秘密的”，严肃追究责任。无论是选人用人工作，纪律审查工作，还是巡视巡察等工作，都有严肃的工作纪律和保密纪律，作为党员干部，必须增强原则性和纪律性，不得泄露、扩散或者打探、窃取党组织的有关秘密，也不得私存私放有关资料。因此，《纪律处分条例》第一百二十八条规定："泄露、扩散或者打探、窃取党组织关于干部选拔任用、纪律审查、巡视巡察等尚未公开事项或者其他应当保密的内容的，给予警告或者严重警告处分；情节较重的，给予撤销党内职务或者留党察看处分；情节严重的，给予开除党籍处分。私自留存涉及党组织关于干部选拔任用、纪律审查、巡视巡察等方面资料，情节较重的，给予警告或者严重警告处分；情节严重的，给予撤销党内职务处分。"

第一款规定的是泄露、扩散或者打探窃取党组织关于干部选拔任用、纪律审查、巡视巡察等尚未公开事项或者其他应当保密的内容的行为。这里的违纪行为人一般是因工作关系能够掌握或可能接触涉及党组织关于干部选拔任用、纪律审查、巡视巡察等尚未公开事项或者其他应当保密的内容及相关资料的党员。

第二款规定强调的是"私自留存"，就是未经组织批准，私存私放有关干部选拔任用、纪律审查、巡视巡察等方面资料。本行为需要达到情节较重的才给予处分，对于情节较轻的应当给予批评教育或者组织处理。

130. 对于违反考试、录取工作规定行为适用的处分种类和幅度是如何规定的?

能否按照公开、公平、公正、竞争、择优的原则，将真正合格的人才选拔上来，或者保证受教育培训者真正成绩合格，是关系国家未来和事业兴衰的大事。组织、参加考试、录取工作的人员及考生，必须严格遵守这些规定，对于违反规定者应当按有关规定严肃处理；对于其中的党员，还应当依照《纪律处分条例》的规定给予党纪处分。《纪律处分条例》第一百二十九条规定："在考试、录取工作中，有泄露试题、考场舞弊、涂改考卷、违规录取等违反有关规定行为的，给予警告或者严重警告处分；情节较重的，给予撤销党内职务或者留党察看处分；情节严重的，给予开除党籍处分。”

这里规定的行为人主要分为两类：一类是负责、组织考试、录取工作的党员，包括出题人员、试卷保管人员、监考人员、评卷人员、负责录取的人员等；另一类是参与应试人员中的党员。所谓“泄露试题”主要是指将考试的试题向考生或考生的家长或者其他人泄露，从而造成试题泄密。“考场舞弊”，一是指监考人员在考场上向考生告知答案，允许考生抄答案或者考生之间互相抄答案，或者为其提供掩护等行为；二是指参与考试的考生抄答案或者考生之间互相抄答案等行为。“涂改考卷”，主要是指将考生的正确答案涂改为错误答案或者将考生的错误答案涂改为正确答案或者涂改分数等行为。“违规录取”，主要是指违反规定的程序和条件，录用不符合条件的人员，或者使符合条件的人员不被录取等。这里所称“违反有关规定”，范围非常广，既包括违反国家、地方有关考试、录取工作的法律法规，也包括违反学校、单位有关规章制度和纪律要求；所称“考试、录取工作”，既包括国家统一组织的各类考试、录取工作，如普通高等学校招生全国统一考试，也包括各类学校所举办的各种国民教育的考试，如学校招收新生的考试、校内各种考试、专项选拔考试等，还包括企业等单位组织的招聘选拔考试、在职干部和职工的业务考试，等等。

131. 对于违规谋求公款出国（境）行为适用处分种类和幅度是如何规定的？

《纪律处分条例》第一百三十条规定：“以不正当方式谋求本人或者其他人用公款出国（境），情节较轻的，给予警告处分；情节较重的，给予严重警告处分；情节严重的，给予撤销党内职务处分。”因此，党员采取违反国家有关规定的方式和手段谋求个人或者其他人用公款出国、出境的行为是应当受纪律处分的。这里针对的是“用公款”，如果本人以不正当方式谋求自费出国或者由其他人出资出国则不属于本条规定的违纪行为。

以不正当方式谋求本人或者其他人用公款出国（境）主要有以下表现形式：虚报出国（境）公务骗取批准的；购买、伪造邀请函或者编造虚假日程骗取批准的；采取伪造个人身份、资料等形式，安排与出国（境）公务无关人员出国（境）的；避开主管部门委托非主管部门办理因公出国审（境）核审批手续的；违反因公出国（境）管理规定，将一个团（组）拆分为若干团（组）报批或者审核审批的；等等。

132. 对于擅自延长出国（境）期限、变更出国（境）路线行为适用的处分种类和幅度是如何规定的？

《纪律处分条例》第一百三十一条规定："临时出国（境）团（组）或者人员中的党员，擅自延长在国（境）外期限，或者擅自变更路线的，对直接责任者和领导责任者，给予警告或者严重警告处分；情节严重的，给予撤销党内职务处分。"这里追究的是实施行为的直接责任者和领导责任者的责任，比如提出建议的人员、作出决策的团（组）主要负责人和作出决定的其他人员等。"临时出国（境）团（组）或者人员"，是相对于"长期出国（境）人员"而言的。根据国务院和有关部门的规定，"长期出国（境）人员"，主要是指因公连续在国外、境外工作、学习一年以上的人员。"临时出国（境）团（组）或者人员"，主要是指因公临时派往国外、境外工作、学习、考察、访问不满一年的各类团（组）或者人员。其延长期限或者变更路线的目的往往是到风景名胜区旅游观光，个人购买物品，或者拜亲访友、办理私事等从事与工作无关的活动。为严肃纪律，给予直接责任者和领导责任者处分。

133. 对于在国（境）外违反当地法律、习俗行为适用的处分种类和幅度是如何规定的？

外事工作和涉外活动，是为了发展同世界各国、各地区及人民的友好关系，广交朋友，以为我国社会主义现代化建设创造有利条件。这就要求出国或者出境人员，不论是长期的还是临时的，在国外、境外期间，应当遵守当地的法律、法令，尊重当地的宗教信仰、风俗习惯。否则，会引起驻在国家、地区的政府和人民的不满、甚至会引起纠纷，给我国的国际形象造成不良影响，也损害我们的国家利益。外事无小事，任何违犯纪律、不检点的行为都可能有损党和国家的尊严和形象，因此，对这些行为要给予必要的党纪处分。因此，《纪律处分条例》第一百三十二条规定："驻外机构或者临时出国（境）团（组）中的党员，触犯驻在国家、地区的法律、法令或者不尊重驻在国家、地区的宗教习俗，情节较重的，给予警告或者严重警告处分；情节严重的，给予撤销党内职务、留党察看或者开除党籍处分。"这里针对的是两类人，一类是驻外机构中的党员，属于长期出国（境）人员；另一类是临时出国（境）团（组）中的党员。

134. 对于违反相关工作纪律行为适用的处分种类和幅度是如何规定的？

党的工作内容非常丰富，《纪律处分条例》不可能列举所有违反工作纪律的行为。多年来，党中央和党的工作部门出台了一系列制度、规定和纪律要求，主要包括《干部教育培训工作条例》《中国共产党全国代表大会和地方各级代表大会代表任期制暂行条例》《中国共产党党校工作条例》《中国共产党巡视工作条例》《中国共产党党组工作条例（试行）》《中国共产党统一战线工作条例（试行）》《中国共产党党内法规制定条例》《机关档案工作条例》等。违反这些制度、规定中的纪律要求也属于违纪行为，也应当视其情节轻重给予相应的党纪处分。此外，随着全面从严治党向纵深发展，还会对党的工作提出新的要求，

制定新的规范。因此，需要一个兜底条文，来处理本章各条尚未涉及的，而又需要给予党纪处分的其他违反工作纪律的行为。因此，《纪律处分条例》第一百三十三条规定："在党的纪律检查、组织、宣传、统一战线工作以及机关工作等其他工

作中，不履行或者不正确履行职责，造成损失或者不良影响的，应当视具体情节给予警告直至开除党籍处分。”这一规定使《纪律处分条例》所规定的内容更加严密，从根本上体现了全面从严治党的要求，对于及时处理其他违反工作纪律的行为，具有重要意义。

135. 对于生活奢靡、贪图享乐、追求低级趣味行为适用的处分种类和幅度是如何规定的?

共产党员要坚持勤俭办一切事业，坚决反对讲排场比阔气，坚决抵制享乐主义和奢靡之风。要大力弘扬中华民族勤俭节约的优秀传统，大力宣传节约光荣、浪费可耻的思想观念，努力使厉行节约、反对浪费在全社会蔚然成风。党章明确规定，党员有“吃苦在前，享受在后”的义务。《中国共产党廉洁自律准则》第三条规定：“坚持尚俭戒奢，艰苦朴素，勤俭节约。”反对奢靡之风和享乐主义是党的十八大以来全面从严治党重要实践成果，有必要通过纪律条文的方式制度化。因此，《纪律处分条例》第一百三十四条规定：“生活奢靡、贪图享乐、追求低级趣味，造成不良影响的，给予警告或者严重警告处分；情节严重的，给予撤销党内职务处分。”

“生活奢靡、贪图享乐”，主要是指党员背离了“吃若在前，享受在后”的义务和“尚俭戒奢”的要求，在日常生活中讲排场、比阔气，动辄挥金如土，正如广大群众批评的“土豪气”。“追求低级趣味”，是指党员在兴趣爱好、业余生活中不履行党章要求的“发扬社会主义新风尚，带头实践社会主义核心价值观和社会主义荣辱观，提倡共产主义道德”的义务，热衷于庸俗、低级趣味、不良嗜好。随着我国经济社会发展，人民生活水平日益提高，靠诚实劳动先富裕起来的党员、干部提高消费层次，群众完全能理解，但是崇尚奢靡生活，追求低级趣味，贪图享乐，就会严重损害共产党员的形象，应当按照本条规定给予党纪处分。

136. 关于与他人发生不正当性关系行为适用的处分种类和幅度是如何规定的?

《纪律处分条例》第一百三十五条规定:“与他人发生不正当性关系,造成不良影响的,给予警告或者严重警告处分;情节较重的,给予撤销党内职务或者留党察看处分;情节严重的,给予开除党籍处分。利用职权、教养关系、从属关系或者其他相类似关系与他人发生性关系的,从重处分。”

所谓“不正当性关系”,包括双方均有配偶或者一方有配偶而自愿发生不正当性关系;或者通过诱骗或者其他手段,与一名或多名对象发生性关系等情况。第一款规定的“与他人发生不正当性关系,造成不良影响的”,一般应具备三个条件:一是双方必须发生了不正当的性关系;二是不正当的性关系必须基于双方自愿发生且不以金钱、财物为媒介;三是造成不良影响。之所以强调基于自愿并且不以金钱、财物为媒介,主要是将此行为与强奸、嫖娼行为和钱色交易等行为相区分。与他人发生不正当性关系行为,虽然也有送一些钱物给对方的情况,但钱物不是双方发生不正当性关系的前提条件。

第二款规定的是利用职权、教养关系、从属关系或者其他相类似关系与他人发生性关系的行为。“利用职权”,主要是指与对方有直接或间接的领导与被领导等关系,能利用本人职务范围内的权力或者与职务有关的便利条件对对方产生影响。“教养关系”,主要是指教育与养育关系,如师生关系、师徒关系、监护人与被监护人的关系。“从属关系”,一般是指上下级关系、管理者与被管理者的关系。“其他相类似关系”,主要是指与利用职权、教养关系、从属关系在性质上相类似的关系,如雇用关系等。“利用特定关系与他人发生性关系”行为,严重危害了社会伦理道德,属于与他人发生不正当性关系行为中情节较重的情形。因此,对此类行为“从重处分”。

137. 对于党员领导干部在家风不正等行为适用处分的种类和幅度是如何规定的?

习近平总书记指出,“领导干部的家风,不仅关系自己的家庭,而且关系党风政风。各级领导干部特别是高级干部要继承和弘扬中华优秀传统文化,继承和弘扬革命前辈的红色家风,向焦裕禄、谷文昌、杨善洲等同志学习,做家风建设的表率,把修身、齐家落到实处。各级领导干部要保持高尚道德情操和健康生活情趣,严格要求亲属子女,过好亲情关,教育他们树立遵纪守法、艰苦朴素、自食其力的良好观念,明白见利忘义、贪赃枉法都是不道德的事情,要为全社会做表率。”《中国共产党廉洁自律准则》规定了“廉洁齐家,自觉带头树立良好家风”的廉洁自律规范。《关于新形势下党内政治生活的若干准则》也规定:“领导干部特别是高级干部必须注重家庭、家教、家风,教育管理好亲属和身边工作人员”,“禁止领导干部家属亲友插手领导干部职权范围内的工作、插手人事安排。各级领导班子和领导干部对来自领导干部家属亲友的违规干预行为要坚决抵制,并将有关情况报告党组织”。

落实习近平总书记重要讲话精神,与《关于新形势下党内政治生活的若干准则》等党内法规相衔接,《纪律处分条例》在生活纪律方面专门新增了关于家风不正,对配偶、子女及其配偶失管失教行为及其适用的处分种类和幅度。《纪律处分条例》第一百三十六条规定:“党员领导干部不重视家风建设,对配偶、子女及其配偶失管失教,造成不良影响或者严重后果的,给予警告或者严重警告处分;情节严重的,给予撤销党内职务处分。”

138. 怎样理解对违背社会公序良俗,在公共场所有不当行为适用的处分种类和幅度的规定?

党章明确规定,党员是中国工人、农民、军人、知识分子和其他社会阶层的先进分子。在生产、工作、学习和社会生活中起先锋模范作用,发扬社会主义新风尚,带头实践社会主义核心价值观和社会主义荣辱观，提倡共产主义道德，弘扬中华民族传统美德，是党员的基本义务。党章还对党员领导干部提出加强道德修养，讲党性、重品行、做表率，做到自重、自省、自警、自励的要求。党员的党性修养和道德水准对社会具有示范引领作用，特别是党员在公共场所的言行，直接影响人民群众对党员以及党组织的评价。有必要对党员违背社会公序良俗，在公共场所的不当行为进行纪律约束，维护党的形象。因此，《纪律处分条例》第一百三十七条规定："违背社会公序良俗，在公共场所有不当行为，造成不良影响的，给予警告或者严重警告处分；情节较重的，给予撤销党内职务或者留党察看处分；情节严重的，给予开除党籍处分。"

"公共场所"，主要是指相对于特定的私人场所而言的社会场所，其功能是满足社会公众工作、学习、交易、通行、文化娱乐等需要或者社会需求。"造成不良影响"，一般是指由于行为人在公共场所的不当行为，引起广大群众或者社会舆论负面反映，给行为人自身名誉、行为人所在的党组织和单位造成了不好的影响，损害了党的形象。

党员在公共场所的不当行为，如果社会危害性较小，并且未造成不良影响，一般可通过社会舆论和道德的力量来调整；如果严重危害公共安全、妨害社会管理秩序或者侵犯他人权利，国家法律已将其作为违法犯罪行为规定了刑事处罚或者行政处罚，党组织可适用总则中纪法衔接条款处理；如果相关行为虽未构成违法犯罪，但造成不良影响，则应依据本条例第一百三十七条进行处分。

139. 各省、自治区、直辖市党委制定单项规定时应遵守哪些规定？

《纪律处分条例》是适用于全党各级组织和全体党员的，因而当然适用于各省、自治区、直辖市党委及其所属的党组织和党员。但是，我国地域广大、幅员辽阔，各地党的工作和纪律检查工作都有许多自身的特点。因此，《纪律处分条例》第一百三十九条规定：“各省、自治区、直辖市党委可以根据本条例，结合各自工作的实际情况，制定单项实施规定。”即中共中央授权各省、自治区、直辖市党委，对违犯党纪的党组织和党员的党纪处分工作，在总体上适用本条例的前提下，可以根据本条例，结合各自工作的实际情况，制定单项实施规定。这对于各省、自治区、直辖市党委实事求是地做好对违犯党纪的党组织和党员的党纪处分工作，是完全必要的，有利于更好地发挥《纪律处分条例》的作用和维护党的纪律。

《中国共产党党内法规制定条例》规定，中央纪律检查委员会以及党中央工作机关就其职权范围内有关事项制定党内法规，“中央党内法规的效力高于中央纪律检查委员会以及党中央工作机关和省、自治区、直辖市党委制定的党内法规的效力。中央纪律检查委员会以及党中央工作机关和省、自治区、直辖市党委制定党内法规不得同中央党内法规和规范性文件相抵触。”根据以上规定，因此，各省、自治区、直辖市党委在制定单项实施规定时，应严格遵循制定权限和制定程序，不得同党章和党的理论、路线、方针、政策相抵触，不得同宪法和法律不一致，不得同中央党内法规相抵触，不得同中央纪律检查委员会、中央各部门制定的党内法规相抵触。一旦发现有抵触的，由中央责令改正或者予以撤销。

140.《纪律处分条例》由哪个部门负责解释？

法律、法规在实施的过程中，难免发生需要解释的问题，所以，关于解释权的规定是法律、法规的不可或缺的组成部分。《纪律处分条例》是关于党的纪律和纪律处分方面的重要党内法规，其内容非常丰富，涵盖面也很广，但违纪行为千差万别，在适用的时候，需要对其中的有关条款加以解释，以保证其正确实施。《中国共产党党内法规制定条例》第三十四条规定：“党内法规需要进一步明确条款具体含义或者适用问题的，应当进行解释。中央党内法规由党中央或者授权有关部委解释，中央纪律检查委员会以及党中央工作机关和省、自治区、直辖市党委制定的党内法规由制定机关解释。”“党内法规的解释同党内法规具有同等效力。”《纪律处分条例》第一百四十一条明确规定：“本条例由中央纪律检查委员会负责解释。”那么，中央纪律检查委员会对《纪律处分条例》的解释具有权威性，正式作出的解释具有法定效力，是实施《纪律处分条例》的必要补充和保障，与《纪律处分条例》具有同等的效力，一并执行。

141.《纪律处分条例》的施行时间和溯及力是如何规定的?

《纪律处分条例》修订后需要一定的时间让广大党员认真学习深刻领会其精神，因此第一百四十二条规定自2018年10月1日起施行。

溯及力，是指新法律法规颁布后对它生效前所发生的事件和行为可加以适用的效力。关于溯及力的规定，概括起来有五个原则：一是从旧原则，即一概适用行为时的法律法规；二是从新原则，即一概适用新法律法规；三是从轻原则，即适用处理较轻的法律法规；四是从新兼从轻原则，即原则上适用新法律法规，但旧法律法规对行为处理较轻时适用旧法律法规；五是从旧兼从轻原则，即原则上适用行为时的法律法规，但新法律法规对行为处理较轻时适用新法律。《中华人民共和国刑法》第十二条对溯及力的规定，采取了“从旧兼从轻”的原则。分四种情况：一是当时的法律不认为是犯罪的，不论本法如何规定，只能适用当时的法律，也即本法没有溯及力；二是当时的法律认为是犯罪，本法不认为是犯罪的，只要该行为未经审判或者判决未经确定的，依照本法规定就不再予以追究；三是当时的法律和本法都认为是犯罪，尚未超过诉讼时效的，如果本法处刑轻，按本法办理，如果本法的处刑重于当时的法律，则依照当时的法律办理；四是已经依照原有法律处刑并已生效的，继续有效。为了与国家法律的精

神保持衔接,《纪律处分条例》第一百四十二条对其溯及力规定也采取了从旧兼从轻原则:

(1)对已经结案的案件,如需进行复查复议,适用当时的规定或者政策。

(2)对尚未结案的案件,第一,如果行为发生时的规定或者政策不认为是违纪,而本条例认为是违纪的,依照当时的规定或者政策处理;第二,虽然原则上本条例没有溯及力,但有两种情况例外:①如果行为发生时的规定或者政策与本条例都认为是违纪,而依照本条例规定处理较轻的,适用本条例。②如果行为发生时的规定或者政策认为是违纪而本条例不认为是违纪的,适用本条例。

附：

中国共产党纪律处分条例

第一编 总　　则

第一章 指导思想、原则和适用范围

第一条 为了维护党章和其他党内法规，严肃党的纪律，纯洁党的组织，保障党员民主权利，教育党员遵纪守法，维护党的团结统一，保证党的路线、方针、政策、决议和国家法律法规的贯彻执行，根据《中国共产党章程》，制定本条例。

第二条 党的纪律建设必须坚持以马克思列宁主义、毛泽东思想、邓小平理论、“三个代表”重要思想、科学发展观、习近平新时代中国特色社会主义思想为指导，坚持和加强党的全面领导，坚决维护习近平总书记党中央的核心、全党的核心地位，坚决维护党中央权威和集中统一领导，落实新时代党的建设总要求和全面从严治党战略部署，全面加强党的纪律建设。

第三条 党章是最根本的党内法规，是管党治党的总规矩。党的纪律是党的各级组织和全体党员必须遵守的行为规则。党组织和党员必须牢固树立政治意识、大局意识、核心意识、看齐意识，自觉遵守党章，严格执行和维护党的纪律，自觉接受党的纪律约束，模范遵守国家法律法规。

第四条 党的纪律处分工作应当坚持以下原则：

（一）坚持党要管党、全面从严治党。加强对党的各级组织和全体党员的教育、管理和监督，把纪律挺在前面，注重抓早抓

小、防微杜渐。

（二）党纪面前一律平等。对违犯党纪的党组织和党员必须严肃、公正执行纪律，党内不允许有任何不受纪律约束的党组织和党员。

（三）实事求是。对党组织和党员违犯党纪的行为，应当以事实为依据，以党章、其他党内法规和国家法律法规为准绳，准确认定违纪性质，区别不同情况，恰当予以处理。

（四）民主集中制。实施党纪处分，应当按照规定程序经党组织集体讨论决定，不允许任何个人或者少数人擅自决定和批准。上级党组织对违犯党纪的党组织和党员作出的处理决定，下级党组织必须执行。

（五）惩前毖后、治病救人。处理违犯党纪的党组织和党员，应当实行惩戒与教育相结合，做到宽严相济。

第五条 运用监督执纪"四种形态"，经常开展批评和自我批评、约谈函询，让"红红脸、出出汗"成为常态；党纪轻处分、组织调整成为违纪处理的大多数；党纪重处分、重大职务调整的成为少数；严重违纪涉嫌违法立案审查的成为极少数。

第六条 本条例适用于违犯党纪应当受到党纪责任追究的党组织和党员。

第二章 违纪与纪律处分

第七条 党组织和党员违反党章和其他党内法规，违反国家法律法规，违反党和国家政策，违反社会主义道德，危害党、国家和人民利益的行为，依照规定应当给予纪律处理或者处分的，都必须受到追究。

重点查处党的十八大以来不收敛、不收手，问题线索反映集中、群众反映强烈，政治问题和经济问题交织的腐败案件，违反中央八项规定精神的问题。

第八条 对党员的纪律处分种类：

（一）警告；

（二）严重警告；

（三）撤销党内职务；

（四）留党察看；

（五）开除党籍。

第九条 对于违犯党的纪律的党组织，上级党组织应当责令其作出检查或者进行通报批评。对于严重违犯党的纪律、本身又不能纠正的党组织，上一级党的委员会在查明核实后，根据情节严重的程度，可以予以：

（一）改组；

（二）解散。

第十条 党员受到警告处分一年内、受到严重警告处分一年半内，不得在党内提升职务和向党外组织推荐担任高于其原任职务的党外职务。

第十一条 撤销党内职务处分，是指撤销受处分党员由党内选举或者组织任命的党内职务。对于在党内担任两个以上职务的，党组织在作处分决定时，应当明确是撤销其一切职务还是一个或者几个职务。如果决定撤销其一个职务，必须撤销其担任的最高职务。如果决定撤销其两个以上职务，则必须从其担任的最高职务开始依次撤销。对于在党外组织担任职务的，应当建议党外组织依照规定作出相应处理。

对于应当受到撤销党内职务处分，但是本人没有担任党内职务的，应当给予其严重警告处分。同时，在党外组织担任职务的，应当建议党外组织撤销其党外职务。

党员受到撤销党内职务处分，或者依照前款规定受到严重警告处分的，二年内不得在党内担任和向党外组织推荐担任与其原任职务相当或者高于其原任职务的职务。

第十二条 留党察看处分，分为留党察看一年、留党察看二年。对于受到留党察看处分一年的党员，期满后仍不符合恢复党员权利条件的，应当延长一年留党察看期限。留党察看期限最长不得超过二年。

党员受留党察看处分期间，没有表决权、选举权和被选举权。留党察看期间，确有悔改表现的，期满后恢复其党员权利；坚持不改或者又发现其他应当受到党纪处分的违纪行为的，应当开除党籍。

党员受到留党察看处分，其党内职务自然撤销。对于担任党外职务的，应当建议党外组织撤销其党外职务。受到留党察看处分的党员，恢复党员权利后二年内，不得在党内担任和向党外组织推荐担任与其原任职务相当或者高于其原任职务的职务。

第十三条 党员受到开除党籍处分，五年内不得重新入党，也不得推荐担任与其原任职务相当或者高于其原任职务的党外职务。另有规定不准重新入党的，依照规定。

第十四条 党的各级代表大会的代表受到留党察看以上（含留党察看）处分的，党组织应当终止其代表资格。

第十五条 对于受到改组处理的党组织领导机构成员，除应当受到撤销党内职务以上（含撤销党内职务）处分的外，均自然免职。

第十六条 对于受到解散处理的党组织中的党员，应当逐个审查。其中，符合党员条件的，应当重新登记，并参加新的组织过党的生活；不符合党员条件的，应当对其进行教育、限期改正，经教育仍无转变的，予以劝退或者除名；有违纪行为的，依照规定予以追究。

第三章　纪律处分运用规则

第十七条 有下列情形之一的，可以从轻或者减轻处分：

（一）主动交代本人应当受到党纪处分的问题的；

（二）在组织核实、立案审查过程中，能够配合核实审查工作，如实说明本人违纪违法事实的；

（三）检举同案人或者其他人应当受到党纪处分或者法律追究的问题，经查证属实的；

（四）主动挽回损失、消除不良影响或者有效阻止危害结果发生的；

（五）主动上交违纪所得的；

（六）有其他立功表现的。

第十八条 根据案件的特殊情况，由中央纪委决定或者经省（部）级纪委（不含副省级市纪委）决定并呈报中央纪委批准，对违纪党员也可以在本条例规定的处分幅度以外减轻处分。

第十九条 对于党员违犯党纪应当给予警告或者严重警告处分，但是具有本条例第十七条规定的情形之一或者本条例分则中另有规定的，可以给予批评教育、责令检查、诫勉或者组织处理，免予党纪处分。对违纪党员免予处分，应当作出书面结论。

第二十条 有下列情形之一的，应当从重或者加重处分：

（一）强迫、唆使他人违纪的；

（二）拒不上交或者退赔违纪所得的；

（三）违纪受处分后又因故意违纪应当受到党纪处分的；

（四）违纪受到党纪处分后，又被发现其受处分前的违纪行为应当受到党纪处分的；

（五）本条例另有规定的。

第二十一条 从轻处分，是指在本条例规定的违纪行为应当受到的处分幅度以内，给予较轻的处分。

从重处分，是指在本条例规定的违纪行为应当受到的处分幅度以内，给予较重的处分。

第二十二条 减轻处分，是指在本条例规定的违纪行为应当受到的处分幅度以外，减轻一档给予处分。

加重处分，是指在本条例规定的违纪行为应当受到的处分幅度以外，加重一档给予处分。

本条例规定的只有开除党籍处分一个档次的违纪行为，不适用第一款减轻处分的规定。

第二十三条 一人有本条例规定的两种以上（含两种）应当受到党纪处分的违纪行为，应当合并处理，按其数种违纪行为中应当受到的最高处分加重一档给予处分；其中一种违纪行为应当受到开除党籍处分的，应当给予开除党籍处分。

第二十四条　一个违纪行为同时触犯本条例两个以上（含两个）条款的，依照处分较重的条款定性处理。

一个条款规定的违纪构成要件全部包含在另一个条款规定的违纪构成要件中，特别规定与一般规定不一致的，适用特别规定。

第二十五条　二人以上（含二人）共同故意违纪的，对为首者，从重处分，本条例另有规定的除外；对其他成员，按照其在共同违纪中所起的作用和应负的责任，分别给予处分。

对于经济方面共同违纪的，按照个人所得数额及其所起作用，分别给予处分。对违纪集团的首要分子，按照集团违纪的总数额处分；对其他共同违纪的为首者，情节严重的，按照共同违纪的总数额处分。

教唆他人违纪的，应当按照其在共同违纪中所起的作用追究党纪责任。

第二十六条　党组织领导机构集体作出违犯党纪的决定或者实施其他违犯党纪的行为，对具有共同故意的成员，按共同违纪处理；对过失违纪的成员，按照各自在集体违纪中所起的作用和应负的责任分别给予处分。

第四章　对违法犯罪党员的纪律处分

第二十七条　党组织在纪律审查中发现党员有贪污贿赂、滥用职权、玩忽职守、权力寻租、利益输送、徇私舞弊、浪费国家资财等违反法律涉嫌犯罪行为的，应当给予撤销党内职务、留党察看或者开除党籍处分。

第二十八条　党组织在纪律审查中发现党员有刑法规定的行为，虽不构成犯罪但须追究党纪责任的，或者有其他违法行为，损害党、国家和人民利益的，应当视具体情节给予警告直至开除党籍处分。

第二十九条　党组织在纪律审查中发现党员严重违纪涉嫌违

法犯罪的，原则上先作出党纪处分决定，并按照规定给予政务处分后，再移送有关国家机关依法处理。

第三十条 党员被依法留置、逮捕的，党组织应当按照管理权限中止其表决权、选举权和被选举权等党员权利。根据监察机关、司法机关处理结果，可以恢复其党员权利的，应当及时予以恢复。

第三十一条 党员犯罪情节轻微，人民检察院依法作出不起诉决定的，或者人民法院依法作出有罪判决并免予刑事处罚的，应当给予撤销党内职务、留党察看或者开除党籍处分。

党员犯罪，被单处罚金的，依照前款规定处理。

第三十二条 党员犯罪，有下列情形之一的，应当给予开除党籍处分：

（一）因故意犯罪被依法判处刑法规定的主刑（含宣告缓刑）的；

（二）被单处或者附加剥夺政治权利的；

（三）因过失犯罪，被依法判处三年以上（不含三年）有期徒刑的。

因过失犯罪被判处三年以下（含三年）有期徒刑或者被判处管制、拘役的，一般应当开除党籍。对于个别可以不开除党籍的，应当对照处分党员批准权限的规定，报请再上一级党组织批准。

第三十三条 党员依法受到刑事责任追究的，党组织应当根据司法机关的生效判决、裁定、决定及其认定的事实、性质和情节，依照本条例规定给予党纪处分，是公职人员的由监察机关给予相应政务处分。

党员依法受到政务处分、行政处罚，应当追究党纪责任的，党组织可以根据生效的政务处分、行政处罚决定认定的事实、性质和情节，经核实后依照规定给予党纪处分或者组织处理。

党员违反国家法律法规，违反企事业单位或者其他社会组织的规章制度受到其他纪律处分，应当追究党纪责任的，党组织在对有关方面认定的事实、性质和情节进行核实后，依照规定给予党纪处分或者组织处理。

党组织作出党纪处分或者组织处理决定后，司法机关、行政机关等依法改变原生效判决、裁定、决定等，对原党纪处分或者组织处理决定产生影响的，党组织应当根据改变后的生效判决、裁定、决定等重新作出相应处理。

第五章　其他规定

第三十四条　预备党员违犯党纪，情节较轻，可以保留预备党员资格的，党组织应当对其批评教育或者延长预备期；情节较重的，应当取消其预备党员资格。

第三十五条　对违纪后下落不明的党员，应当区别情况作出处理：

（一）对有严重违纪行为，应当给予开除党籍处分的，党组织应当作出决定，开除其党籍；

（二）除前项规定的情况外，下落不明时间超过六个月的，党组织应当按照党章规定对其予以除名。

第三十六条　违纪党员在党组织作出处分决定前死亡，或者在死亡之后发现其曾有严重违纪行为，对于应当给予开除党籍处分的，开除其党籍；对于应当给予留党察看以下（含留党察看）处分的，作出违犯党纪的书面结论和相应处理。

第三十七条　违纪行为有关责任人员的区分：

（一）直接责任者，是指在其职责范围内，不履行或者不正确履行自己的职责，对造成的损失或者后果起决定性作用的党员或者党员领导干部。

（二）主要领导责任者，是指在其职责范围内，对直接主管的工作不履行或者不正确履行职责，对造成的损失或者后果负直接领导责任的党员领导干部。

（三）重要领导责任者，是指在其职责范围内，对应管的工作或者参与决定的工作不履行或者不正确履行职责，对造成的损失或者后果负次要领导责任的党员领导干部。

本条例所称领导责任者，包括主要领导责任者和重要领导责任者。

第三十八条 本条例所称主动交代，是指涉嫌违纪的党员在组织初核前向有关组织交代自己的问题，或者在初核和立案审查其问题期间交代组织未掌握的问题。

第三十九条 计算经济损失主要计算直接经济损失。直接经济损失，是指与违纪行为有直接因果关系而造成财产损失的实际价值。

第四十条 对于违纪行为所获得的经济利益，应当收缴或者责令退赔。

对于违纪行为所获得的职务、职称、学历、学位、奖励、资格等其他利益，应当由承办案件的纪检机关或者由其上级纪检机关建议有关组织、部门、单位按照规定予以纠正。

对于依照本条例第三十五条、第三十六条规定处理的党员，经调查确属其实施违纪行为获得的利益，依照本条规定处理。

第四十一条 党纪处分决定作出后，应当在一个月内向受处分党员所在党的基层组织中的全体党员及其本人宣布，是领导班子成员的还应当向所在党组织领导班子宣布，并按照干部管理权限和组织关系将处分决定材料归入受处分者档案；对于受到撤销党内职务以上（含撤销党内职务）处分的，还应当在一个月内办理职务、工资、工作及其他有关待遇等相应变更手续；涉及撤销或者调整其党外职务的，应当建议党外组织及时撤销或者调整其党外职务。特殊情况下，经作出或者批准作出处分决定的组织批准，可以适当延长办理期限。办理期限最长不得超过六个月。

第四十二条 执行党纪处分决定的机关或者受处分党员所在单位，应当在六个月内将处分决定的执行情况向作出或者批准处分决定的机关报告。

党员对所受党纪处分不服的，可以依照党章及有关规定提出申诉。

第四十三条 本条例总则适用于有党纪处分规定的其他党内法规，但是中共中央发布或者批准发布的其他党内法规有特别规定的除外。

第二编 分 则

第六章 对违反政治纪律行为的处分

第四十四条 在重大原则问题上不同党中央保持一致且有实际言论、行为或者造成不良后果的，给予警告或者严重警告处分；情节较重的，给予撤销党内职务或者留党察看处分；情节严重的，给予开除党籍处分。

第四十五条 通过网络、广播、电视、报刊、传单、书籍等，或者利用讲座、论坛、报告会、座谈会等方式，公开发表坚持资产阶级自由化立场、反对四项基本原则，反对党的改革开放决策的文章、演说、宣言、声明等的，给予开除党籍处分。

发布、播出、刊登、出版前款所列文章、演说、宣言、声明等或者为上述行为提供方便条件的，对直接责任者和领导责任者，给予严重警告或者撤销党内职务处分；情节严重的，给予留党察看或者开除党籍处分。

第四十六条 通过网络、广播、电视、报刊、传单、书籍等，或者利用讲座、论坛、报告会、座谈会等方式，有下列行为之一，情节较轻的，给予警告或者严重警告处分；情节较重的，给予撤销党内职务或者留党察看处分；情节严重的，给予开除党籍处分：

（一）公开发表违背四项基本原则，违背、歪曲党的改革开放决策，或者其他有严重政治问题的文章、演说、宣言、声明等的；

（二）妄议党中央大政方针，破坏党的集中统一的；

（三）丑化党和国家形象，或者诋毁、诬蔑党和国家领导人、英雄模范，或者歪曲党的历史、中华人民共和国历史、人民军队历史的。

发布、播出、刊登、出版前款所列内容或者为上述行为提供方便条件的，对直接责任者和领导责任者，给予严重警告或者撤销党内职务处分；情节严重的，给予留党察看或者开除党籍处分。

第四十七条 制作、贩卖、传播第四十五条、第四十六条所列内容之一的书刊、音像制品、电子读物、网络音视频资料等，情节较轻的，给予警告或者严重警告处分；情节较重的，给予撤销党内职务或者留党察看处分；情节严重的，给予开除党籍处分。

私自携带、寄递第四十五条、第四十六条所列内容之一的书刊、音像制品、电子读物等入出境，情节较重的，给予警告或者严重警告处分；情节严重的，给予撤销党内职务、留党察看或者开除党籍处分。

第四十八条 在党内组织秘密集团或者组织其他分裂党的活动的，给予开除党籍处分。

参加秘密集团或者参加其他分裂党的活动的，给予留党察看或者开除党籍处分。

第四十九条 在党内搞团团伙伙、结党营私、拉帮结派、培植个人势力等非组织活动，或者通过搞利益交换、为自己营造声势等活动捞取政治资本的，给予严重警告或者撤销党内职务处分；导致本地区、本部门、本单位政治生态恶化的，给予留党察看或者开除党籍处分。

第五十条 党员领导干部在本人主政的地方或者分管的部门自行其是，搞山头主义，拒不执行党中央确定的大政方针，甚至背着党中央另搞一套的，给予撤销党内职务、留党察看或者开除党籍处分。

落实党中央决策部署不坚决，打折扣、搞变通，在政治上造成不良影响或者严重后果的，给予警告或者严重警告处分；情节严重的，给予撤销党内职务、留党察看或者开除党籍处分。

第五十一条　对党不忠诚不老实，表里不一，阳奉阴违，欺上瞒下，搞两面派，做两面人，情节较轻的，给予警告或者严重警告处分；情节较重的，给予撤销党内职务或者留党察看处分；情节严重的，给予开除党籍处分。

第五十二条　制造、散布、传播政治谣言，破坏党的团结统一的，给予警告或者严重警告处分；情节较重的，给予撤销党内职务或者留党察看处分；情节严重的，给予开除党籍处分。

政治品行恶劣，匿名诬告，有意陷害或者制造其他谣言，造成损害或者不良影响的，依照前款规定处理。

第五十三条　擅自对应当由党中央决定的重大政策问题作出决定、对外发表主张的，对直接责任者和领导责任者，给予严重警告或者撤销党内职务处分；情节严重的，给予留党察看或者开除党籍处分。

第五十四条　不按照有关规定向组织请示、报告重大事项，情节较重的，给予警告或者严重警告处分；情节严重的，给予撤销党内职务或者留党察看处分。

第五十五条　干扰巡视巡察工作或者不落实巡视巡察整改要求，情节较轻的，给予警告或者严重警告处分；情节较重的，给予撤销党内职务或者留党察看处分；情节严重的，给予开除党籍处分。

第五十六条　对抗组织审查，有下列行为之一的，给予警告或者严重警告处分；情节较重的，给予撤销党内职务或者留党察看处分；情节严重的，给予开除党籍处分：

（一）串供或者伪造、销毁、转移、隐匿证据的；

（二）阻止他人揭发检举、提供证据材料的；

（三）包庇同案人员的；

（四）向组织提供虚假情况，掩盖事实的；

（五）有其他对抗组织审查行为的。

第五十七条　组织、参加反对党的基本理论、基本路线、基本方略或者重大方针政策的集会、游行、示威等活动的，或者以组织讲座、论坛、报告会、座谈会等方式，反对党的基本理论、基本路线、基本方略或者重大方针政策，造成严重不良影响的，对策划者、组织者和骨干分子，给予开除党籍处分。

对其他参加人员或者以提供信息、资料、财物、场地等方式支持上述活动者，情节较轻的，给予警告或者严重警告处分；情节较重的，给予撤销党内职务或者留党察看处分；情节严重的，给予开除党籍处分。

对不明真相被裹挟参加，经批评教育后确有悔改表现的，可以免予处分或者不予处分。

未经组织批准参加其他集会、游行、示威等活动，情节较轻的，给予警告或者严重警告处分；情节较重的，给予撤销党内职务或者留党察看处分；情节严重的，给予开除党籍处分。

第五十八条 组织、参加旨在反对党的领导、反对社会主义制度或者敌视政府等组织的，对策划者、组织者和骨干分子，给予开除党籍处分。

对其他参加人员，情节较轻的，给予警告或者严重警告处分；情节较重的，给予撤销党内职务或者留党察看处分；情节严重的，给予开除党籍处分。

第五十九条 组织、参加会道门或者邪教组织的，对策划者、组织者和骨干分子，给予开除党籍处分。

对其他参加人员，情节较轻的，给予警告或者严重警告处分；情节较重的，给予撤销党内职务或者留党察看处分；情节严重的，给予开除党籍处分。

对不明真相的参加人员，经批评教育后确有悔改表现的，可以免予处分或者不予处分。

第六十条 从事、参与挑拨破坏民族关系制造事端或者参加民族分裂活动的，对策划者、组织者和骨干分子，给予开除党籍处分。

对其他参加人员，情节较轻的，给予警告或者严重警告处分；情节较重的，给予撤销党内职务或者留党察看处分；情节严重的，给予开除党籍处分。

对不明真相被裹挟参加，经批评教育后确有悔改表现的，可以免予处分或者不予处分。

有其他违反党和国家民族政策的行为，情节较轻的，给予警告或者严重警告处分；情节较重的，给予撤销党内职务或者留党察看处分；情节严重的，给予开除党籍处分。

第六十一条　组织、利用宗教活动反对党的路线、方针、政策和决议，破坏民族团结的，对策划者、组织者和骨干分子，给予开除党籍处分。

对其他参加人员，给予撤销党内职务或者留党察看处分；情节严重的，给予开除党籍处分。

对不明真相被裹挟参加，经批评教育后确有悔改表现的，可以免予处分或者不予处分。

有其他违反党和国家宗教政策的行为，情节较轻的，给予警告或者严重警告处分；情节较重的，给予撤销党内职务或者留党察看处分；情节严重的，给予开除党籍处分。

第六十二条　对信仰宗教的党员，应当加强思想教育，经党组织帮助教育仍没有转变的，应当劝其退党；劝而不退的，予以除名；参与利用宗教搞煽动活动的，给予开除党籍处分。

第六十三条　组织迷信活动的，给予撤销党内职务或者留党察看处分；情节严重的，给予开除党籍处分。

参加迷信活动，造成不良影响的，给予警告或者严重警告处分；情节较重的，给予撤销党内职务或者留党察看处分；情节严重的，给予开除党籍处分。

对不明真相的参加人员，经批评教育后确有悔改表现的，可以免予处分或者不予处分。

第六十四条　组织、利用宗族势力对抗党和政府，妨碍党和国家的方针政策以及决策部署的实施，或者破坏党的基层组织建设的，对策划者、组织者和骨干分子，给予开除党籍处分。

对其他参加人员，给予撤销党内职务或者留党察看处分；情节严重的，给予开除党籍处分。

对不明真相被裹挟参加，经批评教育后确有悔改表现的，可以免予处分或者不予处分。

第六十五条 在国（境）外、外国驻华使（领）馆申请政治避难，或者违纪后逃往国（境）外、外国驻华使（领）馆的，给予开除党籍处分。

在国（境）外公开发表反对党和政府的文章、演说、宣言、声明等的，依照前款规定处理。

故意为上述行为提供方便条件的，给予留党察看或者开除党籍处分。

第六十六条 在涉外活动中，其言行在政治上造成恶劣影响，损害党和国家尊严、利益的，给予撤销党内职务或者留党察看处分；情节严重的，给予开除党籍处分。

第六十七条 不履行全面从严治党主体责任、监督责任或者履行全面从严治党主体责任、监督责任不力，给党组织造成严重损害或者严重不良影响的，对直接责任者和领导责任者，给予警告或者严重警告处分；情节严重的，给予撤销党内职务或者留党察看处分。

第六十八条 党员领导干部对违反政治纪律和政治规矩等错误思想和行为不报告、不抵制、不斗争，放任不管，搞无原则一团和气，造成不良影响的，给予警告或者严重警告处分；情节严重的，给予撤销党内职务或者留党察看处分。

第六十九条 违反党的优良传统和工作惯例等党的规矩，在政治上造成不良影响的，给予警告或者严重警告处分；情节较重的，给予撤销党内职务或者留党察看处分；情节严重的，给予开除党籍处分。

第七章 对违反组织纪律行为的处分

第七十条 违反民主集中制原则，有下列行为之一的，给予警告或者严重警告处分；情节严重的，给予撤销党内职务或者留党察看处分：

（一）拒不执行或者擅自改变党组织作出的重大决定的；

（二）违反议事规则，个人或者少数人决定重大问题的；

（三）故意规避集体决策，决定重大事项、重要干部任免、重要项目安排和大额资金使用的；

（四）借集体决策名义集体违规的。

第七十一条　下级党组织拒不执行或者擅自改变上级党组织决定的，对直接责任者和领导责任者，给予警告或者严重警告处分；情节严重的，给予撤销党内职务或者留党察看处分。

第七十二条　拒不执行党组织的分配、调动、交流等决定的，给予警告、严重警告或者撤销党内职务处分。

在特殊时期或者紧急状况下，拒不执行党组织决定的，给予留党察看或者开除党籍处分。

第七十三条　有下列行为之一，情节较重的，给予警告或者严重警告处分：

（一）违反个人有关事项报告规定，隐瞒不报的；

（二）在组织进行谈话、函询时，不如实向组织说明问题的；

（三）不按要求报告或者不如实报告个人去向的；

（四）不如实填报个人档案资料的。

篡改、伪造个人档案资料的，给予严重警告处分；情节严重的，给予撤销党内职务或者留党察看处分。

隐瞒入党前严重错误的，一般应当予以除名；对入党后表现尚好的，给予严重警告、撤销党内职务或者留党察看处分。

第七十四条　党员领导干部违反有关规定组织、参加自发成立的老乡会、校友会、战友会等，情节严重的，给予警告、严重警告或者撤销党内职务处分。

第七十五条　有下列行为之一的，给予警告或者严重警告处分；情节较重的，给予撤销党内职务或者留党察看处分；情节严重的，给予开除党籍处分：

（一）在民主推荐、民主测评、组织考察和党内选举中搞拉票、助选等非组织活动的；

（二）在法律规定的投票、选举活动中违背组织原则搞非组织活动，组织、怂恿、诱使他人投票、表决的；

（三）在选举中进行其他违反党章、其他党内法规和有关章程活动的。

搞有组织的拉票贿选，或者用公款拉票贿选的，从重或者加重处分。

第七十六条 在干部选拔任用工作中，有任人唯亲、排斥异己、封官许愿、说情干预、跑官要官、突击提拔或者调整干部等违反干部选拔任用规定行为，对直接责任者和领导责任者，情节较轻的，给予警告或者严重警告处分；情节较重的，给予撤销党内职务或者留党察看处分；情节严重的，给予开除党籍处分。

用人失察失误造成严重后果的，对直接责任者和领导责任者，依照前款规定处理。

第七十七条 在干部、职工的录用、考核、职务晋升、职称评定和征兵、安置复转军人等工作中，隐瞒、歪曲事实真相，或者利用职权或者职务上的影响违反有关规定为本人或者其他人谋取利益的，给予警告或者严重警告处分；情节较重的，给予撤销党内职务或者留党察看处分；情节严重的，给予开除党籍处分。

弄虚作假，骗取职务、职级、职称、待遇、资格、学历、学位、荣誉或者其他利益的，依照前款规定处理。

第七十八条 侵犯党员的表决权、选举权和被选举权，情节较重的，给予警告或者严重警告处分；情节严重的，给予撤销党内职务处分。

以强迫、威胁、欺骗、拉拢等手段，妨害党员自主行使表决权、选举权和被选举权的，给予撤销党内职务、留党察看或者开除党籍处分。

第七十九条 有下列行为之一的，给予警告或者严重警告处分；情节较重的，给予撤销党内职务或者留党察看处分；情节严重的，给予开除党籍处分：

（一）对批评、检举、控告进行阻挠、压制，或者将批评、检举、控告材料私自扣压、销毁，或者故意将其泄露给他人的；

（二）对党员的申辩、辩护、作证等进行压制，造成不良后果的；

（三）压制党员申诉，造成不良后果的，或者不按照有关规定处理党员申诉的；

（四）有其他侵犯党员权利行为，造成不良后果的。

对批评人、检举人、控告人、证人及其他人员打击报复的，从重或者加重处分。

党组织有上述行为的，对直接责任者和领导责任者，依照第一款规定处理。

第八十条　违反党章和其他党内法规的规定，采取弄虚作假或者其他手段把不符合党员条件的人发展为党员，或者为非党员出具党员身份证明的，对直接责任者和领导责任者，给予警告或者严重警告处分；情节严重的，给予撤销党内职务处分。

违反有关规定程序发展党员的，对直接责任者和领导责任者，依照前款规定处理。

第八十一条　违反有关规定取得外国国籍或者获取国（境）外永久居留资格、长期居留许可的，给予撤销党内职务、留党察看或者开除党籍处分。

第八十二条　违反有关规定办理因私出国（境）证件、前往港澳通行证，或者未经批准出入国（边）境，情节较轻的，给予警告或者严重警告处分；情节较重的，给予撤销党内职务处分；情节严重的，给予留党察看处分。

第八十三条　驻外机构或者临时出国（境）团（组）中的党员擅自脱离组织，或者从事外事、机要、军事等工作的党员违反有关规定同国（境）外机构、人员联系和交往的，给予警告、严重警告或者撤销党内职务处分。

第八十四条　驻外机构或者临时出国（境）团（组）中的党

员，脱离组织出走时间不满六个月又自动回归的，给予撤销党内职务或者留党察看处分；脱离组织出走时间超过六个月的，按照自行脱党处理，党内予以除名。

故意为他人脱离组织出走提供方便条件的，给予警告、严重警告或者撤销党内职务处分。

第八章　对违反廉洁纪律行为的处分

第八十五条　党员干部必须正确行使人民赋予的权力，清正廉洁，反对任何滥用职权、谋求私利的行为。

利用职权或者职务上的影响为他人谋取利益，本人的配偶、子女及其配偶等亲属和其他特定关系人收受对方财物，情节较重的，给予警告或者严重警告处分；情节严重的，给予撤销党内职务、留党察看或者开除党籍处分。

第八十六条　相互利用职权或者职务上的影响为对方及其配偶、子女及其配偶等亲属、身边工作人员和其他特定关系人谋取利益搞权权交易的，给予警告或者严重警告处分；情节较重的，给予撤销党内职务或者留党察看处分；情节严重的，给予开除党籍处分。

第八十七条　纵容、默许配偶、子女及其配偶等亲属、身边工作人员和其他特定关系人利用党员干部本人职权或者职务上的影响谋取私利，情节较轻的，给予警告或者严重警告处分；情节较重的，给予撤销党内职务或者留党察看处分；情节严重的，给予开除党籍处分。

党员干部的配偶、子女及其配偶等亲属和其他特定关系人不实际工作而获取薪酬或者虽实际工作但领取明显超出同职级标准薪酬，党员干部知情未予纠正的，依照前款规定处理。

第八十八条　收受可能影响公正执行公务的礼品、礼金、消费卡和有价证券、股权、其他金融产品等财物，情节较轻的，给予警告或者严重警告处分；情节较重的，给予撤销党内职务或者留党察看处分；情节严重的，给予开除党籍处分。

收受其他明显超出正常礼尚往来的财物的，依照前款规定处理。

第八十九条 向从事公务的人员及其配偶、子女及其配偶等亲属和其他特定关系人赠送明显超出正常礼尚往来的礼品、礼金、消费卡和有价证券、股权、其他金融产品等财物，情节较重的，给予警告或者严重警告处分；情节严重的，给予撤销党内职务或者留党察看处分。

第九十条 借用管理和服务对象的钱款、住房、车辆等，影响公正执行公务，情节较重的，给予警告或者严重警告处分；情节严重的，给予撤销党内职务、留党察看或者开除党籍处分。

通过民间借贷等金融活动获取大额回报，影响公正执行公务的，依照前款规定处理。

第九十一条 利用职权或者职务上的影响操办婚丧喜庆事宜，在社会上造成不良影响的，给予警告或者严重警告处分；情节严重的，给予撤销党内职务处分；借机敛财或者有其他侵犯国家、集体和人民利益行为的，从重或者加重处分，直至开除党籍。

第九十二条 接受、提供可能影响公正执行公务的宴请或者旅游、健身、娱乐等活动安排，情节较重的，给予警告或者严重警告处分；情节严重的，给予撤销党内职务或者留党察看处分。

第九十三条 违反有关规定取得、持有、实际使用运动健身卡、会所和俱乐部会员卡、高尔夫球卡等各种消费卡，或者违反有关规定出入私人会所，情节较重的，给予警告或者严重警告处分；情节严重的，给予撤销党内职务或者留党察看处分。

第九十四条 违反有关规定从事营利活动，有下列行为之一，情节较轻的，给予警告或者严重警告处分；情节较重的，给予撤销党内职务或者留党察看处分；情节严重的，给予开除党籍处分：

（一）经商办企业的；

（二）拥有非上市公司（企业）的股份或者证券的；

（三）买卖股票或者进行其他证券投资的；

（四）从事有偿中介活动的；

（五）在国（境）外注册公司或者投资入股的；

（六）有其他违反有关规定从事营利活动的。

利用参与企业重组改制、定向增发、兼并投资、土地使用权出让等决策、审批过程中掌握的信息买卖股票，利用职权或者职务上的影响通过购买信托产品、基金等方式非正常获利的，依照前款规定处理。

违反有关规定在经济组织、社会组织等单位中兼职，或者经批准兼职但获取薪酬、奖金、津贴等额外利益的，依照第一款规定处理。

第九十五条 利用职权或者职务上的影响，为配偶、子女及其配偶等亲属和其他特定关系人在审批监管、资源开发、金融信贷、大宗采购、土地使用权出让、房地产开发、工程招投标以及公共财政支出等方面谋取利益，情节较轻的，给予警告或者严重警告处分；情节较重的，给予撤销党内职务或者留党察看处分；情节严重的，给予开除党籍处分。

利用职权或者职务上的影响，为配偶、子女及其配偶等亲属和其他特定关系人吸收存款、推销金融产品等提供帮助谋取利益的，依照前款规定处理。

第九十六条 党员领导干部离职或者退（离）休后违反有关规定接受原任职务管辖的地区和业务范围内的企业和中介机构的聘任，或者个人从事与原任职务管辖业务相关的营利活动，情节较轻的，给予警告或者严重警告处分；情节较重的，给予撤销党内职务处分；情节严重的，给予留党察看处分。

党员领导干部离职或者退（离）休后违反有关规定担任上市公司、基金管理公司独立董事、独立监事等职务，情节较轻的，给予警告或者严重警告处分；情节较重的，给予撤销党内职务处分；情节严重的，给予留党察看处分。

第九十七条 党员领导干部的配偶、子女及其配偶，违反有关规定在该党员领导干部管辖的地区和业务范围内从事可能影响其公正执行公务的经营活动，或者在该党员领导干部管辖的地区和业务范围内的外商独资企业、中外合资企业中担任由外方委派、聘任的高级职务或者违规任职、兼职取酬的，该党员领导干部应当按照规定予以纠正；拒不纠正的，其本人应当辞去现任职务或者由组织予以调整职务；不辞去现任职务或者不服从组织调整职务的，给予撤销党内职务处分。

第九十八条 党和国家机关违反有关规定经商办企业的，对直接责任者和领导责任者，给予警告或者严重警告处分；情节严重的，给予撤销党内职务处分。

第九十九条 党员领导干部违反工作、生活保障制度，在交通、医疗、警卫等方面为本人、配偶、子女及其配偶等亲属和其他特定关系人谋求特殊待遇，情节较重的，给予警告或者严重警告处分；情节严重的，给予撤销党内职务或者留党察看处分。

第一百条 在分配、购买住房中侵犯国家、集体利益，情节较轻的，给予警告或者严重警告处分；情节较重的，给予撤销党内职务或者留党察看处分；情节严重的，给予开除党籍处分。

第一百零一条 利用职权或者职务上的影响，侵占非本人经管的公私财物，或者以象征性地支付钱款等方式侵占公私财物，或者无偿、象征性地支付报酬接受服务、使用劳务，情节较轻的，给予警告或者严重警告处分；情节较重的，给予撤销党内职务或者留党察看处分；情节严重的，给予开除党籍处分。

利用职权或者职务上的影响，将本人、配偶、子女及其配偶等亲属应当由个人支付的费用，由下属单位、其他单位或者他人支付、报销的，依照前款规定处理。

第一百零二条 利用职权或者职务上的影响，违反有关规定占用公物归个人使用，时间超过六个月，情节较重的，给予警告或者严重警告处分；情节严重的，给予撤销党内职务处分。

占用公物进行营利活动的，给予警告或者严重警告处分；情节较重的，给予撤销党内职务或者留党察看处分；情节严重的，给予开除党籍处分。

将公物借给他人进行营利活动的，依照前款规定处理。

第一百零三条 违反有关规定组织、参加用公款支付的宴请、高消费娱乐、健身活动，或者用公款购买赠送或者发放礼品、消费卡（券）等，对直接责任者和领导责任者，情节较轻的，给予警告或者严重警告处分；情节较重的，给予撤销党内职务或者留党察看处分；情节严重的，给予开除党籍处分。

第一百零四条 违反有关规定自定薪酬或者滥发津贴、补贴、奖金等，对直接责任者和领导责任者，情节较轻的，给予警告或者严重警告处分；情节较重的，给予撤销党内职务或者留党察看处分；情节严重的，给予开除党籍处分。

第一百零五条 有下列行为之一，对直接责任者和领导责任者，情节较轻的，给予警告或者严重警告处分；情节较重的，给予撤销党内职务或者留党察看处分；情节严重的，给予开除党籍处分：

（一）公款旅游或者以学习培训、考察调研、职工疗养等为名变相公款旅游的；

（二）改变公务行程，借机旅游的；

（三）参加所管理企业、下属单位组织的考察活动，借机旅游的。

以考察、学习、培训、研讨、招商、参展等名义变相用公款出国（境）旅游的，依照前款规定处理。

第一百零六条 违反公务接待管理规定，超标准、超范围接待或者借机大吃大喝，对直接责任者和领导责任者，情节较重的，给予警告或者严重警告处分；情节严重的，给予撤销党内职务处分。

第一百零七条 违反有关规定配备、购买、更换、装饰、使用公务交通工具或者有其他违反公务交通工具管理规定的行为，对直接责任者和领导责任者，情节较重的，给予警告或者严重警告处分；情节严重的，给予撤销党内职务或者留党察看处分。

第一百零八条 违反会议活动管理规定，有下列行为之一，对直接责任者和领导责任者，情节较重的，给予警告或者严重警告处分；情节严重的，给予撤销党内职务处分：

（一）到禁止召开会议的风景名胜区开会的；

（二）决定或者批准举办各类节会、庆典活动的。

擅自举办评比达标表彰活动或者借评比达标表彰活动收取费用的，依照前款规定处理。

第一百零九条 违反办公用房管理等规定，有下列行为之一，对直接责任者和领导责任者，情节较重的，给予警告或者严重警告处分；情节严重的，给予撤销党内职务处分：

（一）决定或者批准兴建、装修办公楼、培训中心等楼堂馆所的；

（二）超标准配备、使用办公用房的；

（三）用公款包租、占用客房或者其他场所供个人使用的。

第一百一十条 搞权色交易或者给予财物搞钱色交易的，给予警告或者严重警告处分；情节较重的，给予撤销党内职务或者留党察看处分；情节严重的，给予开除党籍处分。

第一百一十一条 有其他违反廉洁纪律规定行为的，应当视具体情节给予警告直至开除党籍处分。

第九章　对违反群众纪律行为的处分

第一百一十二条 有下列行为之一，对直接责任者和领导责任者，情节较轻的，给予警告或者严重警告处分；情节较重的，给予撤销党内职务或者留党察看处分；情节严重的，给予开除党籍处分：

（一）超标准、超范围向群众筹资筹劳、摊派费用，加重群众负担的；

（二）违反有关规定扣留、收缴群众款物或者处罚群众的；

（三）克扣群众财物，或者违反有关规定拖欠群众钱款的；

（四）在管理、服务活动中违反有关规定收取费用的；

（五）在办理涉及群众事务时刁难群众、吃拿卡要的；

（六）有其他侵害群众利益行为的。

在扶贫领域有上述行为的，从重或者加重处分。

第一百一十三条 干涉生产经营自主权，致使群众财产遭受较大损失的，对直接责任者和领导责任者，给予警告或者严重警告处分；情节严重的，给予撤销党内职务或者留党察看处分。

第一百一十四条 在社会保障、政策扶持、扶贫脱贫、救灾救济款物分配等事项中优亲厚友、明显有失公平的，给予警告或者严重警告处分；情节较重的，给予撤销党内职务或者留党察看处分；情节严重的，给予开除党籍处分。

第一百一十五条 利用宗族或者黑恶势力等欺压群众，或者纵容涉黑涉恶活动、为黑恶势力充当“保护伞”的，给予撤销党内职务或者留党察看处分；情节严重的，给予开除党籍处分。

第一百一十六条 有下列行为之一，对直接责任者和领导责任者，情节较重的，给予警告或者严重警告处分；情节严重的，给予撤销党内职务或者留党察看处分：

（一）对涉及群众生产、生活等切身利益的问题依照政策或者有关规定能解决而不及时解决，慵懒无为、效率低下，造成不良影响的；

（二）对符合政策的群众诉求消极应付、推诿扯皮，损害党群、干群关系的；

（三）对待群众态度恶劣、简单粗暴，造成不良影响的；

（四）弄虚作假，欺上瞒下，损害群众利益的；

（五）有其他不作为、乱作为等损害群众利益行为的。

第一百一十七条 盲目举债、铺摊子、上项目，搞劳民伤财的“形象工程”、“政绩工程”，致使国家、集体或者群众财产和利益遭受较大损失的，对直接责任者和领导责任者，给予警告或者严重警告处分；情节严重的，给予撤销党内职务、留党察看或者开除党籍处分。

第一百一十八条 遇到国家财产和群众生命财产受到严重威

胁时，能救而不救，情节较重的，给予警告、严重警告或者撤销党内职务处分；情节严重的，给予留党察看或者开除党籍处分。

第一百一十九条 不按照规定公开党务、政务、厂务、村（居）务等，侵犯群众知情权，对直接责任者和领导责任者，情节较重的，给予警告或者严重警告处分；情节严重的，给予撤销党内职务或者留党察看处分。

第一百二十条 有其他违反群众纪律规定行为的，应当视具体情节给予警告直至开除党籍处分。

第十章 对违反工作纪律行为的处分

第一百二十一条 工作中不负责任或者疏于管理，贯彻执行、检查督促落实上级决策部署不力，给党、国家和人民利益以及公共财产造成较大损失的，对直接责任者和领导责任者，给予警告或者严重警告处分；造成重大损失的，给予撤销党内职务、留党察看或者开除党籍处分。

贯彻创新、协调、绿色、开放、共享的发展理念不力，对职责范围内的问题失察失责，造成较大损失或者重大损失的，从重或者加重处分。

第一百二十二条 有下列行为之一，造成严重不良影响，对直接责任者和领导责任者，情节较轻的，给予警告或者严重警告处分；情节较重的，给予撤销党内职务或者留党察看处分；情节严重的，给予开除党籍处分：

（一）贯彻党中央决策部署只表态不落实的；

（二）热衷于搞舆论造势、浮在表面的；

（三）单纯以会议贯彻会议、以文件落实文件，在实际工作中不见诸行动的；

（四）工作中有其他形式主义、官僚主义行为的。

第一百二十三条 党组织有下列行为之一，对直接责任者和领导责任者，情节较重的，给予警告或者严重警告处分；情节严重的，给予撤销党内职务或者留党察看处分：

（一）党员被依法判处刑罚后，不按照规定给予党纪处分，或者对违反国家法律法规的行为，应当给予党纪处分而不处分的；

（二）党纪处分决定或者申诉复查决定作出后，不按照规定落实决定中关于被处分人党籍、职务、职级、待遇等事项的；

（三）党员受到党纪处分后，不按照干部管理权限和组织关系对受处分党员开展日常教育、管理和监督工作的。

第一百二十四条 因工作不负责任致使所管理的人员叛逃的，对直接责任者和领导责任者，给予警告或者严重警告处分；情节严重的，给予撤销党内职务处分。

因工作不负责任致使所管理的人员出走，对直接责任者和领导责任者，情节较重的，给予警告或者严重警告处分；情节严重的，给予撤销党内职务处分。

第一百二十五条 在上级检查、视察工作或者向上级汇报、报告工作时对应当报告的事项不报告或者不如实报告，造成严重损害或者严重不良影响的，对直接责任者和领导责任者，给予警告或者严重警告处分；情节严重的，给予撤销党内职务或者留党察看处分。

在上级检查、视察工作或者向上级汇报、报告工作时纵容、唆使、暗示、强迫下级说假话、报假情的，从重或者加重处分。

第一百二十六条 党员领导干部违反有关规定干预和插手市场经济活动，有下列行为之一，造成不良影响的，给予警告或者严重警告处分；情节较重的，给予撤销党内职务或者留党察看处分；情节严重的，给予开除党籍处分：

（一）干预和插手建设工程项目承发包、土地使用权出让、政府采购、房地产开发与经营、矿产资源开发利用、中介机构服务等活动的；

（二）干预和插手国有企业重组改制、兼并、破产、产权交易、清产核资、资产评估、资产转让、重大项目投资以及其他重大经营活动等事项的；

（三）干预和插手批办各类行政许可和资金借贷等事项的；

（四）干预和插手经济纠纷的；

（五）干预和插手集体资金、资产和资源的使用、分配、承包、租赁等事项的。

第一百二十七条 党员领导干部违反有关规定干预和插手司法活动、执纪执法活动，向有关地方或者部门打听案情、打招呼、说情，或者以其他方式对司法活动、执纪执法活动施加影响，情节较轻的，给予严重警告处分；情节较重的，给予撤销党内职务或者留党察看处分；情节严重的，给予开除党籍处分。

党员领导干部违反有关规定干预和插手公共财政资金分配、项目立项评审、政府奖励表彰等活动，造成重大损失或者不良影响的，依照前款规定处理。

第一百二十八条 泄露、扩散或者打探、窃取党组织关于干部选拔任用、纪律审查、巡视巡察等尚未公开事项或者其他应当保密的内容的，给予警告或者严重警告处分；情节较重的，给予撤销党内职务或者留党察看处分；情节严重的，给予开除党籍处分。

私自留存涉及党组织关于干部选拔任用、纪律审查、巡视巡察等方面资料，情节较重的，给予警告或者严重警告处分；情节严重的，给予撤销党内职务处分。

第一百二十九条 在考试、录取工作中，有泄露试题、考场舞弊、涂改考卷、违规录取等违反有关规定行为的，给予警告或者严重警告处分；情节较重的，给予撤销党内职务或者留党察看处分；情节严重的，给予开除党籍处分。

第一百三十条 以不正当方式谋求本人或者其他人用公款出国（境），情节较轻的，给予警告处分；情节较重的，给予严重警告处分；情节严重的，给予撤销党内职务处分。

第一百三十一条 临时出国（境）团（组）或者人员中的党员，擅自延长在国（境）外期限，或者擅自变更路线的，对直接责任者和领导责任者，给予警告或者严重警告处分；情节严重的，给予撤销党内职务处分。

第一百三十二条 驻外机构或者临时出国（境）团（组）中的党员，触犯驻在国家、地区的法律、法令或者不尊重驻在国家、地区的宗教习俗，情节较重的，给予警告或者严重警告处分；情节严重的，给予撤销党内职务、留党察看或者开除党籍处分。

第一百三十三条 在党的纪律检查、组织、宣传、统一战线工作以及机关工作等其他工作中，不履行或者不正确履行职责，造成损失或者不良影响的，应当视具体情节给予警告直至开除党籍处分。

第十一章 对违反生活纪律行为的处分

第一百三十四条 生活奢靡、贪图享乐、追求低级趣味，造成不良影响的，给予警告或者严重警告处分；情节严重的，给予撤销党内职务处分。

第一百三十五条 与他人发生不正当性关系，造成不良影响的，给予警告或者严重警告处分；情节较重的，给予撤销党内职务或者留党察看处分；情节严重的，给予开除党籍处分。

利用职权、教养关系、从属关系或者其他相类似关系与他人发生性关系的，从重处分。

第一百三十六条 党员领导干部不重视家风建设，对配偶、子女及其配偶失管失教，造成不良影响或者严重后果的，给予警告或者严重警告处分；情节严重的，给予撤销党内职务处分。

第一百三十七条 违背社会公序良俗，在公共场所有不当行为，造成不良影响的，给予警告或者严重警告处分；情节较重的，给予撤销党内职务或者留党察看处分；情节严重的，给予开除党籍处分。

第一百三十八条 有其他严重违反社会公德、家庭美德行为的，应当视具体情节给予警告直至开除党籍处分。

第三编　附　　则

第一百三十九条　各省、自治区、直辖市党委可以根据本条例，结合各自工作的实际情况，制定单项实施规定。

第一百四十条　中央军事委员会可以根据本条例，结合中国人民解放军和中国人民武装警察部队的实际情况，制定补充规定或者单项规定。

第一百四十一条　本条例由中央纪律检查委员会负责解释。

第一百四十二条　本条例自 2018 年 10 月 1 日起施行。

本条例施行前，已结案的案件如需进行复查复议，适用当时的规定或者政策。尚未结案的案件，如果行为发生时的规定或者政策不认为是违纪，而本条例认为是违纪的，依照当时的规定或者政策处理；如果行为发生时的规定或者政策认为是违纪的，依照当时的规定或者政策处理，但是如果本条例不认为是违纪或者处理较轻的，依照本条例规定处理。

《中国共产党政法工作条例》知识问答

1.《中国共产党政法工作条例》出台的背景是什么?

习近平总书记在党的十九大报告中明确指出:“增强依法执政本领,加快形成覆盖党的领导和党的建设各方面的党内法规制度体系,加强和改善对国家政权机关的领导。”2018 年 2 月,《中央党内法规制定工作第二个五年规划(2018—2022 年)》将制定《中国共产党政法工作条例》(以下简称《政法工作条例》)作为贯彻落实党的十九大精神、加强和改善党对政法机关领导的重要举措,要求坚持党对政法工作的领导不动摇,加强党中央对政法工作的集中统一领导,阐明党领导政法工作方针政策,规范党领导政法工作体制机制、主要内容、方式方法,明确党委政法委职能定位,支持和保障司法机关依法独立公正行使职权。

2.《政法工作条例》的公布,对于政法事业发展的重大意义是什么?

《政法工作条例》是专门针对政法工作的第一部党内法规。它以党内基本法规形式,对党领导新时代政法工作进行了全面系统的制度安排,既为党领导政法工作立规矩、定方圆,又为党领导政法工作谋长远、固根本,在政法事业发展史上具有划时代开创性的里程碑意义。

(1)出台《政法工作条例》是提高党领导政法工作法治化、制度化水平的内在要求,是坚持和发展中国特色社会主义制度、推进国家治理体系和治理能力现代化的题中之意。(2)出台《政法工作条例》是推进依法治国与依规治党有机统一的重要举措,有利于推动政法工作政治性、人民性和法治性在更高水平上深度融合。（3）政法工作事关党和国家长治久安，事关“两个一百年”奋斗目标的实现，《政法工作条例》的出台和实施有利于从制度上保障政法工作始终坚持正确前进方向，更好发挥服务保障党和国家工作大局的重要作用。

3.《政法工作条例》制定工作主要遵循什么原则?

在制定《政法工作条例》过程中，主要遵循以下原则：一是突出党的领导这个最高原则，鲜明体现政法工作的政治性。二是突出全局思维，把政法工作置于党和国家事业发展大局中来制定《政法工作条例》。三是突出问题导向，聚焦“谁来领导”“领导什么”“怎么领导”等重大问题，注重将领导主体具体化、职责清单化、工作运行机制化，为党领导新时代政法工作提供体制机制保障。

4.《政法工作条例》为什么规定党对政法工作的绝对领导？是如何规定的?

《政法工作条例》将“坚持党的绝对领导”作为政法工作的最高原则，用专章规定了党中央对政法工作实施绝对领导，在我国，共产党是执政党，拥有对国家和社会的领导权，对国家政权的执政权。政法是党行使领导权和执政权的重要形式，是党实施全面依法治国基本方略的重要方面，是党推进“五位一体”总体布局和“四个全面”战略布局的重要力量，也是维护和发展党长期执政和国家长治久安的锐利武器。政法各项职权是党的领导权和执政权的组成部分，把政法机关和政法工作置于党的绝对领导之下有其坚实的法理依据。

《政法工作条例》明确了党领导政法工作系列重大问题，主要包括：明确了制定《政法工作条例》的目的是坚持和加强党对政法工作的领导、做好新时代党的政法工作，依据是党章、宪法和有关法律，阐明了政法工作的性质、指导思想、主要任务和原则等重大问题；明确了政法工作的领导主体及职责，规定了党中央对政法工作实施绝对领导等重大职权，以及地方党委、党委政法委员会、政法单位党组（党委）的主体责任等；明确了党领导政法工作的运行机制，规定了政法工作重大事项请示报告、决策和执行、监督和责任等制度。

在政法工作中坚持党的领导，最根本的是增强“四个意识”、坚定“四个自信”、做到“两个维护”，最关键的是要坚持党中央集中统一领导，坚决听从党中央指挥，坚决贯彻党中央决策部署。同时，必须主动接受各级党委及其政法委员会的领导、指导和协调。

5.《政法工作条例》的制定依据是什么？

《政法工作条例》第 2 条开宗明义规定，根据《章程》《宪法》和有关法律，制定本条例。《章程》是中国共产党为实现党的纲领、开展正规活动、规定党内事务所制定的根本法规，是党赖以建立和活动的法规体系的基础，是党的各级组织和全体党员必须遵守的基本准则和规定，具有最高党法、基本大法的效力。《宪法》规定了国家的根本制度和根本任务，是国家的根本大法，具有最高的法律效力。二者均为本条例的上位法。

6.《政法工作条例》的适用范围是什么？

《政法工作条例》第二条规定：“本条例适用于中央和县级以上地方党委、党委政法委员会、政法单位党组（党委）领导和组织开展政法工作。”条例明确了中央和县级以上党委、党委政法委员会、政法单位党组（党委）是领导和组织政法工作的主体。其中，党中央对政法工作实施绝对领导、全面领导，决定和管理政法工作大政方针、重大举措、重大事项。在党中央集中统一领导下，各级党委领导本地区政法工作，管方向、管政策、管原则、管干部，研究解决政法工作中的重大问题；党委政法委作为党委领导和管理政法工作的职能部门，发挥牵头抓总、统筹协调、督办落实等作用，全面履行“十项职责任务”；政法单位党组（党委）领导本单位政法工作，履行好把方向、谋大局、定政策、促改革、抓落实的职责。

7. 政法工作的基本职能是什么？

《政法工作条例》规定了政法机关的三项基本职能，即专政职能、管理职能、服务职能。《政法工作条例》第三条规定：“政法工作是党和国家工作的重要组成部分，是党领导政法单位依法履行专政职能、管理职能、服务职能的重要方式和途径。”政法机关作为人民民主专政的国家政权机关，必须在党的领导下，依法履行专政职能，坚决捍卫党的执政地位和社会主义制度。政法机关作为社会管理的职能部门，是国家治理体系的重要组成部分，必须在党的领导下，依法履行管理职能，加强和创新社会治理，推进社会治理体系和治理能力现代化。政法机关的根本宗旨是全心全意为人民服务，必须在党的领导下，依法履行服务职能，推出更多利民惠民安民的政策措施，不断增强人民群众获得感、幸福感、安全感。

8. 政法单位都包括那些单位？

政法单位是党领导下从事政法工作的专门力量，主要包括审判机关、检察机关、公安机关、国家安全机关、司法行政机关等单位。其中，审判机关是指依照法律规定代表国家独立行使审判权的国家机关，包括最高人民法院和地方各级人民法院以及军事法院等专门人民法院。检察机关是指依照国家法律代表国家独立行使法律监督权的国家机关，包括最高人民检察院、地方各级人民检察院和军事检察院等专门人民检察院。公安机关是国家的行政机关，同时又担负着刑事案件的侦查任务，是国家的司法机关，包括公安部以及地方各级公安部门。国家安全机关是指掌管对外情报和反间谍工作，担负保卫国家安全职责的专门机关。公安机关和国家安全机关互相结合，组成一个完整的保卫国家安全和社会治安的安全体系。司法行政机关是政府对司法工作进行行政管理的专门机关，包括司法部和地方各级司法厅、司法局。

9.《政法工作条例》的主体——各级党委、政法委、政法各单位之间的相互关系是怎样的？

（1）党中央与中央政法委关系。《政法工作条例》明确规定，中央政法委员会、中央政法单位党组（党委）在党中央领导下履行职责、开展工作，对党中央负责，受党中央监督，向党中央和总书记请示报告工作，并对请示报告事项作了具体规定。

（2）党委与党委政法委的关系。《政法工作条例》规定，党委政法委在党委领导下履行职责、开展工作。一方面，要发挥好作为党委的参谋助手作用，加强对政法领域重大实践和理论问题调查研究，提出重大决策部署和改革措施的意见建议，协助党委决策和统筹推进政法改革发展和各项工作。另一方面，要在党委领导下全面履职、敢于担当，坚决服从和执行党委决定，协调推动政法各单位执行党委决定，切实做到对党委负责、受党委监督、向党委请示报告工作。

（3）上下级党委政法委之间的关系。《政法工作条例》规定，上下级党委政法委是指导关系。对上级党委政法委来讲，要着眼于增强党领导政法工作的针对性、实效性，指导下级党委政法委提高政治站位、理顺工作关系、落实决策部署、提升素质能力，帮助解决实际问题。对下级党委政法委来讲，要在同级党委领导下，自觉接受上级党委政法委指导，坚决贯彻执行上级党委政法委决策部署，主动做好请示报告工作，负责任地提出加强和改进政法工作的意见建议，确保上下贯通、执行有力。

（4）党委政法委与政法各单位的关系。《政法工作条例》明确了党委政法委对政法工作的领导地位，规定了党委政法委指导、支持、监督政法单位在宪法法律规定的职责范围内开展工作。党委政法委要支持政法各单位依照宪法和法律独立负责、协调一致地开展工作，做到总揽不包揽、协调不替代。要把主要精力放在重要事项的牵头抓总、统筹协调上。政法单位党组（党委）要充分发挥职能作用，积极主动做好职责范围内的事情和日常业务工作。政法单位党组（党委）向同级党委请示报告重大事项和汇报重要工作，一般应当同时抄报同级党委政法委；同时，要主动向党委政法委请示报告有关重要事项。

10. 政法工作的指导思想是什么?

政法工作必须坚持以马克思列宁主义、毛泽东思想、邓小平理论、“三个代表”重要思想、科学发展观、习近平新时代中国特色社会主义思想为指导，牢固树立政治意识、大局意识、核心意识、看齐意识，坚定中国特色社会主义道路自信、理论自信、制度自信、文化自信，坚决维护习近平总书记党中央的核心、全党的核心地位，坚决维护党中央权威和集中统一领导，围绕统筹推进“五位一体”总体布局和协调推进“四个全面”战略布局，坚持党的领导、人民当家做主、依法治国有机统一，坚决捍卫党的领导和中国特色社会主义制度，维护宪法法律权威，支持政法单位依法履行职责，保证司法机关依法独立公正行使职权，确保政法队伍全面正确履行中国特色社会主义事业建设者、捍卫者的使命。尤其要学深悟透习近平总书记关于新时代政法工作的重要思想，这是新时代党领导政法工作的思想旗帜，是引领新时代政法事业科学发展的行动指南。

11. 政法工作的主要任务是什么?

《政法工作条例》第五条规定：“政法工作的主要任务是：在以习近平同志为核心的党中央坚强领导下开展工作，推进平安中国、法治中国建设，推动政法领域全面深化改革，加强过硬队伍建设，深化智能化建设，严格执法、公正司法，履行维护国家政治安全、确保社会大局稳定、促进社会公平正义、保障人民安居乐业的主要职责，创造安全的政治环境、稳定的社会环境、公正的法治环境、优质的服务环境，增强人民群众获得感、幸福感、安全感。”

推进平安中国、法治中国建设，是新时代政法工作的战略目标，要加快推进社会治理现代化，提高社会治理社会化、法治化、智能化、专业化水平，努力建设更高水平的平安中国；要统筹推进科学立法、严格执法、公正司法、全民守法，实现权利有保障、权力受制约、违法必追责、正义可预期、公平看得见，努力建设更高水平的法治中国。

维护国家政治安全、确保社会大局稳定、促进社会公平正义、保障人民安居乐业，是新时代政法工作的主要任务。广大政法工作者要以奋进者、创新者的姿态履职尽责，努力创造安全的政治环境、稳定的社会环境、公正的法治环境、优质的服务环境。

12. 政法工作应当遵循的主要原则有哪些？

《政法工作条例》第六条规定了政法工作应当遵循的十项原则，这是做好新时代政法工作应把握的“十个根本”。

（1）坚持党的绝对领导，要求把党的领导贯彻到政法工作各方面和全过程。长期的中国特色社会主义政法工作实践和历史经验都表明，只要党的领导坚持得好，政法工作就能取得好的成绩。反之，政法工作就会遭受或多或少，或大或小的挫折，甚至产生严重的后果。

（2）坚持以人民为中心，专门工作和群众路线相结合，维护人民群众合法权益。作为马克思主义政党，坚持以人民为中心是我们党与生俱来的显著特征和优良品格，党的十九大报告明确指出我们党新时代的历史使命就是“为中国人民谋幸福、为中华民族谋复兴”。坚持以人民为中心的理念体现了党的根本宗旨，是做好新时代政法工作的根本理念，新时代政法工作，必须以人民为中心，始终把保障人民利益作为根本出发点和落脚点，满足人民对民主、法治、公平、正义、安全、环境等美好生活需要，让天更蓝、水更清、空气更清新、食品更安全、交通更顺畅、社会更和谐有序，让人民更有获得感、幸福感、安全感。

践行党的群众路线，是新时代政法工作的实现路径。“一切为了群众，一切依靠群众，从群众中来，到群众中去，把党的正确主张变为群众的自觉行动”，是中国共产党章程对群众路线的科学概括。新时代政法工作，就要贯彻好党的群众路线，坚持社会治理为了人民，善于把党的优良传统和新技术新手段结合起来，创新组织群众、发动群众的机制，创新为民谋利、为民办事、为民解忧的机制，让群众的聪明才智成为社会治理创新的不竭源泉。政法工作坚持党的群众路线，一个重要方面是要激发群众积极性，让群众有效参与突出矛盾化解。群众参与矛盾纠纷化解，不仅仅是民主的法治方法问题，更重要的是能够促进群众的合理合法诉求得到合理合法解决，新时代的“枫桥经验”就是最好的例证。要充分认识‘枫桥经验’的重大意义，把‘枫桥经验’坚持好、发展好。同时，还要适应社会结构的变化，对症下药、有的放矢，不断完善社会治理体制和基层群众自治机制，充分调动人民群众的积极性，进一步畅通人民群众参与社会治理的渠道，增强人民群众维护国家安全、社会安全、自身安全的意识和能力，构筑防风险、护稳定的“第一堤坝”。

（3）坚定不移走中国特色社会主义法治道路，建设社会主义法治国家。政法队伍要深刻认识党的领导是中国特色社会主义法治之魂，把党的领导、人民当家做主、依法治国有机统一起来，正确处理党对司法工作的绝对领导与司法机关依法独立公正行使职权的关系，坚决抵制“三权鼎立”“司法独立”，矢志不渝做社会主义法治国家建设者、实践者。法治兴则国家兴，法治强则国家强。政法机关作为法治中国建设的重要力量，要在中央全面依法治国领导小组统一领导下，坚定不移走中国特色社会主义法治道路。要充分发挥职能优势，积极推动科学立法、严格执法、公正司法、全民守法，切实肩负起全面依法治国实践者、推动者的重任。要严格执法履职，坚决杜绝运动式执法，提升执法工作法治化水平。要完善执法司法运行体制，改进执法司法方式，做到以法为据、以理服人、以情感人，提高执法司法公信力。要适应我国经济由高速增长阶段向高质量发展阶段的历史性变化，更好发挥法治在稳定预期、激励创新方面的重要功能，完善加强产权保护、维护契约自由、促进公平竞争、鼓励诚实守信的制度机制、最大限度激发创新创业活力。

（4）坚持服务和保障大局，为推动经济持续健康发展和保持社会长期稳定提供法治保障。政法工作作为一项事关全局、极其重要的工作，既是政治建设的重要组成部分，也是经济、文化、社会和生态文明建设的重要保障，同巩固党的执政地位、推进各项建设事业、增进群众福祉密切相关。因此，必须坚持把政法工作放到党和国家工作大局中去谋划，放到经济社会发展大局中去推进，做到发展推进到哪里，服务就跟进到哪里。要推动政法各项工作更加积极主动地融入大局、服务大局、保障大局，促进更高质量、更有效率、更加公平、更可持续的发展。要善于运用法治思维和法治方式明晰权责、定分止争，推动全社会形成办事依法、遇事找法。要注重处理好依法办事和服务大局的关系，适应我国经济由高速增长阶段转向高质量发展阶段的历史性变化，更好发挥法治在稳定预期、激励创新方面的重要功能。

（5）坚持总体国家安全观，维护国家主权、安全、发展利益。总体国家安全观体现了我国国家安全战略的全面视角。总体国家安全观坚持以人民安全为宗旨，以政治安全为根本，以经济安全为基础，以军事、文化、社会安全为保障，以促进国际安全为依托，更具系统性、全面性、持续性。强调既重视外部安全，又重视内部安全；既重视传统安全，又重视非传统安全；既重视自身安全，又重视共同安全。总体国家安全观对安全问题领域、影响安全因素和维护安全手段等都有总体的、全面的认知和部署，清晰反映了国家安全的内在逻辑关系，极大丰富了国家安全的内涵和外延。政法机关要增强忧患意识、责任意识，防控风险、服务发展，破解难题、补齐短板，提高维护国家安全和社会稳定的能力水平，履行好维护社会大局稳定、促进社会公平正义、保障人民安居乐业的职责使命。

（6）严格区分和正确处理敌我矛盾和人民内部矛盾这两类不同性质的矛盾，准确行使人民民主专政职能。人民民主专政的国家性质，要求政法机关必须保护人民，而把专政的锋芒指向一切敌对分子；新时期阶级斗争的特点要求我们必须在法律范围内，运用法律手段处理阶级斗争问题。目前，完整的敌对阶级已经不存在了，但是敌对分子还存在，主要包括：各种反革命分子，严重经济犯罪分子，严重刑事犯罪分子等，人民同这些敌对分子的矛盾就是敌我矛盾。对于敌我矛盾，要按照宪法、法律、法令办事，使用法律武器同反党反社会主义的势力和各种刑事犯罪分子进行斗争。在中国特色社会主义新时期，存在的大量矛盾属于人民内部矛盾，主要用民主的方法、说服教育的方法解决。要构建人民调解、行政调解、司法调解相互衔接配合的大调解工作体系，不断提高政法干警执法办案、化解矛盾、服务群众的能力。

（7）坚持走中国特色社会主义社会治理之路，推动形成共建共治共享的社会治理格局。党的十九大报告指出："打造共建共治共享的社会治理格局。加强社会治理制度建设，完善党委领导、政府负责、社会协同、公众参与、法治保障的社会治理体制，提高社会治理社会化、法治化、智能化、专业化水平。"政法队伍作为社会治理工作的核心力量，必须进一步增强责任感和使命感，要创新完善平安建设工作协调机制，统筹好政法系统和相关部门的资源力量，形成问题联治、工作联动、平安联创的良好局面。各地区各部门主要负责同志要落实好平安建设领导责任制，履行好维护一方稳定、守护一方平安的政治责任。要深入推进社区治理创新，构建富有活力和效率的新型基层社会治理体系。

（8）坚持改革创新，建设和完善中国特色社会主义司法制度和政法工作运行体制机制。习近平在中央政法工作会议上提出了司法制度改革的具体任务："政法系统要在更高起点上，推动改革取得新的突破性进展，加快构建优化协同高效的政法机构职能体系。要优化政法机关职权配置，构建各尽其职、配合有力、制约有效的工作体系。要推进政法机关内设机构改革，优化职能配置、机构设置、人员编制，让运行更加顺畅高效。要全面落实司法责任制，让司法人员集中精力尽好责、办好案，提高司法质量、效率、公信力。要聚焦人民群众反映强烈的突出问题，抓紧完善权力运行监督和制约机制，坚决防止执法不严、司法不公甚至执法犯法、司法腐败。要深化诉讼制度改革，推进案件繁简分流、轻重分离、快慢分道，推动大数据、人工智能等科技创新成果同司法工作深度融合”。

（9）政法单位依法分工负责、互相配合、互相制约，确保正确履行职责、依法行使权力。我国宪法以及《公务员法》《中华人民共和国法官法》《中华人民共和国检察官法》等法律法规规定了公安机关、审判机关、检察机关、司法行政机关的法定职责，本条例各章也规定了各政法单位的职责及相互关系。政法单位应当根据党法党规和国家法律，依法分工负责、互相配合、互相制约，以确保正确履行职责，依法行使权力。

（10）坚持政治过硬、业务过硬、责任过硬、纪律过硬、作风过硬的要求，建设信念坚定、执法为民、敢于担当、清正廉洁的新时代政法队伍。“五个过硬”是习近平总书记对政法队伍建设提出的要求。“政治过硬”要求始终把理想信念教育摆在第一位，要始终坚持党的领导，永葆忠于党、忠于国家、忠于人民、忠于法律的政治本色；“业务过硬”要求政法队伍要注重能力建设，不断提高业务水平。要不断提高执法能力，不断提高群众工作能力，不断提高舆论引导能力；“责任过硬”首先要求把人民群众的事当成自己的事，“执法为公，一心为民”，其次要勇于担责。要忠诚履责、尽心尽责，强化政治担当，面对大是大非的政治考验，能够旗帜鲜明、挺身而出，坚定不移地做中国特色社会主义事业的建设者、捍卫者；“纪律过硬”首先要从严治己，严守党的政治纪律和组织纪律，坚决反对公器私用、司法腐败。其次要始终坚守社会主义的法治信仰，铁面无私，秉公执法。最后还要健全纪律执行机制，加强对权力运行的制约监督，把执行权力关进制度规程的笼子里，从源头上防止执行中的不正之风；“作风过硬”要求坚决纠正“四风”方面存在的突出问题，通过深入开展群众路线教育实践活动，使广大政法干警自觉把群众观点深深根植于思想中，把执法为民的观念深深铭刻在灵魂中，树立执法为民的良好形象。

13. 党中央怎样对政法工作实施绝对领导？

《政法工作条例》第七条规定，党中央对政法工作实施绝对领导，决定政法工作大政方针，决策部署事关政法工作全局和长远发展的重大举措，管理政法工作中央事权和由中央负责的重大事项。

14. 党中央如何加强对政法工作的全面领导？

《政法工作条例》第八条规定，党中央通过以下方式，实现对于政法工作的全面领导：（1）思想领导。坚持以习近平新时代中国特色社会主义思想为指导，为政法工作坚持正确方向提供根本遵循。（2）政治领导。确立政法工作的政治立场、政治方向、政治原则、政治道路，严明政治纪律和政治规矩，为政法工作科学发展提供政治保证；研究部署政法工作中事关国家政治安全、社会大局稳定、社会公平正义和人民安居乐业的重大方针政策、改革措施、专项行动等重大举措。（3）组织领导。加强政法系统组织建设和党风廉政建设，领导和推动建设忠诚干净担当的高素质专业化政法队伍，为政法工作提供组织保证。

15. 《政法工作条例》对县级以上地方党委的职责任务做了哪些规定？

《政法工作条例》第九条规定，县级以上地方党委领导本地区政法工作，贯彻落实党中央关于政法工作的大政方针，执行党中央以及上级党组织关于政法工作的决定、决策部署、指示等事项。

《政法工作条例》第十条规定了地方党委的具体职责任务，主要包括（1）统筹政法工作中事关维护国家安全特别是以政权安全、制度安全为核心的政治安全重要事项；（2）统筹维护社会稳定工作，及时妥善处理影响社会稳定的重要事项和突发事件；（3）统筹规划平安建设、法治建设与经济社会发展，做到同部署、同推进、同督促、同考核、同奖惩；（4）推动政法单位依法维护社会主义市场经济秩序，为经济高质量发展提供法治保障；（5）组织实施党中央关于政法改革方案，推动完善社会主义司法制度和政法工作运行体制机制；（6）完善党委领导、政府负责、社会协同、公众参与、法治保障的社会治理体制，提高社会治理社会化、法治化、智能化、专业化水平；（7）完善党委、纪检监察机关、党委政法委员会对政法单位的监督机制，保证党的路线方针政策和党中央重大决策部署贯彻落实，保证宪法法律正确统一实施；（8）加强党对政法队伍建设的领导，完善党委统一领导、政法单位主抓、有关部门各司其职的政法队伍建设工作格局；（9）改善执法司法条件，满足政法工作形势和任务的需要；（10）推动完善和落实保障政法干警依法履职、开展工作的制度和政策；（11）本地区政法工作中的其他重要事项。

16. 中央和县级以上地方党委设置政法委员会的“三定”方案审批确定是怎样规定的？

中央和县级以上地方党委设置政法委员会。中央政法委员会职能配置、内设机构和人员编制方案由党中央审批确定。地方党委政法委员会职能配置、内设机构和人员编制规定，由同级党委按照党中央精神以及上一级党委要求，结合本地区实际审批确定。

17. 乡镇（街道）党组织怎样开展政法工作？

乡镇（街道）党组织配备政法委员，在乡镇（街道）党组织领导和县级党委政法委员会指导下开展工作。在乡镇（街道）党组织配备政法委员，是本条例关于党委政法委人员设置的新规定。此前，一些地区的乡镇（街道）已经尝试配备政法委员，但中央并未统一要求。创设乡镇（街道）政法委员制度，是《政法工作条例》的一个突出亮点，这是"党管政法"向基层延伸的一项重大制度安排，对于地方机构改革后统筹基层政法综治维稳资源、形成基层综治维稳工作合力具有重要意义。

18. 四级社会治安综合治理中心的性质是什么？由谁负责其工作统筹和政策指导？

省、市、县、乡镇（街道）设立社会治安综合治理中心。社会治安综合治理中心是整合社会治理资源、创新社会治理方式的重要工作平台，由同级党委政法委员会和乡镇（街道）政法委员负责工作统筹、政策指导。《政法工作条例》明确要求加强省市县乡四级综治中心建设，特别是明确了乡镇（街道）综治中心平台机制的职能定位。要以贯彻落实《政法工作条例》为契机，积极争取党委和有关部门支持，尽快激活乡镇（街道）政法委员制度，配齐配强政法委员，明确其职责任务，发挥其职能作用。要根据国家发布的《社会治安综合治理综治中心建设与管理规范》，把综治中心这个平台机制建设好、运作好，确保各级综治中心衔接有序、运转高效，推动形成平安联创、矛盾联调、问题联治的工作格局，推进基层社会治理现代化。

19. 党委政法委员会的主体责任是什么？

党委政法委员会是党委领导和管理政法工作的职能部门，是实现党对政法工作领导的重要组织形式。《政法工作条例》第十二条规定，党委政法委员会在党委领导下履行职责、开展工作，应当把握政治方向、协调各方职能、统筹政法工作、建设政法队伍、督促依法履职、创造公正司法环境，带头依法依规办事，保证党的路线方针政策和党中央重大决策部署贯彻落实，保障宪法法律正确统一实施。

20. 党委政法委的主要职责任务有哪些？

（1）贯彻习近平新时代中国特色社会主义思想，坚持党对政法工作的绝对领导，坚决执行党的路线方针政策和党中央重大决策部署，推动完善和落实政治轮训和政治督察制度。

政治轮训制度是对广大政法干警进行的旨在提高政治素养、增强业务能力、拓宽视野等一系列有针对性的培训制度，通常在一定时间内分批次将所有人员培训一遍。政治督察制度则是党中央在《关于新形势下加强政法队伍建设的意见》中提出来的，通过探索建立政治督察制度，以确保党对政法工作的绝对领导落到实处。

（2）贯彻党中央以及上级党组织决定，研究协调政法单位之间、政法单位和有关部门、地方之间有关重大事项，统一政法单位的思想和行动。

（3）加强对政法领域重大实践和理论问题调查研究，提出重大决策部署和改革措施的意见和建议，协助党委决策和统筹推进政法改革等各项工作。

（4）了解掌握和分析研判社会稳定形势、政法工作情况动态，创新完善多部门参与的平安建设工作协调机制，协调推动预防、化解影响稳定的社会矛盾和风险，协调应对和妥善处置重大突发事件，协调指导政法单位和相关部门做好反邪教、反暴恐工作。

（5）加强对政法工作的督查，统筹协调社会治安综合治理、维护社会稳定、反邪教、反暴恐等有关国家法律法规和政策的实施工作。

（6）支持和监督政法单位依法行使职权，检查政法单位执行党的路线方针政策、党中央重大决策部署和国家法律法规的情况，指导和协调政法单位密切配合，完善与纪检监察机关工作衔接和协作配合机制，推进严格执法、公正司法。

（7）指导和推动政法单位党的建设和政法队伍建设，协助党委及其组织部门加强政法单位领导班子和干部队伍建设，协助党委和纪检监察机关做好监督检查、审查调查工作，派员列席同级政法单位党组（党委）民主生活会。

（8）落实中央和地方各级国家安全领导机构、全面依法治国领导机构的决策部署，支持配合其办事机构工作；指导政法单位加强国家政治安全战略研究、法治中国建设重大问题研究，提出建议和工作意见，指导和协调政法单位维护政治安全工作和执法司法相关工作。

（9）掌握分析政法舆情动态，指导和协调政法单位和有关部门做好依法办理、宣传报道和舆论引导等相关工作。

（10）完成党委和上级党委政法委员会交办的其他任务。

21. 政法委员会与政法单位的关系是怎样的？

中央和地方各级党委政法委员会指导、支持、督促政法单位在宪法法律规定的职责范围内开展工作。

22. 政法委员会上下级之间的关系是怎样的？

中央政法委员会指导地方各级党委政法委员会工作，上级党委政法委员会指导下级党委政法委员会工作。

23. 政法单位党组（党委）的主体责任是什么？

《政法工作条例》第十四条规定，政法单位党组（党委）领导本单位或者本系统政法工作，贯彻党中央关于政法工作大政方针，执行党中央以及上级党组织关于政法工作的决定、决策部署、指示等事项。政法单位党组（党委）对于本单位的政法工作处于领导地位，同时受党中央以及上级党组织领导。政法单位党组（党委）在领导和组织开展政法工作中，应当把方向、管大局、保落实，发挥好领导作用。

24. 政法单位党组（党委）的主要职责任务是什么？

《政法工作条例》第十五条规定了政法单位党组（党委）的六项职责任务：

（1）贯彻习近平新时代中国特色社会主义思想，执行党的路线方针政策和党中央重大决策部署，维护党对政法工作的绝对领导；

（2）遵守和实施宪法法律，带头依法履职，推进严格执法、公正司法，维护国家法制的统一、尊严和权威；

（3）研究影响国家政治安全和社会稳定的重大事项或者重大案件，制定依法处理的原则、政策和措施；

（4）研究推动本单位或者本系统全面深化改革，研究制定本单位或者本系统执法司法政策，提高执法司法质量、效率和公信力；

（5）履行全面从严治党主体责任，加强本单位或者本系统党的建设和政法队伍建设；

（6）完成上级党组（党委）和党委政法委员会交办的其他任务。

为将政法单位党组（党委）对政法工作的领导作用落到实处，需要制定具体的制度、规范、措施，规定领导作用发挥的范围、方式、程序等。因此，《政法工作条例》第十六条要求建立健全在执法办案中发挥领导作用制度、党组（党委）成员依照工作程序参与重要业务和重要决策制度，以增强党组（党委）及其成员政治领导和依法履职本领，确保党的路线方针政策和宪法法律正确统一实施。

25.《政法工作条例》规定政法工作请示报告制度的意义是什么？

《政法工作条例》专门就政法工作重大事项请示报告制度做了规定，这既是党内领导关系的具体体现，又是增强党的领导操作性、实效性的客观需要。该规定既与党内有关重大事项请示报告制度相衔接，确保党内法规之间协调一致，又对政法工作重大事项请示报告制度作出特别规定。

26. 政法工作请示报告制度是怎样规定的？

《政法工作条例》第十七条规定："中央政法委员会、中央政法单位党组（党委）在党中央领导下履行职责、开展工作，对党中央负责，受党中央监督，向党中央和总书记请示报告工作。”“中央政法委员会、中央政法单位党组（党委）和县级以上地方党委、党委政法委员会、政法单位党组（党委）按照党中央关于重大事项请示报告的有关规定，严格执行请示报告制度。”“政法单位党组（党委）应当向同级党委请示报告重大事项和汇报重要工作，一般应当同时抄报同级党委政法委员会”。

27. 中央政法委员会、中央政法单位党组（党委）应当及时向党中央请示的事项有哪些？

《政法工作条例》第十八条规定了中央政法委员会、中央政法单位党组（党委）应当及时向党中央请示以下事项：(1) 政法工作重大方针政策、关系政法工作全局和长远发展的重大事项；(2) 维护国家安全特别是以政权安全、制度安全为核心的政治安全重大事项；(3) 维护社会稳定工作中的重大问题；(4) 政法工作重大体制改革方案、重大立法建议；(5) 拟制定的政法队伍建设重大政策措施；(6) 政法工作中的其他重大事项。

28. 中央政法委员会、中央政法单位党组（党委）应当及时向党中央报告的事项有哪些？

《政法工作条例》第十九条规定了中央政法委员会、中央政法单位党组（党委）应当及时向党中央报告以下事项：(1) 党中央决定、决策部署、指示等重大事项贯彻落实重要进展和结果情况；(2) 对影响党的路线方针政策和宪法法律正确统一实施重大问题的调查研究报告；(3) 具有全国性影响的重大突发案（事）件重要进展和结果情况；(4) 加强政法队伍建设的重大举措；(5) 半年和年度工作情况；(6) 党中央要求报告的其他事项。

《政法工作条例》明确了中央政法委、中央政法单位、各省（自治区、直辖市）党委在一些报告事项上的职责分工：

（1）涉及政法工作总体情况、中央政法委员会牵头办理或者统筹协调的重大事项情况，由中央政法委员会统一报告党中央，中央政法单位协助做好相关工作。

（2）最高人民法院党组、最高人民检察院党组按照有关规定，严格执行向党中央报告工作制度。《关于新形势下党内政治生活的若干准则》和《中共中央政治局关于加强和维护党中央集中统一领导的若干规定》规定了最高人民法院党组、最高人民检察院党组向党中央报告工作的制度。《关于新形势下党内政治生活的若干准则》规定，“全党必须自觉服从党中央领导。全国人大、国务院、全国政协，中央纪律检查委员会，最高人民法院、最高人民检察院，中央和国家机关各部门，人民军队，各人民团体，各地方，各企事业单位、社会组织，其党组织都要不折不扣执行党中央决策部署”。“全党必须严格执行重大问题请示报告制度。全国人大常委会、国务院、全国政协，中央纪律检查委员会，最高人民法院、最高人民检察院，中央和国家机关各部门，各人民团体，各省、自治区、直辖市，其党组织要定期向党中央报告工作”；《中共中央政治局关于加强和维护党中央集中统一领导的若干规定》，“中央书记处和中央纪律检查委员会、全国人大常委会党组、国务院党组、全国政协党组、最高人民法院党组、最高人民检察院党组每年向中央政治局常委会、中央政治局报告工作”。最高人民法院党组、最高人民检察院党组按照相关规定，向党中央报告工作。

（3）各省（自治区、直辖市）党委按照有关规定，向党中央请示报告政法工作重大事项。

29. 中央政法单位党组（党委）和省（自治区、直辖市）党委政法委员会应当向中央政法委员会请示的事项有哪些？

《政法工作条例》第二十条规定，中央政法单位党组（党委）和省（自治区、直辖市）党委政法委员会应当向中央政法委员会请示以下事项：

（1）涉及政法工作全局、需要提请中央政法委员会研究决定的重大事项；（2）有关地区、部门之间存在分歧，经反复协商仍不能达成一致，需要中央政法委员会协调的重大事项；（3）重大政法改革方案和措施；（4）出台重要执法司法政策性文件、司法解释，提出涉及重大体制和重大政策调整的立法建议；（5）党中央交办的重大事项和需要中央政法委员会统筹研究把握原则、政策的重大事项；（6）政法工作中涉及国家安全特别是政治安全等重大事项的相关政策措施问题；（7）拟以中央政法委员会名义召开会议或者印发文件；（8）应当向中央政法委员会请示的其他重大事项。

30. 中央政法单位党组（党委）和省（自治区、直辖市）党委政法委员会应当向中央政法委员会报告的事项有哪些？

《政法工作条例》第二十一条规定，中央政法单位党组（党委）和省（自治区、直辖市）党委政法委员会应当向中央政法委员会报告以下事项：

（1）全面贯彻党的基本理论、基本路线、基本方略，贯彻落实党中央决策部署情况；（2）贯彻落实党中央关于政法工作的重要指示精神情况；（3）贯彻落实中央政法委员会工作部署、指示和决定情况；（4）重大工作部署以及推进情况，年度工作情况；（5）重大政法改革部署以及推进情况；（6）政法工作中涉及国家安全特别是政治安全的重大事项处理情况；（7）履行全面从严治党主体责任情况，落实党建工作责任制、党风廉政建设责任制、政法领域意识形态工作责任制等情况；（8）领导干部干预司法活动、插手具体案件处理情况；（9）应当向中央政法委员会报告的其他事项。

31.《政法工作条例》对于县级以上地方党委政法委员会、政法单位党组（党委）向同级党委请示汇报工作、政法单位党组（党委）、下级党委政法委员会向地方党委政法委请示汇报的事项是怎么规定的?

《政法工作条例》对于向党中央、中央政法委员会请示报告事项进行了清单式列举，而对于县级以上地方党委政法委员会、政法单位党组（党委）向同级党委请示汇报工作只作出了原则性规定："县级以上地方党委政法委员会、政法单位党组（党委）每年应当向同级党委报告全面工作情况，遇有重要情况及时请示报告"。同样，对于同级政法单位党组（党委）、下级党委政法委员会向党委政法委员会请示报告制度也是作出了原则性规定，要求"地方党委政法委员会参照上一级党委政法委员会有关规定，确定同级政法单位党组（党委）、下级党委政法委员会请示报告重大事项范围、内容和程序等"。为使地方政法工作请示报告制度更具操作性，落到实处，需要地方党委、党委政法委根据本《政法工作条例》以及已经颁布实施的相关党法党规，制定具体规定，规范重大事项的范围、内容、请示报告程序等。

当前，政法工作中维护国家主权、安全、发展利益任务艰巨繁重，防范化解各类风险隐患、维护改革发展稳定大局任务艰巨繁重，洞察新技术"双刃剑"效应、掌握政法工作主动权任务艰巨繁重。有关地方党委、党委政法委、政法单位党组（党委）针对政法工作中不断涌现的新的重大情况、新的重大问题，要注重提高政治站位和政治敏锐性，强化政治领导意识和能力，按照讲政治要求做好请示报告工作。特别要把请示报告和履职尽责统一起来，既审时度势做好请示报告工作，又独立负责地解决自己职责范围内的问题。

同时，需注意把握请示报告的时效性。请示报告工作应当坚持及时全面、准确规范、逐级报告、安全保密的原则。结合工作实际，特别要把握时效性要求：对需要由党中央和地方党委决定和批准的重大事项，应当提前请示；遇有突发性重大问题，应当及时请示报告；情况紧急必须临机处置的，应当尽职尽力做好工作，并迅速报告；阶段性重大事项，根据工作进展情况及时报告；常态性重大事项，按半年或者年度报告；党中央、地方党委或者上级党委政法委员会、政法单位党组（党委）交办的重大事项，按要求报告；相关规定对报告时限有专门要求的，从其规定。对于政法单位党组（党委）向同级党委请示报告重大事项和汇报重要工作，一般应当同时抄报同级党委政法委。

32. 党委、党委政法委员会、政法单位党组（党委）对于政法工作相关事项作出决策依据的原则是什么？如何理解？

《政法工作条例》第二十三条规定："党委、党委政法委员会、政法单位党组（党委）应当按照集体领导、民主集中、个别酝酿、会议决定的原则，在各自职责权限范围内，及时对以下事项研究作出决定、决策部署或者指示。"

《中共中央关于加强和改进党的作风建设的决定》强调，集体领导、民主集中、个别酝酿、会议决定，是党委内部议事和决策的基本制度，必须认真执行。集体领导、民主集中、个别酝酿、会议决定，这四个方面相互联系、紧密结合，构成科学决策的严密体系，抓住了领导班子决策中贯彻民主集中制的主要关键点。"集体领导"是民主集中制原则的精髓，体现了党委制的实质，是党委领导的最高原则；"民主集中"是相辅相成、内在统一的。没有民主，就没有正确的集中。没有集中，就不能形成正确的路线、方针、政策，不能形成全党的统一意志；"个别酝酿"是民主集中制的必要过程。十四届四中全会《中共中央关于加强党的建设几个重大问题的决定》强调，"重大问题的决定，要充分酝酿、协商和讨论"；"会议决定"是党委集体决策的必经程序，直接关系到决策的正确与否和质量高低，也是决策科学化、规范化的关键环节。对重大问题。会议应在充分酝酿、协商和讨论的基础上，按少数服从多数的原则进行表决，作出决定。

33. 党委、党委政法委员会、政法单位党组（党委）应当对哪些事项作出决策？

党委、党委政法委员会、政法单位党组（党委）应当在各自职责权限范围内，及时对以下事项研究作出决定、决策部署或者指示：

（1）涉及贯彻落实党中央以及上级党组织、党委政法委员会关于政法工作的决定、决策部署和指示的重要事项；（2）下级党委、党委政法委员会、政法单位党组（党委）请示报告的重要事项；（3）本单位在履行职责中需要决策的事项。

34. 党委、党委政法委员会、政法单位党组（党委）在做出决策时，应当遵循怎样的程序？

《政法工作条例》规定了党委、党委政法委员会、政法单位党组（党委）作出决策应当经过的五个环节：调查研究、提出方案、听取意见、进行风险评估和合法性审查、提请会议讨论并作出决定。这是党组织作出决策必须经过的程序。《中国共产党党组工作条例（试行）》第二十四条规定："党组作出重大决策，一般应当在调查研究基础上提出方案，充分听取各方面意见，进行风险评估和合法合规性审查，经过集体讨论决定。"习近平总书记指出，"调查研究是谋事之基、成事之道"。加强调查研究是我们党进行科学决策的前提和基础，是由我们党的思想路线和工作路线决定的；在调查研究基础上提出方案以后，还要发扬民主，广泛听取群众意见，对方案进行修改与完善。党的十八大报告指出："建立健全重大决策社会稳定风险决策机制，正确处理人民内部矛盾，把各种不稳定因素化解在基层和萌芽状态。"十八届三中全会决定指出："健全重大决策社会稳定风险评估机制。"十八届四中全会《决定》又提出："把公众参与、专家论证、风险评估、合法性审查、集体讨论决定确定为重大行政决策法定程序，确保决策制度科学、程序正当、过程公开、责任明确。”这一系列表述，深刻地揭示了重大决策风险评估工作的重要性和必要性。党委决策进行风险评估制度，是落实党的十八届三中全会、四中全会精神，保证决策科学性的重要一环；党的十八届三中全会提出“完善规范性文件、重大决策合法性审查机制”，合法性审查既要审查即将出台的决策是否符合相关法律法规，也要审查是否符合党法党规，是否符合上级党委、党委政法委的有关规定，是否与本部门、本单位的相关规定相一致；在经过以上各个环节之后，要将日臻成熟的决策意见提交会议讨论，根据民主集中制原则作出决定。

35. 党委、党委政法委员会、政法单位党组（党委）的执行制度是怎样规定的？

《政法工作条例》第二十四条规定：“对于党中央以及上级党组织决定、决策部署、指示等，各有关地方党委、党委政法委员会、政法单位党组（党委）必须坚决贯彻执行。”对于党中央、上级党组织做出的决策，必须坚决执行，这是党的纪律决定的，是总的原则。提出请示报告的党委、党委政法委员会、政法单位党组（党委）在贯彻执行党中央以及上级党组织决定、决策部署、指示等过程中，认为原请示报告事宜需要作出调整的，必须按照谁决策、谁审批的原则，报原决策单位审批，但在批准前应当坚决执行。

36. 地方党委如何执行党的决策？

（1）《政法工作条例》第二十五条规定，地方党委应当建立健全委员会全体会议或者常委会会议研究部署政法工作的制度，将政法工作纳入重要议事日程，及时研究解决政法工作和队伍建设的重大问题。召开委员会全体会议或者常委会会议是地方党委领导政法工作的重要抓手。要建立健全委员会全体会议、常委会会议制度，明确会议的召开时间、参加人员、议事范围、议事规则、表决方式等程序性事项，才能确保决策法治化、科学化，保证决策得到贯彻执行。

（2）《政法工作条例》第二十六条规定，地方党委应当在本地区带头执行党中央以及上级党组织决定、决策部署、指示等事项，并指导、督促党委政法委员会和政法单位党组（党委）做好贯彻执行相关工作。该条规定明确了地方党委带头执行上级党组织决策的职责以及对于同级党委政法委员会和政法单位党组（党委）执行工作的指导、督促权限。

（3）《政法工作条例》第二十六条同时规定了地方党委成员对于集体决策的服从义务：地方党委成员对党委集体决策应当坚决执行；如有不同意见，可以保留或者向上级党组织反映，但在决策改变前应当坚决执行。

37. 党委政法委员会如何推动工作落实？

（1）《政法工作条例》第二十七条规定，党委政法委员会实行全体会议制度，讨论和决定职责范围内的政法工作重大事项。

（2）《政法工作条例》第二十八条规定，党委政法委员会应当贯彻执行党中央以及同级地方党委、上级党委政法委员会决定、决策部署、指示等事项。

（3）《政法工作条例》第二十八条同时规定，党委政法委发挥统筹协调职能作用，协助党委指导、督促有关政法单位党组（党委）、下级党委政法委员会坚决执行党中央以及上级党组织决定、决策部署、指示等事项，推动工作落实。

38. 政法单位党组（党委）如何确保工作落实？

（1）《政法工作条例》第二十九条规定，政法单位党组（党委）应当按照有关规定召开党组（党委）会议，讨论和决定本单位或者本系统政法工作和队伍建设重大事项。

（2）《政法工作条例》第三十条规定，政法单位党组（党委）应当坚决贯彻执行党中央以及上级党组织决定、决策部署、指示等事项，确保工作落实。

（3）《政法工作条例》第三十条同时规定，政法单位党组（党委）成员对党组（党委）集体决策应当坚决执行；如有不同意见，可以保留或者向上级党组织反映，但在决策改变前应当坚决执行。

39. 各级党委如何监督制约党委政法委、政法单位政法工作?

党的十九大明确要求，推动全面从严治党向纵深发展，要健全党和国家监督体系，加强对权力运行的制约和监督，让党员、干部知敬畏、存戒惧、守底线，习惯在受监督和约束的环境中工作生活。执法司法工作是党的事业和国家工作的重要组成部分，也是强化全面从严治党、深化依规治党的重要领域。必须把党对执法司法工作的监督纳入全面从严治党范畴，切实做到不留死角全覆盖，不留漏洞全治理，不留情面全监督。

《政法工作条例》第三十一条规定："各级党委应当将领导和组织开展政法工作情况纳入党内监督体系，实行党内监督和外部监督相结合，增强监督合力。"根据《中国共产党党内监督条例》的规定，党内监督包括党的中央组织的监督、党委（党组）的监督、党的纪律检察委员会的监督、党的基层组织和党员的监督。外部监督包括"同级人大、政府、监察机关、司法机关等对国家机关及公职人员依法进行监督，人民政协依章程进行民主监督，审计机关依法进行审计监督"，以及广大人民群众的监督。党内监督属于同体监督，这种监督的优势在于监督主体与监督对象接近，有机会和条件更多地了解监督对象的活动，监督更具有直接性和针对性，有利于减少中间环节，提高监督工作的效率，降低监督成本。但由于这种监督主体与监督对象利益相关，关系密切，有时容易使监督流于形式。如在目前查处的众多党内违纪违法案件中，很少有同级纪委检举同级党委主要领导或党委班子违法乱纪的案例。相比之下，外部监督有其优势。由于这种监督属于异体监督，监督者与被监督者不存在隶属关系，通常有助于监督的客观性与公正性。同时，外部监督还具有监督主体的广泛性和监督形式的多样性。实行党内监督和外部监督相结合，形成监督合力，才能更好地实现党对政法工作的领导，保障政法机关的各项职能得到落实。

40. 党委政法委员会如何监督政法单位工作？

《政法工作条例》第三十一条第二款规定："党委政法委员会应当指导、推动政法单位建立健全与执法司法权运行机制相适应的监督制约体系，构建权责清晰的执法司法责任体系，完善程序化、平台化、公开化管理监督方式。"

执法司法工作是党的事业和国家工作的重要组成部分，也是强化全面从严治党、深化依规治党的重要领域。根据中央的战略部署，必须把党对执法司法工作的监督纳入全面从严治党范畴，切实做到不留死角全覆盖，不留漏洞全治理，不留情面全监督。政法单位建立健全监督制约体制，有利于按照行政权特征、遵循司法权规律，保证依法公正行使执法权、司法权，防止执法不作为、执法乱作为、随意执法，粗放执法、变通执法、越权执法、钓鱼执法以及以罚款创收为目的的利益驱动执法，克服和消除办关系案、人情案、金钱案甚至徇私舞弊、贪赃枉法等司法不公、司法腐败现象。新修订的《人民法院组织法》《中华人民共和国人民检察院组织法》将司法责任制写入法律：《人民法院组织法》第三十三条第一款规定："合议庭审理案件，法官对案件的事实认定和法律适用负责；法官独任审理案件，独任法官对案件的事实认定和法律适用负责。"《中华人民共和国人民检察院组织法》第三十四条规定："人民检察院实行检察官办案责任制。检察官对其职权范围内就案件作出的决定负责。检察长、检察委员会对案件作出决定的，承担相应责任。"司法责任制入法为构建权责清晰的执法司法责任体系提供了法律依据，党委政法委应当发挥好指导、推动作用。

41. 政法单位党组（党委）如何实现监督权？

《政法工作条例》第三十一条第三款规定："政法单位党组（党委）应当依法依规将政法工作情况纳入党务政务公开范围，依法有序推进审判执行公开、检务公开、警务公开、司法行政公开、狱（所）务公开，完善政法单位之间监督制约机制，确保政法工作在依法有效监督和约束环境下推进。"

本条规定了政法单位党组（党委）实现监督权的几个方面。

（1）依法依规将政法工作情况纳入党务政务公开。根据《中国共产党党务公开条例（试行）》，"党务公开是指党的组织将其实施党的领导活动、加强党的建设工作的有关事务，按规定在党内或者向党外公开。""党的组织贯彻落实党的基本理论、基本路线、基本方略情况，领导经济社会发展情况，落实全面从严治党责任、加强党的建设情况，以及党的组织职能、机构等情况，除涉及党和国家秘密不得公开或者依照有关规定不宜公开的事项外，一般应当公开"，以实现"加强对权力运行的制约和监督，让人民监督权力，让权力在阳光下运行。"根据党中央、国务院《关于全面推进政务公开的意见》，"全面推进政务公开，要坚持以公开为常态、不公开为例外，推进行政决策公开、执行公开、管理公开、服务公开和结果公开，推动简政放权、放管结合、优化服务改革，激发市场活力和社会创造力，打造法治政府、创新政府、廉洁政府和服务型政府。"政法单位党组（党委）应当根据《中国共产党党务公开条例（试行）》和《关于全面推进政务公开的意见》的相关要求，将政法工作情况纳入党务公开、政务公开内容。

（2）依法有序推进审判执行公开、检务公开、警务公开、司法行政公开、狱（所）务公开。政法单位根据其担负的职责，负有与其职责权限相对应的主要公开义务。审判执行公开是指审判机关将审判工作和执行工作依法向社会公开。最高人民法院《关于进一步深化司法公开的意见》详细列举了司法公开的内容、范围，要求对于人民法院基本情况、审判执行、诉讼服务、司法改革、司法行政事务、国际司法交流合作、队伍建设等方面信息，除依照法律法规、司法解释不予公开以及其他不宜公开的外，应当采取适当形式主动公开；检务公开指检察机关依法向社会和诉讼参与人公开与检察职权相关的不涉及国家秘密和个人隐私等有关的活动和事项。最高人民检察院《关于全面推进深化检务公开工作的意见》列举了检务公开的内容、范围，要求对检察案件信息、检察政务信息、检察队伍信息等内容进行公开。警务公开是指公安机关的执法办案和行政管理工作，除法律法规规定不能公开的事项外，都要予以公开。警务公开的范围和内容主要包括：执法依据和制度、程序、刑事执法、行政执法、警务工作纪律等。司法行政公开指司法行政机关对于司法行政工作进行公开。主要内容包括：工作信息、规章制度、数据发布、人事信息、财政资金、行政执法信息等；狱（所）务公开指监狱（看守所）将执法工作的条件、程序、结果依法向社会公开，具体包括两个内容的公开和两个方面的公开。所谓两个内容的公开，一是事关罪犯服刑的有关内容，如罪犯进到监狱里的权利义务，考核、奖惩，以及罪犯的假释、保外就医等，所需要的条件、程序，考核的结果，都要进行公开。二是监狱管理工作。监狱怎样进行管理工作，怎样进行教育，怎样安排罪犯的生活、劳动等都要公开。所谓两个方面的公开，是要把这些公开的内容向罪犯进行公开，同时要向罪犯的家属和社会公开。这一制度的工作效益非常显著，大大提高了监狱严格文明执法的程度，稳定了罪犯的情绪，也促进罪犯认真改造。警务公开、司法行政公开、狱（所）务公开均为推行政务公开的一个组成部分，也是司法公开的一个组成部分。

（3）完善政法单位之间监督制约机制，确保政法工作在依法有效监督和制约环境下推进。健全和完善政法机关分工负责、互相配合、互相制约的权力运行监督和制约机制，通过完善的监督管理机制、有效的权力制衡机制、严肃的责任追究机制，加强对执法司法权的监督制约，最大限度减少权力出轨、个人寻租的机会。政法单位之间的监督制约机制，在相关的法律法规、司法解释、党法党规中均有规定。《宪法》明确规定，人民法院、人民检察院和公安机关办理刑事案件，应当分工负责，互相配合，互相制约，以保证准确有效地执行法律。《中华人民共和国刑事诉讼法》则详细规定了公安机关、人民检察院、人民法院在刑事案件的侦查、起诉、审判过程中分工负责、互相配合、互相制约的法律制度。最高人民法院、最高人民检察院、公安部、司法部颁布的一些司法解释、一些党的文件也对此有所规定，但是比较分散，需要进一步进行整合、完善。

42. 党委如何加强对政法工作全面情况和重大决策部署执行情况的督促检查？

《政法工作条例》第三十二条第一款规定："党委应当加强对党委政法委员会、政法单位党组（党委）和下一级党委领导和组织开展政法工作情况，特别是贯彻落实党中央以及上级党组织决定、决策部署、指示等情况督促检查，必要时开展巡视巡察，并在一定范围内进行通报。"据此，对于政法工作全面情况和重大决策部署执行情况进行监督的主体是党委，监督对象是党委政法委、政法单位党组（党委）以及下一级党委。监督内容为：组织开展政法工作情况，重点是贯彻落实党中央以及上级党组织决定、决策部署、指示等情况。中共中央《关于加强新形势下党的督促检查工作的意见》规定，督促检查工作作为党的工作的重要组成部分，是推动党的决策落实的重要手段，是促进党的决策完善的重要途径，是改进党的作风、密切党同人民群众血肉联系的重要渠道。《关于加强新形势下党的督促检查工作的意见》还规定了督促检查的方式方法：要制订督促检查工作年度计划和阶段性安排，增强工作的系统性、科学性、预见性。要加强现场核查、实地暗访、随机抽查，着力发现问题、解决问题、推动工作。《关于加强新形势下党的督促检查工作的意见》强调，要强化各级党委的督促检查工作主体责任，建立健全党委领导、党委办公厅（室）牵头抓总、部门分工负责、各方面参与的督促检查工作格局，形成抓落实合力。《政法工作条例》的规定是党委督促检查职能在政法领域的具体化。

巡视巡察制度是党内监督，从严治党的一项重要制度，指中央和县级以上地方党委，按照有关规定，通过建立专门机构、开展巡行视察，对下级党组织和领导干部进行监督的制度。对政法工作进行巡视巡察，是实现党委对政法工作领导的重要方式，必要时开展巡视巡察，强化问题导向、目标导向，坚持发现问题、解决问题，回应群众期待，提升政法工作水平。要始终把发现问题作为巡视巡察的主要任务和衡量质量的标准，发挥震慑、遏制和治本作用。根据中央部署，全国范围正在开展为期三年的扫黑除恶专项斗争，从2018年开始至今，中央先后向各地派出三轮督导组，督导扫黑除恶工作，就属于党委对于政法工作的督导。扫黑除恶督导组组长由正省部级领导干部担任，副组长由领导小组成员单位选派在职或刚退出工作岗位的副省部级领导干部担任，成员从相关单位抽调，“打伞破网”“打财断血”等被中央督导组列为督导重点。督导的主要目的之一，则是“及时纠正执法办案中的偏差，确保专项斗争始终在法治轨道上运行”。对督导中群众举报的涉黑涉恶线索，及时核查反馈，依法移送有管辖权限的政法机关；对重大复杂疑难案件，交省、有关市扫黑办重点督办；对督导中发现的问题及工作偏差，及时向有关方面提出整改建议；对于发现的党员干部及其他所有行使公权力的公职人员涉嫌违纪、职务违法和职务犯罪问题线索，及时移送纪检监察机关。为了保证督导效果，中央还派出督导组进行扫黑除恶“回头看”，督导检查扫黑除恶专项斗争开展情况和中央督导反馈意见整改落实情况，主要督导检查重点案件办理情况、重点线索核查落实情况、重点行业领域监管整治情况、重点问题整改到位情况。与此同时，地方党委也向下级派出督导组，督导扫黑除恶工作。

43. 党委政法委员会如何加强对政法工作全面情况和重大决策部署执行情况的督促检查？

《政法工作条例》第三十二条第二款规定："党委政法委员会应当推动完善和落实政治督察、执法监督、纪律作风督查巡查等工作制度机制，全面推进政法工作特别是党中央以及上级党组织决定、决策部署、指示等贯彻落实。"政治督察、执法监督、纪律作风督查巡查这三项制度机制，是党委政法委员会推进政法工作，保证党中央以及上级党组织决定、决策部署、指示等得到贯彻落实的重要抓手。

（1）政治督察。2017 年 1 月出台的中共中央《关于新形势下加强政法队伍建设的意见》中提出，要"探索建立政治督察制度""建立党委政法委纪律作风督察巡察机制""定期对贯彻落实党中央重大决策部署、执行党的政治纪律和政治规矩情况进行监督检查，严肃查处有令不行、有禁不止行为。"各地政法机关对此进行了积极探索，出台了政治督察相关规定，对于政治督察的机构、职责、权限、工作程序、纪律责任等进行了明确。相对于业务督察，政治督察从督察"下游"问题向解决源头问题转变，聚焦政治建警、从严治警，推动问题大整改，以常态化、制度化的形式强化党对政法工作的绝对领导，以良好的政治生态带动政法业务工作全面提升。

（2）执法监督。党委政法委的执法监督工作是党领导、监督、指导、协调、服务政法职能的集中体现，是对直接从事政法工作的各级党员领导干部在执法和司法活动中的违法违纪行为的监督，是对政法部门在适用法律、执行法律过程中存在的偏差、错误和不公可能造成严重社会后果的行为进行的监督。其监督的对象是政法部门和政法干警，监督的内容是执法司法行为，监督的目的是要从深层次上解决执法不严、司法不公问题，保证党的路线、方针、政策在政法工作中得到正确的贯彻实施。党委政法委在开展执法监督工作时，应注意适度和间接的原则，并充分体现其职权的政治属性，不宜直接参与具体案件的处理，不能替代检察机关的专门法律监督。对具体个案处理不公问题的监督，应通过建议和支持检察机关开展法律监督的程序来进行，使其不偏离法治的轨道，并确保其监督的法律效力。要强化宏观监督，认真做好宏观指导工作，在不直接介入个案诉讼活动的原则下，通过个案监督发现执法活动中带有普遍性、全局性的问题，特别是对涉及法律和政策方面的问题，进行认真调查研究，提出具体的指导意见和解决办法。党委政法委要继续创新完善以上四项制度，增强制度执行的刚性，提高工作质量和水平。

（3）纪律作风督查巡查。党委政法委纪律作风督查巡查和一般的督查巡查相比，属于专项督查巡查，以发现纪律作风问题、形成利剑震慑、优化体制监督为主要任务，确保全面从严治警落到实处。内容方面，主要督查巡查履行队伍建设主体责任落实、重点工作推进、纪律禁令执行、改作风提效率四个方面，特别是政法干警不作为、乱作为、慢作为，导致工作被动落后，执法不公不严，宗旨意识淡薄、特权思想严重、衙门作风突出，损害群众利益等问题。

44. 政法单位党组（党委）在政法工作全面情况和重大决策部署执行情况的督促检查方面的职责与义务是什么？

《政法工作条例》规定，“政法单位党组（党委）应当建立健全向批准其设立的党委全面述职制度和重大决策执行情况的督查反馈机制，确保党中央以及上级党组织决定、决策部署、指示等在本单位或者本系统得到贯彻落实”。根据《中国共产党党组工作条例（试行）》，“党组的设立，一般应当由党的中央委员会或者本级党的地方委员会审批”。政法单位党组（党委）由同级党委批准设立，应当向同级党委全面述职。要“建立健全党组向批准其设立的党组织请示报告工作制度。党组每年至少作一次全面报告，遇有重大问题应当及时请示报告”。“建立党组书记述职制度。批准设立党组的党组织根据需要可以听取党组书记报告履职情况”。政法单位党组（党委）向批准其设立的党委全面述职制度是上述规定在政法领域的具体化，通过全面述职制度，党委能够及时、全面了解政法单位贯彻落实党中央及上级党组织决定、决策部署、指示的情况，及时发现问题、纠正错误。政法单位党组（党委）要建立健全督察反馈机制，对于党委和党委政法委督导督察工作中发现的问题，严格按照程序、成立专门组织、制订整改方案，紧盯重点领域、关键问题和薄弱环节，以钉钉子的精神一项一项抓落实、一件一件抓整改，并严肃问责。要及时报告整改结果，举一反三，查找问题，弥补制度漏洞，确保党中央以及上级党组织决定、决策部署、指示等在本单位或者本系统得到贯彻落实。

45. 党委如何加强对党委政法委员会、政法单位党组（党委）和下一级党委常委会履职情况的考评考核？

《政法工作条例》第三十三条规定，“党委应当加强对党委政法委员会、政法单位党组（党委）和下一级党委常委会履职情况的考评考核，其结果作为对有关领导班子、领导干部综合考核评价的重要内容和依据”。本条规定应当和《中国共产党党组工作条例（试行）》以及《党政领导干部考核工作条例》的相关规定结合起来执行。《中国共产党党组工作条例（试行）》规定，“建立党组书记述职制度。批准设立党组的党组织根据需要可以听取党组书记报告履职情况。建立党组及其成员履职考核制度，由批准设立党组的党组织负责，纪律检查机关、党委有关工作部门、党的机关工作委员会参与。考核应当每年开展一次，可以与党组工作报告和领导班子年度考核、民主生活会结合开展。党组及其成员执行本条例情况，应当自觉接受纪律检查机关及其派驻机构、本单位基层党组织和党员群众的监督，纳入巡视监督范围和党员定期评议内容。”《党政领导干部考核工作条例》对于考核内容、考核方式、考核结果确定、考核结果运用、组织实施、纪律与监督等作出规定，为党政考评考核提供了根本遵循。

考评考核的主体是地方各级党委，对象是同级党委政法委员会、政法单位党组（党委）及其成员和下一级党委常委会，考评考核的内容是履职情况，其结果作为对有关领导班子、领导干部综合考核评价的重要内容和依据。考评考核的方式有：（1）结合领导班子年度考核、民主生活会等，定期检查和考评考核党委政法委员会履职情况；（2）建立健全听取政法单位党组（党委）主要负责人述职制度，加强对政法单位党组（党委）及其成员履职情况考评考核；（3）在考核下一级党委常委会领导开展工作情况时，注重了解领导开展政法工作情况。对下一级党委工作进行考核，是上级党委落实领导作用的重要常规内容，在考核时注重了解开展政法工作情况，则反映出党对政法工作的高度重视。

党委政法委员会应当建立健全委员述职制度，全面了解、掌握委员履职情况，及时提出指导意见。政法委员述职制度是落实党委政法委协管政法干部机制，推动政法单位领导班子建设的重要方式。此外，本《政法工作条例》第十七条还创设了党委政法委派员列席政法单位党组（党委）民主生活会制度。通过政法委员向政法委员会述职和政法委派员列席政法单位党组（党委）民主生活会，党委政法委能够及时、全面了解政法单位和政法委员履职情况，便于及时发现问题，解决问题，指导推动政法单位领导班子建设，促进党委政法委自身建设和各项工作深入开展。

46. 党委政法委的督促整改机制是怎样规定的？

《政法工作条例》第三十四条规定了党委政法委员会的督促整改制度。“党委政法委员会在统筹推动政法单位开展常态执法司法规范化检查中，对发现的政法单位党组（党委）及其成员不履行或者不正确履行职责，或者政法干警执法司法中的突出问题，应当督促加大整改力度，加强执法司法制度建设，保证全面正确履行职责”。

党委政法委统筹推动政法单位开展执法司法规范化检查，是强化执法司法专业能力、建设过硬政法队伍和提高司法公信力的重要抓手，是多年来规范司法行为的有效工作方法。规范执法司法检查必须坚持问题导向，通过检查发现问题，对于发现的政法单位党组（党委）及其成员不履行或者不正确履行职责，或者政法干警执法司法中的突出问题，党委政法委应当督促加大整改力度，通过整改纠正问题，通过对问题的分析研判，不断完善执法司法权管理运行机制，推动政法机关执法司法规范化建设提档升级，保证政法单位全面正确履行职责。

47.《政法工作条例》对于有关地方和部门领导干部的责任追究制度是怎样规定的？

《政法工作条例》第三十五条规定了对于地方和部门领导干部的责任追究制度。“有关地方和部门领导干部在领导和组织开展政法工作中，违反本条例和有关党内法规制度规定职责的，视情节轻重，由党委政法委员会进行约谈、通报、挂牌督办等；或者由纪检监察机关、组织人事部门按照管理权限，办理引咎辞职、责令辞职、免职等。因违纪违法应当承担责任的，给予党纪政务处分；涉嫌犯罪的，依法追究刑事责任”。

责任追究制度是促进党领导政法工作各项规定落实的有效方法，是落实执行力的重要保障。强化监督执纪问责，把执纪和执法贯通起来，坚持纪严于法、纪法协同，让制度“长牙”、纪律“带电”，才能取得全面从严治党更大战略性成果。

《政法工作条例》规定了党委政法委追究责任的三种方式：约谈、通报、挂牌督办。约谈是通过谈话方式，当面指出被约谈人存在的问题，进行批评、提醒、劝诫，要求其改正错误。通报则是由党委政法委对责任人的有关错误在一定范围内予以公布，希望行为人或其他人吸取教训、引以为戒的一种措施。相比之下，挂牌督办属于比较严厉的问责方式，例如，中共中央、国务院《健全落实社会治安综合治理领导责任制规定》中具体规定了对于平安建设工作单位的挂牌督办程序：“受通报后仍未按期完成整改目标的将被约谈，受到约谈后仍未按期完成整改目标的，实行挂牌督办，直至一票否决。”

引咎辞职、责令辞职、免职也是责任追究的形式，只是主体不是政法委，而是纪检监察机关或者人事部门。引咎辞职、责令辞职、免职属于人事任免方面的行为，根据相关制度安排，属于纪检监察、组织人事部门的管理权限。《关于实行党政领导干部问责的暂行规定》第七条规定：“对党政领导干部实行问责的方式分为：责令公开道歉、停职检查、引咎辞职、责令辞职、免职。”从这一排列顺序可以看出，从问责的严厉程度而言，免职重于责令辞职，责令辞职重于引咎辞职。

《党政领导干部选拔任用工作条例》第五十四条规定：“党政领导干部有下列情形之一的，一般应当免去现职：……（二）受到责任追究应当免职的。……”《党政领导干部辞职暂行规定》则对引咎辞职和责令辞职进行了详细的阐述。根据该规定，党政领导干部辞职包括因公辞职、自愿辞职、引咎辞职和责令辞职。其中第十四条规定，“党政领导干部因工作严重失误、失职造成重大损失或者恶劣影响，或者对重大事故负有重要领导责任不宜再担任现职，本人应当引咎辞去现任领导职务。”并在第十五条中具体列举了应当引咎辞职的九种情形。第十九条则规定，“党委（党组）及其组织（人事）部门根据党政领导干部任职期间的表现，认定其已不再适合担任现职，可以通过一定程序责令其辞去现任领导职务。党政领导干部有本规定第十五条所列情形之一，应当引咎辞职而不提出辞职申请的，党委（党组）应当责令其辞职。”三者存在以下区别：免职是上级组织直接解除领导职务；责令辞职是任免机关认定其已不再适合担任现职，通过一定程序责令其辞去现任领导职务；引咎辞职则是主动辞去领导职务、自我追究过失责任的一种形式，但如果组织要求其引咎辞职却不主动辞职的话，也一样可以责令其辞职。用形象一点的说法，三者分别类似强制下岗、通知下岗和劝其主动下岗。其中，前两者为被动接受组织处理，而引咎辞职则是督促其主动承担责任的行为。

约谈、通报、挂牌督办、引咎辞职、责令辞职、免职虽然都是对于有关地方和部门领导干部的责任追究制度，但尚不属党纪政纪处分。根据《纪律处分条例》，党组织和党员违反党章和其他党内法规，违反国家法律法规，违反党和国家政策，违反社会主义道德，危害党、国家和人民利益的行为，依照规定给予纪律处分。党纪处分的种类有：警告、严重警告、撤销党内职务、留党察看、开除党籍。政务处分的种类有：警告、记过、记大过、降级、撤职、开除。实施政务处分的依据，主要包括《中华人民共和国监察法》《公务员法》《中华人民共和国法官法》《中华人民共和国检察官法》《中华人民共和国企业国有资产法》《行政机关公务员处分条例》《事业单位人事管理条例》《事业单位工作人员处分暂行规定》《国有企业领导人员廉洁从业若干规定》以及《农村基层干部廉洁履行职责若干规定（试行）》等。

对于违法违纪严重涉嫌犯罪的党员领导干部，在给予党纪政务处分之后，还要追究刑事责任。《公职人员政务处分暂行规定》第七条第一款明确规定，“应当”先予以党纪政务处分，再依法追究刑事责任。由此公职人员涉嫌犯罪须“先处后移”有了法律支撑。严重违法违纪的党员领导干部，需要追究刑事责任的，根据涉嫌罪名不同，需要移交给监察机关进行调查或者移送司法机关进行侦查。根据《中华人民共和国监察法》的规定，对涉嫌贪污贿赂、滥用职权、玩忽职守、权力寻租、利益输送、徇私舞弊以及浪费国家资财等职务犯罪的，由监察机关进行调查；根据《中华人民共和国人民检察院组织法》，检察机关对于非法拘禁罪，非法搜查罪，刑讯逼供罪，暴力取证罪，虐待被监管人罪，滥用职权罪，玩忽职守罪，徇私枉法罪，民事、行政枉法裁判罪、执行判决、裁定滥用职权罪，私放在押人员罪，失职致使在押人员脱逃罪，徇私舞弊减刑、假释、暂予监外执行罪等十四项犯罪行使侦查权；其他一般刑事案件则应移送公安机关进行侦查。

综上，对于违法违纪的地方和部门领导干部，《政法工作条例》设立了系统的责任追究机制：（1）对于一般的违反职责行为，政法委进行约谈、通报、挂牌督办，或者由纪检监察机关、组织人事部门按照管理权限办理引咎辞职、责令辞职、免职；（2）对于违法违纪行为应当承担责任的，给予纪律处分、政务处分；（3）情节严重，涉嫌犯罪的，在给予党纪政务处分后，追究刑事责任。

48. 怎样更好地推动《政法工作条例》的贯彻？

各级党委政法委要结合实际，研究制定贯彻《政法工作条例》的实施细则，细化政策措施，完善制度机制。要以《政法工作条例》为依据，修改完善现有规章制度。要针对贯彻《政法工作条例》需要深化细化的重点问题，组织开展专题调研，形成调研成果并转化为工作成果和制度成果，更好推动《政法工作条例》贯彻。要推动督查落实。各级党委政法委要组织开展《政法工作条例》宣讲活动，尤其要发挥网络新媒体的作用，解读好、宣传好《政法工作条例》。要适时组织开展专项督查，善于借助党委督查部门的资源力量，推动《政法工作条例》的要求落到实处。

49. 《政法工作条例》的解释权归谁？

根据《政法工作条例》第三十八条，解释权属于中央政法委员会。

50. 《政法工作条例》什么时候施行？

《政法工作条例》第三十九条规定本条例自 2019 年 1 月 13 日起施行。同时规定，此前发布的党内有关政法工作的规定，凡与本条例不一致的，按照本条例执行。明确了本条例优于其他相关规定的效力。

附：

中国共产党政法工作条例

第一章　总　　则

第一条　为了坚持和加强党对政法工作的绝对领导，做好新时代党的政法工作，根据《中国共产党章程》、《中华人民共和国宪法》和有关法律，制定本条例。

第二条　本条例适用于中央和县级以上地方党委、党委政法委员会、政法单位党组（党委）领导和组织开展政法工作。

第三条　政法工作是党和国家工作的重要组成部分，是党领导政法单位依法履行专政职能、管理职能、服务职能的重要方式和途径。

党委政法委员会是党委领导和管理政法工作的职能部门，是实现党对政法工作领导的重要组织形式。

政法单位是党领导下从事政法工作的专门力量，主要包括审判机关、检察机关、公安机关、国家安全机关、司法行政机关等单位。

第四条　政法工作必须坚持以马克思列宁主义、毛泽东思想、邓小平理论、“三个代表”重要思想、科学发展观、习近平新时代中国特色社会主义思想为指导，牢固树立政治意识、大局意识、核心意识、看齐意识，坚定中国特色社会主义道路自信、理论自信、制度自信、文化自信，坚决维护习近平总书记党中央的核心、全党的核心地位，坚决维护党中央权威和集中统一领导，围绕统筹推进“五位一体”总体布局和协调推进“四个全面”战略布局，坚持党的领导、人民当家做主、依法治国有机统一，坚决捍卫党的领导和中国特色社会主义制度，维护宪法法律权威，支持政法单位依法履行职责，保证司法机关依法独立公正行使职权，确保政法队伍全面正确履行中国特色社会主义事业建设者、捍卫者的使命。

第五条 政法工作的主要任务是：在以习近平同志为核心的党中央坚强领导下开展工作，推进平安中国、法治中国建设，推动政法领域全面深化改革，加强过硬队伍建设，深化智能化建设，严格执法、公正司法，履行维护国家政治安全、确保社会大局稳定、促进社会公平正义、保障人民安居乐业的主要职责，创造安全的政治环境、稳定的社会环境、公正的法治环境、优质的服务环境，增强人民群众获得感、幸福感、安全感。

第六条 政法工作应当遵循以下原则：

（一）坚持党的绝对领导，把党的领导贯彻到政法工作各方面和全过程；

（二）坚持以人民为中心，专门工作和群众路线相结合，维护人民群众合法权益；

（三）坚定不移走中国特色社会主义法治道路，建设社会主义法治国家；

（四）坚持服务和保障大局，为推动经济持续健康发展和保持社会长期稳定提供法治保障；

（五）坚持总体国家安全观，维护国家主权、安全、发展利益；

（六）严格区分和正确处理敌我矛盾和人民内部矛盾这两类不同性质的矛盾，准确行使人民民主专政职能；

（七）坚持走中国特色社会主义社会治理之路，推动形成共建共治共享的社会治理格局；

（八）坚持改革创新，建设和完善中国特色社会主义司法制度和政法工作运行体制机制；

（九）政法单位依法分工负责、互相配合、互相制约，确保正确履行职责、依法行使权力；

（十）坚持政治过硬、业务过硬、责任过硬、纪律过硬、作风过硬的要求，建设信念坚定、执法为民、敢于担当、清正廉洁的新时代政法队伍。

第二章　党中央对政法工作的绝对领导

第七条　党中央对政法工作实施绝对领导，决定政法工作大政方针，决策部署事关政法工作全局和长远发展的重大举措，管理政法工作中央事权和由中央负责的重大事项。

第八条　党中央加强对政法工作的全面领导：

（一）坚持以习近平新时代中国特色社会主义思想为指导，为政法工作坚持正确方向提供根本遵循；

（二）确立政法工作的政治立场、政治方向、政治原则、政治道路，严明政治纪律和政治规矩，为政法工作科学发展提供政治保证；

（三）研究部署政法工作中事关国家政治安全、社会大局稳定、社会公平正义和人民安居乐业的重大方针政策、改革措施、专项行动等重大举措；

（四）加强政法系统组织建设和党风廉政建设，领导和推动建设忠诚干净担当的高素质专业化政法队伍，为政法工作提供组织保证。

第三章　地方党委对政法工作的领导

第九条　县级以上地方党委领导本地区政法工作，贯彻落实党中央关于政法工作大政方针，执行党中央以及上级党组织关于政法工作的决定、决策部署、指示等事项。

第十条　县级以上地方党委应当以贯彻党中央精神为前提，对本地区政法工作中的以下事项，落实领导责任：

（一）统筹政法工作中事关维护国家安全特别是以政权安全、制度安全为核心的政治安全重要事项；

（二）统筹维护社会稳定工作，及时妥善处理影响社会稳定的重要事项和突发事件；

（三）统筹规划平安建设、法治建设与经济社会发展，做到同部署、同推进、同督促、同考核、同奖惩；

（四）推动政法单位依法维护社会主义市场经济秩序，为经济高质量发展提供法治保障；

（五）组织实施党中央关于政法改革方案，推动完善社会主义司法制度和政法工作运行体制机制；

（六）完善党委领导、政府负责、社会协同、公众参与、法治保障的社会治理体制，提高社会治理社会化、法治化、智能化、专业化水平；

（七）完善党委、纪检监察机关、党委政法委员会对政法单位的监督机制，保证党的路线方针政策和党中央重大决策部署贯彻落实，保证宪法法律正确统一实施；

（八）加强党对政法队伍建设的领导，完善党委统一领导、政法单位主抓、有关部门各司其职的政法队伍建设工作格局；

（九）改善执法司法条件，满足政法工作形势和任务的需要；

（十）推动完善和落实保障政法干警依法履职、开展工作的制度和政策；

（十一）本地区政法工作中的其他重要事项。

第四章　党委政法委员会的领导

第十一条　中央和县级以上地方党委设置政法委员会。中央政法委员会职能配置、内设机构和人员编制方案由党中央审批确定。地方党委政法委员会职能配置、内设机构和人员编制规定，由同级党委按照党中央精神以及上一级党委要求，结合本地区实际审批确定。

乡镇（街道）党组织配备政法委员，在乡镇（街道）党组织领导和县级党委政法委员会指导下开展工作。

省、市、县、乡镇（街道）社会治安综合治理中心是整合社会治理资源、创新社会治理方式的重要工作平台，由同级党委政法委员会和乡镇（街道）政法委员负责工作统筹、政策指导。

第十二条 党委政法委员会在党委领导下履行职责、开展工作，应当把握政治方向、协调各方职能、统筹政法工作、建设政法队伍、督促依法履职、创造公正司法环境，带头依法依规办事，保证党的路线方针政策和党中央重大决策部署贯彻落实，保证宪法法律正确统一实施。主要职责任务是：

（一）贯彻习近平新时代中国特色社会主义思想，坚持党对政法工作的绝对领导，坚决执行党的路线方针政策和党中央重大决策部署，推动完善和落实政治轮训和政治督察制度。

（二）贯彻党中央以及上级党组织决定，研究协调政法单位之间、政法单位和有关部门、地方之间有关重大事项，统一政法单位思想和行动。

（三）加强对政法领域重大实践和理论问题调查研究，提出重大决策部署和改革措施的意见和建议，协助党委决策和统筹推进政法改革等各项工作。

（四）了解掌握和分析研判社会稳定形势、政法工作情况动态，创新完善多部门参与的平安建设工作协调机制，协调推动预防、化解影响稳定的社会矛盾和风险，协调应对和妥善处置重大突发事件，协调指导政法单位和相关部门做好反邪教、反暴恐工作。

（五）加强对政法工作的督查，统筹协调社会治安综合治理、维护社会稳定、反邪教、反暴恐等有关国家法律法规和政策的实施工作。

（六）支持和监督政法单位依法行使职权，检查政法单位执行党的路线方针政策、党中央重大决策部署和国家法律法规的情况，指导和协调政法单位密切配合，完善与纪检监察机关工作衔接和协作配合机制，推进严格执法、公正司法。

（七）指导和推动政法单位党的建设和政法队伍建设，协助党委及其组织部门加强政法单位领导班子和干部队伍建设，协助党委和纪检监察机关做好监督检查、审查调查工作，派员列席同级政法单位党组（党委）民主生活会。

（八）落实中央和地方各级国家安全领导机构、全面依法治国领导机构的决策部署，支持配合其办事机构工作；指导政法单位加强国家政治安全战略研究、法治中国建设重大问题研究，提出建议和工作意见，指导和协调政法单位维护政治安全工作和执法司法相关工作。

（九）掌握分析政法舆情动态，指导和协调政法单位和有关部门做好依法办理、宣传报道和舆论引导等相关工作。

（十）完成党委和上级党委政法委员会交办的其他任务。

第十三条　中央和地方各级党委政法委员会指导、支持、督促政法单位在宪法法律规定的职责范围内开展工作。

中央政法委员会指导地方各级党委政法委员会工作，上级党委政法委员会指导下级党委政法委员会工作。

第五章　政法单位党组（党委）的领导

第十四条　政法单位党组（党委）领导本单位或者本系统政法工作，贯彻党中央关于政法工作大政方针，执行党中央以及上级党组织关于政法工作的决定、决策部署、指示等事项。

第十五条　政法单位党组（党委）在领导和组织开展政法工作中，应当把方向、管大局、保落实，发挥好领导作用。主要职责任务是：

（一）贯彻习近平新时代中国特色社会主义思想，执行党的路线方针政策和党中央重大决策部署，维护党对政法工作的绝对领导；

（二）遵守和实施宪法法律，带头依法履职，推进严格执法、公正司法，维护国家法制的统一、尊严和权威；

（三）研究影响国家政治安全和社会稳定的重大事项或者重大案件，制定依法处理的原则、政策和措施；

（四）研究推动本单位或者本系统全面深化改革，研究制定本单位或者本系统执法司法政策，提高执法司法质量、效率和公信力；

（五）履行全面从严治党主体责任，加强本单位或者本系统党的建设和政法队伍建设；

（六）完成上级党组（党委）和党委政法委员会交办的其他任务。

第十六条 政法单位党组（党委）应当建立健全在执法办案中发挥领导作用制度、党组（党委）成员依照工作程序参与重要业务和重要决策制度，增强党组（党委）及其成员政治领导和依法履职本领，确保党的路线方针政策和宪法法律正确统一实施。

第六章 请示报告

第十七条 中央政法委员会、中央政法单位党组（党委）在党中央领导下履行职责、开展工作，对党中央负责，受党中央监督，向党中央和总书记请示报告工作。

中央政法委员会、中央政法单位党组（党委）和县级以上地方党委、党委政法委员会、政法单位党组（党委）按照党中央关于重大事项请示报告的有关规定，严格执行请示报告制度。

政法单位党组（党委）向同级党委请示报告重大事项和汇报重要工作，一般应当同时抄报同级党委政法委员会。

第十八条 中央政法委员会、中央政法单位党组（党委）应当及时向党中央请示以下事项：

（一）政法工作重大方针政策、关系政法工作全局和长远发展的重大事项；

（二）维护国家安全特别是以政权安全、制度安全为核心的政治安全重大事项；

（三）维护社会稳定工作中的重大问题；

（四）政法工作重大体制改革方案、重大立法建议；

（五）拟制定的政法队伍建设重大政策措施；

（六）政法工作中的其他重大事项。

第十九条 中央政法委员会、中央政法单位党组（党委）应当及时向党中央报告以下事项：

（一）党中央决定、决策部署、指示等重大事项贯彻落实重要进展和结果情况；

（二）对影响党的路线方针政策和宪法法律正确统一实施重大问题的调查研究报告；

（三）具有全国性影响的重大突发案（事）件重要进展和结果情况；

（四）加强政法队伍建设的重大举措；

（五）半年和年度工作情况；

（六）党中央要求报告的其他事项。

政法工作总体情况、中央政法委员会牵头办理或者统筹协调的重大事项情况，由中央政法委员会统一报告党中央，中央政法单位协助做好相关工作。

最高人民法院党组、最高人民检察院党组按照有关规定，严格执行向党中央报告工作制度。

各省（自治区、直辖市）党委按照有关规定，向党中央请示报告政法工作重大事项。

第二十条 中央政法单位党组（党委）和省（自治区、直辖市）党委政法委员会应当向中央政法委员会请示以下事项：

（一）涉及政法工作全局、需要提请中央政法委员会研究决定的重大事项；

（二）有关地区、部门之间存在分歧，经反复协商仍不能达成一致，需要中央政法委员会协调的重大事项；

（三）重大政法改革方案和措施；

（四）出台重要执法司法政策性文件、司法解释，提出涉及重大体制和重大政策调整的立法建议；

（五）党中央交办的重大事项和需要中央政法委员会统筹研究把握原则、政策的重大事项；

（六）政法工作中涉及国家安全特别是政治安全等重大事项

的相关政策措施问题；

（七）拟以中央政法委员会名义召开会议或者印发文件；

（八）应当向中央政法委员会请示的其他重大事项。

第二十一条 中央政法单位党组（党委）和省（自治区、直辖市）党委政法委员会应当向中央政法委员会报告以下事项：

（一）全面贯彻党的基本理论、基本路线、基本方略，贯彻落实党中央决策部署情况；

（二）贯彻落实党中央关于政法工作的重要指示精神情况；

（三）贯彻落实中央政法委员会工作部署、指示和决定情况；

（四）重大工作部署以及推进情况，年度工作情况；

（五）重大政法改革部署以及推进情况；

（六）政法工作中涉及国家安全特别是政治安全的重大事项处理情况；

（七）履行全面从严治党主体责任情况，落实党建工作责任制、党风廉政建设责任制、政法领域意识形态工作责任制等情况；

（八）领导干部干预司法活动、插手具体案件处理情况；

（九）应当向中央政法委员会报告的其他事项。

第二十二条 县级以上地方党委政法委员会、政法单位党组（党委）每年应当向同级党委报告全面工作情况，遇有重要情况及时请示报告。

地方党委政法委员会参照上一级党委政法委员会有关规定，确定同级政法单位党组（党委）、下级党委政法委员会请示报告重大事项范围、内容和程序等。

第七章 决策和执行

第二十三条 党委、党委政法委员会、政法单位党组（党委）应当按照集体领导、民主集中、个别酝酿、会议决定的原则，在各自职责权限范围内，及时对以下事项研究作出决定、决策部署或者指示：

（一）涉及贯彻落实党中央以及上级党组织、党委政法委员会关于政法工作的决定、决策部署和指示的重要事项；

（二）下级党委、党委政法委员会、政法单位党组（党委）请示报告的重要事项；

（三）本单位在履行职责中需要决策的事项。

决策时，应当先行调查研究，提出适当方案，充分听取各方面意见，进行风险评估和合法合规性审查，按照规定提请相关会议讨论和决定。

第二十四条 对于党中央以及上级党组织决定、决策部署、指示等，各有关地方党委、党委政法委员会、政法单位党组（党委）必须坚决贯彻执行。

提出请示报告的党委、党委政法委员会、政法单位党组（党委）在贯彻执行党中央以及上级党组织决定、决策部署、指示等过程中，认为原请示报告事宜需要作出调整的，必须按照谁决策、谁审批的原则，报原决策单位审批，但在批准前应当坚决执行。

第二十五条 地方党委应当建立健全委员会全体会议或者常委会会议研究部署政法工作的制度，将政法工作纳入重要议事日程，及时研究解决政法工作和队伍建设的重大问题。

第二十六条 地方党委应当在本地区带头执行党中央以及上级党组织决定、决策部署、指示等事项，并指导、督促党委政法委员会和政法单位党组（党委）做好贯彻执行相关工作。

地方党委成员对党委集体决策应当坚决执行；如有不同意见，可以保留或者向上级党组织反映，但在决策改变前应当坚决执行。

第二十七条 党委政法委员会实行全体会议制度，讨论和决定职责范围内的政法工作重大事项。

第二十八条 党委政法委员会应当贯彻执行党中央以及同级地方党委、上级党委政法委员会决定、决策部署、指示等事项，并发挥统筹协调职能作用，协助党委指导、督促有关政法单位党组（党委）、下级党委政法委员会坚决执行党中央以及上级党组织决定、决策部署、指示等事项，推动工作落实。

第二十九条 政法单位党组（党委）应当按照有关规定召开党组（党委）会议，讨论和决定本单位或者本系统政法工作和队伍建设重大事项。

第三十条 政法单位党组（党委）应当坚决贯彻执行党中央以及上级党组织决定、决策部署、指示等事项，确保工作落实。

政法单位党组（党委）成员对党组（党委）集体决策应当坚决执行；如有不同意见，可以保留或者向上级党组织反映，但在决策改变前应当坚决执行。

第八章 监督和责任

第三十一条 各级党委应当将领导和组织开展政法工作情况纳入党内监督体系，实行党内监督和外部监督相结合，增强监督合力。

党委政法委员会应当指导、推动政法单位建立健全与执法司法权运行机制相适应的监督制约体系，构建权责清晰的执法司法责任体系，完善程序化、平台化、公开化管理监督方式。

政法单位党组（党委）应当依法依规将政法工作情况纳入党务政务公开范围，依法有序推进审判执行公开、检务公开、警务公开、司法行政公开、狱（所）务公开，完善政法单位之间监督制约机制，确保政法工作在依法有效监督和约束环境下推进。

第三十二条 加强对政法工作全面情况和重大决策部署执行情况的督促检查：

（一）党委应当加强对党委政法委员会、政法单位党组（党委）和下一级党委领导和组织开展政法工作情况，特别是贯彻落实党中央以及上级党组织决定、决策部署、指示等情况督促检查，必要时开展巡视巡察，并在一定范围内进行通报；

（二）党委政法委员会应当推动完善和落实政治督察、执法监督、纪律作风督查巡查等工作制度机制，全面推进政法工作特别是党中央以及上级党组织决定、决策部署、指示等贯彻落实；

（三）政法单位党组（党委）应当建立健全向批准其设立的党委全面述职制度和重大决策执行情况的督查反馈机制，确保党中央以及上级党组织决定、决策部署、指示等在本单位或者本系统得到贯彻落实。

第三十三条 党委应当加强对党委政法委员会、政法单位党组（党委）和下一级党委常委会履职情况的考评考核，其结果作为对有关领导班子、领导干部综合考核评价的重要内容和依据：

（一）结合领导班子年度考核、民主生活会等，定期检查和考评考核党委政法委员会履职情况；

（二）建立健全听取政法单位党组（党委）主要负责人述职制度，加强对政法单位党组（党委）及其成员履职情况考评考核；

（三）在考核下一级党委常委会领导开展工作情况时，注重了解领导开展政法工作情况。

党委政法委员会应当建立健全委员述职制度，全面了解、掌握委员履职情况，及时提出指导意见。

第三十四条 党委政法委员会在统筹推动政法单位开展常态执法司法规范化检查中，对发现的政法单位党组（党委）及其成员不履行或者不正确履行职责，或者政法干警执法司法中的突出问题，应当督促加大整改力度，加强执法司法制度建设，保证全面正确履行职责。

第三十五条 有关地方和部门领导干部在领导和组织开展政法工作中，违反本条例和有关党内法规制度规定职责的，视情节轻重，由党委政法委员会进行约谈、通报、挂牌督办等；或者由纪检监察机关、组织人事部门按照管理权限，办理引咎辞职、责令辞职、免职等。因违纪违法应当承担责任的，给予党纪政务处分；涉嫌犯罪的，依法追究刑事责任。

第九章　附　　则

第三十六条　中央政法委员会，中央政法单位党组（党委），各省（自治区、直辖市）党委可以根据本条例，结合各自实际，制定配套规定。

第三十七条　中央军事委员会依照本条例的基本精神，制定军队政法工作党内法规。

第三十八条　本条例由中央政法委员会负责解释。

第三十九条　本条例自 2019 年 1 月 13 日起施行。此前发布的党内有关政法工作的规定，凡与本条例不一致的，按照本条例执行。